国际商务专业课程思政体系构建及实现路径研究

袁国龙◎著

燕山大学出版社

·秦皇岛·

图书在版编目（CIP）数据

国际商务专业课程思政体系构建及实现路径研究 / 袁国龙著. —秦皇岛：燕山大学出版社，2023.10

ISBN 978-7-5761-0566-7

I.①国… II.①袁… III.①国际商务－人才培养－研究－中国 IV.①F740

中国国家版本馆 CIP 数据核字（2023）第 199409 号

国际商务专业课程思政体系构建及实现路径研究
GUOJI SHANGWU ZHUANYE KECHENG SIZHENG TIXI GOUJIAN
JI SHIXIAN LUJING YANJIU

袁国龙 著

出 版 人：陈　玉			
责任编辑：张文婷		策划编辑：张文婷	
责任印制：吴　波		封面设计：刘韦希	
出版发行：燕山大学出版社		电　　话：0335-8387555	
地　　址：河北省秦皇岛市河北大街西段 438 号		邮政编码：066004	
印　　刷：涿州市般润文化传播有限公司		经　　销：全国新华书店	

开　　本：710 mm×1000 mm　1/16		印　　张：15.75	
版　　次：2023 年 10 月第 1 版		印　　次：2023 年 10 月第 1 次印刷	
书　　号：ISBN 978-7-5761-0566-7		字　　数：250 千字	
定　　价：79.00 元			

序

在经济全球化背景下，我国对外往来密切，需要大量国际商务管理人才。为了满足这种需要，高等院校开设国际商务专业，一方面，培养学生掌握国际商务实务运作与业务技能，灵活应对在企业管理中所面临的问题；另一方面，培养学生的国际商务政治素养、人文素养，树立职业精神，增强职业意识，强化民族自信心和认同感。

目前，我国的国际商务专业在课程设置方面存在注重育才功能，而忽略了育人、育德功能的现象。因此，既无法满足经济全球化背景下国际商务专业课程思政的教学要求，又无法对学生产生积极的影响。例如：国际商务专业课程目标体系不完善、课程教学与思政内涵配合程度较低、教师课程思政建设意识和能力不足等。

2021年，贵阳学院经济管理学院开始招收国际商务专业硕士研究生，开启了学院研究生教育的先河。国际商务专业作为贵阳学院经济管理学院新增硕士点，课程体系建设尚处于摸索中，如何将马克思主义学科建设和国际商务专业研究生教育课程改革创新深度融合，将课程思政要素融入国际商务专业教学中，成为国际商务研究生教育中的一个重要问题。贵阳学院经济管理学院十分重视国际商务专业硕士课程思政建设，并积极推进，在人才培养方案中增加课程思政元素，引导教师在教学中贯彻和推动以"立德树人"为宗旨的课程思政改革。该学院在做好顶层设计的基础上，广泛动员、抓住重点，积极着手打造国际商务专业课程思政的示范课程，并通过以点带面、示范引领，引领全院国际商务专业任课教师开展课程思政教学设计，实现国际商务课程思政的预期目标。

本书通过构建国际商务专业课程思政体系，探寻国际商务专业课程思政实现路径，以期帮助国际商务专业课程思政教师明晰国际商务人才培养过程、完善人才培养方案。

本书围绕国际商务专业课程思政建设这一主线，主要介绍了国际商务和课程思政的关系，阐述了国际商务课程思政建设的必要性；重点介绍了国际商务课程思政建设的目标要求与内容重点，包括推进习近平新时代中国特色社会主义思想进教材进课堂进头脑、培育和践行社会主义核心价值观、加强中华优秀传统文化教育、深入开展宪法法治教育、加强战略思维和国际视野的培养，以及深化职业理想和职业道德教育等方面；对高校课程思政建设案例选择及建设情况进行研究，探寻高校课程思政建设案例中可借鉴的经验，并对国际商务课程思政建设中存在的问题及路径进行深入的探索；分别从建立多元主体共同参与的全员育人机制、构建国际商务专业课程思政教学体系、提升国际商务专业教师课程思政能力，以及构建科学多维的质量评价机制等方面研究国际商务课程思政实施路径；从顶层设计、组织实施、支持保障以及示范引领等几个方面，探索支撑国际商务课程思政体系构建的实现。

我们的国际商务课程思政建设与研究还处于探索阶段，本书也是作者对初步实践的总结，仍有不足之处，敬请各位同人批评指正。我们将广泛听取意见，在国际商务课程思政建设与研究之路上，不断学习、实践、探索、创新、完善，在今后的教学和研究中更好地践行"立德树人"的教育理念，实现为党育人、为国育才的庄严使命。

袁国龙

2023 年 4 月于贵阳

目　　录

第一章　绪　　论

第一节　国际商务专业课程思政的研究背景

党的十八大以来，习近平总书记多次强调思想政治教育的重要性，指引了课程思政改革的方向。国务院办公厅印发的《关于深化新时代学校思想政治理论课改革创新的若干意见》指出："深度挖掘高校各学科门类专业课程和中小学语文、历史、地理、体育、艺术等所有课程蕴含的思想政治教育资源，解决好各类课程与思政课相互配合的问题，发挥所有课程育人功能，构建全面覆盖、类型丰富、层次递进、相互支撑的课程体系，使各类课程与思政课同向同行，形成协同效应。"可见，课程思政成为思政课程改革创新的重要突破口，要通过课程思政改革来强化立德树人的教育理念。

高等教育的出发点和落脚点都是培养社会主义接班人，那么如何培养，就需要课程思政教育进行指引，从而帮助大学生树立科学的人生观和价值观。课程思政的目的在于解决培养什么人、如何培养人，以及为谁培养人这一根本问题。全面推进课程思政建设，就需要将思政内容融入各个专业的课程教学中，实现专业课程与思政课程的有机统一，在传道、授业、解惑中实现对价值观的培养，全方位构建立德树人大格局。

国际商务专业是一个涉及经济、贸易、法律、管理等多个学科领域的综合性学科，其主要研究对象是国际贸易和国际商务活动的规律和实践，培养具有较强的国际视野、跨文化交流能力、创新精神和实践能力的复合型人才。而课程思政则旨在培养学生正确的世界观、人生观和价值观，提高学生的思想道德素质和政治素质，为他们成为有用之才、全面发展的人才和拥有家国情怀和民族自豪感的公民打下坚实的思想基础。

在当今全球化的背景下，国际商务专业已经成为高等教育中的重点发展方向之一。然而，随着经济全球化的深入发展和国际贸易竞争的加剧，国际商务专业教育也面临着诸多挑战。一方面，国际商务专业学生需要具备较强的专业知识和技能，但仅有这些还不足以满足他们在国际商务活动中的需求；另一方面，学生的思想素质和政治素质同样需要培养和提高，因为在国际商务领域中，正确的世界观、人生观和价值观，强烈的国家荣誉感和民族自豪感以及良好的道德品质和政治素养对于实现商务目标和维护国家利益都是至关重要的。

因此，为了满足时代发展的需要，国际商务专业课程需要与课程思政相结合，以形成思政与专业相结合的新型课程体系，从而为国际商务专业学生提供更为全面的教育和培养，促进他们的全面发展和成长。同时，也有必要深入研究和探讨思政与国际商务专业课程相结合的教育模式和方法，为高等教育改革和创新提供新的思路和实践经验。

第二节　国际商务专业课程思政的研究意义

一、党和国家在新形势下对高等教育的新要求

我国已全面建成小康社会，社会主义核心价值观的培育和践行势在必行。

党中央历来高度重视对青年大学生的思想政治引领和教育。青年的价值取向决定了未来整个社会的价值取向，而青年又处在价值观形成和确立的时期，抓好这一时期的价值观养成十分重要。随着中国特色社会主义进入新时代，做好高校思想政治工作，切实发挥高校作为大学生思想政治教育的主阵地的作用，显得尤为迫切和重要。

培养人才的最高境界是对心灵的塑造和灵魂的培养。德是做人之本，德育是教育之魂。司马光在《资治通鉴》中说："才者，德之资也。德者，才之帅也。""君子挟才以为善，小人挟才以为恶。"从一定意义上说，正确价值观

的培养比专业知识的学习更为重要。习近平总书记在系列重要讲话中谈到培育时代新人是教育的重要使命和根本任务。"时代新人"不仅要在技术、知识等方面与时俱进，还要具备家国情怀、使命担当、价值追求等。我们要站在对民族负责、顺应时代要求的高度，深刻认识和把握思想政治教育工作的重要性。

随着社会的发展和时代的变迁，高等教育面临着新的挑战和机遇。加强思政教育是党和国家在新形势下对高等教育的新要求，主要表现在以下几个方面。

第一，培养德智体美劳全面发展的人才。思政教育是高等教育的重要组成部分，目的是培养学生良好的思想品德和正确的行为习惯，使他们成为德智体美劳全面发展的人才。

第二，增强学生的国家意识和社会责任感。加强思政教育能够引导学生正确看待国家和社会的发展，增强他们的国家意识和社会责任感，培养他们成为具有强烈的爱国情怀和社会责任感的人才。

第三，推动高等教育的改革和创新。加强思政教育能够促进高等教育的改革和创新，推动高等教育深入发展，不断提高高等教育的质量和水平。

第四，适应时代发展的需求。随着时代的发展和社会的变革，加强思政教育是适应时代发展的需要，它能够帮助学生适应变化、迎接挑战，提高他们的综合素质和竞争力，为国家和社会的发展作出贡献。

因此，加强思政教育是党和国家在新形势下对高等教育的新要求，是推进素质教育发展、推动教育现代化、促进国家发展的有效途径。

二、强化国际商务专业课程与思政课程的协同效应

课程思政与思政课程各有侧重。课程思政的"思政"侧重于思想价值引领，强调在各门课程（包括思想政治理论课、专业课和通识课）中增强政治意识和加强思想引领；而思政课程的"思政"侧重于思想政治理论方面，主要进行系统的思想政治理论教育。如果说专业课程的教学目标是培养学生的专业素质，那么思政课程则重点培养学生的思想政治素质和道德素质。

课程思政的逻辑是实现各门课程在思想政治教育目标上的同向同行和协同效应。其构建和实施找到了专业教育和思政教育有机融合的切入点，充分体现了把思想政治工作贯通人才培养体系的可能性与价值。专业课程与思政课程要共同肩负起培育当代大学生马克思主义信仰，传播社会主义核心价值观的使命担当。

国际商务专业课程思政是指将思想政治理论融入国际商务专业课程教学，通过课程内容和教学方法的设计，引导学生在学习课程的同时，提高思想政治素质和道德修养。具体表现在以下几个方面。

第一，增强国际商务专业学生的思想政治素质。将思想政治理论融入各类课程，可以让学生在学习中接触到更多的思想政治内容，潜移默化地提高其思想政治素质。例如，在学习历史课程时，可以通过分析历史事件的背景和原因，引导学生深入思考历史事件对当代社会的启示，增强其历史文化素养和国家意识。

第二，培养国际商务专业学生的创新精神和实践能力。通过课程思政，可以引导学生在课程学习中注重实践和创新，提高其实践能力和创新精神。例如，在学习科学课程时，可以通过实验和探究，培养学生的实验能力和创新思维。

第三，增强国际商务专业学生的社会责任感。通过课程思政，可以引导学生认识自身在社会中的责任和义务，增强其社会责任感和公民意识。例如，在学习环境保护课程时，可以通过分析和讨论案例，引导学生认识自己在环境保护中的角色和责任。

综上所述，国际商务专业课程思政可以使专业课程与思政课程形成协同效应，使学生提高思想政治素质，树立创新精神，培养实践能力，增强社会责任感和公民意识，成为德智体美劳全面发展的人才。

三、提升国际商务专业课程的教学效果

国际商务专业课程思政不仅是新时代加强高校思想政治工作的新要求，还可以提升专业课程的教学效果。

（一）有助于学生增强学习动力、培养学习兴趣

无数事实证明，有作为、勇于攀登高峰的人，总是离不开崇高的理想、坚定的信念和顽强的毅力。课程思政在传授专业知识的过程中，以思想教育来引导学生认识学习的重要性，从而使学生形成勤奋刻苦的内驱力，进而大大提高专业课的教学效果。例如，张营营（2019）运用问卷调查法对宁波财经学院200名大学生进行了课程思政实施效果评价的调查，得出结论：宁波财经学院在实施了课程思政教育后，学生对体育技能和理论的掌握更为扎实，课程思政对学生的专业知识、专业思维的培养具有良好的促进作用。具体体现在以下几个方面。

第一，增强学生的学科认同感。将思想政治教育与专业课程相结合，可以让学生更好地理解专业知识的重要性和应用场景，从而增强学生的学科认同感，激发其对专业的兴趣和热情。

第二，培养学生的思辨能力，激发其探究欲望。将思想政治教育与专业课程相结合，可以引导学生思考专业知识与社会现实的联系，从而培养其思辨能力，激发其探究欲望，提高其学习积极性和主动性。

第三，创设多元化的学习环境。将思想政治教育与专业课程相结合，可以创设多元化的学习环境，丰富学生的学习体验和感受。例如，可以通过课堂讨论、实践项目、讲座等方式，让学生在学习中感受到专业知识与思想政治素养的紧密联系，增强其学习动力，提高其学习兴趣。

第四，培养学生的自主学习能力。将思想政治教育与专业课程相结合，可以培养学生的自主学习能力，增强其自主学习的意愿。例如，可以通过研究型教学、探究型学习等方式，让学生在学习中积极探索和思考。

综上所述，课程思政有助于学生增强学习动力、培养学习兴趣，更加主动地投入专业学习中，从而强化学习效果、提高成绩。

（二）有助于学生综合素养的提升

通过国际商务专业课程思政，学生在专业学习中不仅能掌握专业知识，还能提升综合素养。例如，在学习经济学课程时，可以引导学生思考经济学

与社会公正、人类福祉等问题的关系，提高其社会责任感和人文素养。具体表现在以下几个方面。

第一，增强学生的思想道德素质。课程思政注重培养学生的思想道德素质，通过开展思想政治教育和伦理道德教育等，引导学生树立正确的世界观、人生观和价值观，提高学生的社会责任感和公民素质。

第二，提升学生的学科素养。课程思政注重培养学生的学科素养，通过开展学科研究、学科竞赛等活动，提高学生的学习能力和创新能力，使其在学科方面具有更加全面和深入的理解。

第三，培养学生的人文素养。课程思政注重培养学生的人文素养，通过开展人文教育、文化交流等活动，提高学生的人文关怀和文化理解能力，使其在专业学习中能够更好地关注人文因素。

综上所述，课程思政可以通过多种形式和途径来增强学生的综合素养，使其具有更加全面的能力和素质，从而更好地适应社会的发展和变化。

（三）有助于增强学生的创新能力和实践能力

国际商务专业课程思政可以引导学生在专业学习中注重实践和创新，提高其实践能力和创新能力。例如，在学习计算机科学课程时，可以通过实践项目和编程作业，培养学生的实践能力和创新思维。具体表现在以下几个方面。

第一，提供创新创业教育。课程思政重视创新创业教育，通过开设创新创业课程、组织创新创业竞赛、提供创业实践平台等形式，帮助学生了解创新创业的基本知识和技能，培养学生的创新创业意识和能力。

第二，开展科研与实验教育。课程思政注重开展科研与实验教育，引导学生深入探究科学原理，积极参与科研活动，锻炼科学思维和实验操作能力，提高学生的创新能力和实践能力。

第三，激发学生的实践热情。课程思政注重激发学生的实践热情，通过组织实践活动、提供实践机会等形式，让学生亲身体验专业知识的实际应用，增强学生的实践能力。

课程思政通过以上多种方式，可以增强学生的创新能力和实践能力，让学生在学习中感受到实践的重要性和创新的价值，为学生的未来发展提供有力的支持。

（四）有助于培养学生的团队协作精神和领导能力

国际商务专业课程思政可以引导学生在专业课程学习中，注重团队协作意识和领导能力的培养。例如，在学习管理学课程时，可以通过分组讨论和团队作业，培养学生的团队协作精神和领导能力。具体表现在以下几个方面。

第一，提供团队协作教育。课程思政注重团队协作教育，通过开设团队协作课程、组织团队协作活动等形式，让学生了解团队协作的基本知识和技能，培养学生的团队协作意识和能力。

第二，进行领导力培养。课程思政注重对领导力进行培养，通过组织领导力培训、提供领导实践机会等形式，让学生了解领导力的基本概念和相关技能，培养学生的领导力思维和领导能力。

第三，建立团队合作机制。课程思政注重建立团队合作机制，通过组建团队、分配任务、协作完成任务等，让学生在实践中体验团队协作的重要性和价值，培养学生的团队协作技能和能力。

通过以上多种方式，课程思政可以培养学生的团队协作精神和领导能力，让学生在学习中感受团队合作和领导力的重要性和价值，为学生的未来发展提供有力的支持。

第三节 国际商务专业课程思政的研究目的

在当今世界，经济全球化和信息化的发展使得国际商务交流和合作成为越来越普遍的现象。国际商务专业的学生需要具备一定的国际化视野和跨文化交流能力，才能在国际商务领域中立足发展。同时，国际商务专业也需要具备一定的道德素质和社会责任感，才能保障商业活动的公正和合法性。本书研究国际商务专业课程思政的目的在于探讨如何将思想政治教育融入国际商务专业课程中，以引导国际商务专业的学生树立正确的价值观、提高其独立思考和创新能力、增强其社会责任感、促进其全面发展，推动国际商务专业人才培养质量的提高。

一、通过国际商务专业课程思政，引导国际商务专业学生树立正确的价值观

国际商务专业课程思政是一种新型的教育方式，它强调的不是传授知识，而是塑造国际商务专业学生的人生观、价值观和思维方式。它通过课程教育的方式，让国际商务专业学生在学习知识的同时，培养正确的人生观和价值观，使国际商务专业学生更好地适应社会。作为新时代的国际商务专业的学生，树立正确的价值观是非常重要的。正确的价值观能够帮助其明确自己的人生目标，认识自己的优点和缺点，提高自我素养，同时也能够帮助其更好地适应社会，为社会作出更多的贡献。而课程思政就是一种能够帮助国际商务专业学生树立正确的价值观的教育方式。

价值观是人们对生活的认识和评价的总和，对人们的行为和思想产生深远的影响。国际商务专业课程思政的目的之一就是通过教育和思想引导，培养国际商务专业学生正确的价值观。首先，要培养国际商务专业学生的爱国主义、集体主义、社会主义核心价值观，让国际商务专业学生明白自身的使命是建设社会主义现代化强国。其次，要培养国际商务专业学生的人文精神，让其懂得尊重他人，关注社会问题，不断追求自我提升和全面发展。最后，要培养国际商务专业学生的道德观，让其明白什么是正确的、什么是错误的，强化自己的道德责任感，为社会和人民作出贡献。

二、通过国际商务专业课程思政，提高国际商务专业学生的独立思考和创新能力

在当今社会中，独立思考和创新能力被认为是成功的关键。因此，国际商务专业课程思政在人才培养中具有重要意义，培养学生的独立思考和创新能力也已经成为国际商务专业课程思政的重要目标之一。要通过各种教育手段，让国际商务专业学生具备独立思考能力，让其在学习和生活中遇到问题时，能够

自己寻找解决的方法。同时，要鼓励国际商务专业学生创新，提供一个宽松的创新环境，让其有机会通过实践实现自己的想法，培养其创新能力。

其一，国际商务专业课程思政可以培养学生的独立思考能力。在传统的教育中，学生往往只是被动地接受知识，缺乏独立思考的能力。而国际商务专业课程思政强调的是通过课程教育启发学生独立思考，激发其创新思维。通过引导国际商务专业学生进行自主探究和独立思考，让其在学习过程中逐渐具备自我学习和自我管理的能力，而这样的能力可以帮助其更好地适应社会的变化和挑战。

其二，国际商务专业课程思政可以培养学生的创新能力。在当今快速发展的时代中，创新能力被认为是非常重要的。国际商务专业课程思政通过课程教育的方式，让国际商务专业学生了解不同的创新思维模式和方法，激发其创新潜力。通过实践和探索，让其具备创新的能力，培养其创新意识和创新精神，从而在激烈的社会竞争中得以生存和发展。

三、通过国际商务专业课程思政，增强国际商务专业学生的社会责任感

国际商务专业课程思政可以帮助国际商务专业学生增强社会责任感，提高其社会参与能力和影响力。因此，应该加强国际商务专业课程思政的教育，让学生在学习期间能够受到更好的教育，成为具有社会责任感和公民意识的优秀人才。现代社会是一个复杂的社会系统，每个人都应该承担自己的社会责任，为社会和他人作出贡献。国际商务专业课程思政的另一个目的就是增强国际商务专业学生的社会责任感。要通过教育和思想引导，让国际商务专业学生明白自己的社会责任，并为此付出行动，为社会和他人作出贡献。同时，还要培养国际商务专业学生对社会问题的关注和理解，让其能够积极参与社会公益活动，为社会的发展和进步作出贡献。

在当今社会中，社会责任至关重要，因此，国际商务专业课程思政对于国际商务专业学生提高社会责任感具有重要的作用。首先，国际商务专业课程思政可以引导学生对社会问题的关注和思考，让其了解社会的现状和问题，

激发其对社会问题的关注和思考。同时，国际商务专业课程思政也可以引导学生学习社会科学知识，提高其对社会问题的认识和理解，增强其社会责任感。其次，国际商务专业课程思政可以培养学生的社会参与意识和能力，让其了解社会参与的重要性和方式，激发其参与社会事务的积极性和热情。同时，国际商务专业课程思政也可以引导学生掌握社会参与的技能和方法，提高其社会参与能力和影响力，增强其社会责任感。最后，国际商务专业课程思政可以培养学生的公民意识和公民责任感，让其了解公民的权利和义务，激发其对公共事务的关注和参与。同时，国际商务专业课程思政也可以引导学生了解公共事务的管理和决策机制，提高其公民意识和公民责任感，增强其社会责任感。

四、通过国际商务专业课程思政，促进国际商务专业学生的全面发展

国际商务专业课程思政是一种旨在通过课程教育培养学生的思想道德素质、文化素养、创新精神和实践能力的教育方式，可以促进国际商务专业学生全面发展。因此，应该重视国际商务专业课程思政的教育，为学生提供更好的教育环境和教育资源，让其在大学期间能够全面发展，成为具有创新精神和实践能力的优秀人才。国际商务专业学生的全面发展是教育的根本目的之一，也是国际商务专业课程思政的目的之一。要通过教育和思想引导，让国际商务专业学生在知识、技能和价值观等方面全面发展。同时，还要培养国际商务专业学生的实践能力和创新能力，让其在实践中不断提高自己的能力和素质。最后，还要关注国际商务专业学生的身心健康，让其有一个健康的身心状态，为以后的发展打下坚实的基础。

首先，国际商务专业课程思政可以促进学生思想道德素质的全面发展。国际商务专业课程思政通过深入的思想教育，引导国际商务专业学生树立正确的世界观、人生观、价值观，培养其道德情操和社会责任感，提高其思辨能力和判断力，使其在成长过程中更加全面、健康地发展。

其次，国际商务专业课程思政可以促进学生文化素养的全面发展。国际

商务专业课程思政通过多元文化的教育，帮助国际商务专业学生了解和尊重不同的文化，提高其文化认知和文化素养，培养其文化自信心和创新精神，使其在文化交流和创新方面更具有竞争力。

再次，国际商务专业课程思政可以促进学生创新精神的全面发展。国际商务专业课程思政通过引导学生关注社会发展和时代变化，激发其创新意识和创新能力，使其能够积极探索新的学科领域和知识领域，培养其创新思维和创新能力，为未来的职业发展和服务社会打下坚实基础。

最后，国际商务专业课程思政可以促进学生实践能力的全面发展。国际商务专业课程思政通过实践教育，引导国际商务专业学生走出课堂，参与社会实践和志愿服务活动，锻炼其实践能力和社会责任感，增加其实践经验和实践能力，在实践中不断成长和发展。

第二章　国际商务专业课程思政的理论基础

第一节　课 程 思 政

一、课程思政的主要内容

（一）课程思政的含义

课程思政不是一门固定的学科，而是一种教育教学理念，是一种教学思想。其基本要义为大学所有课程都具有传授学生知识及思想政治教育的双重功能，也承担着培养大学生正确的世界观、人生观、价值观的责任。课程思政也是一种思维方式，教师要有意、有机、有效地将思想政治教育融入教学过程，其体现在教学顶层设计上，就是要把人的思想政治培养作为课程教学的主要目标，并与专业教育深度结合。

课程思政的目的并不是要改变原本专业课程的教学作用，更不是要把专业课的以专业内容为主变成以思政教育为主，而是充分发挥辅助作用，激发课程的德育功能，运用德育的学科思维，提炼专业课程中蕴含的文化基因和价值范式，将其转化为社会主义核心价值观具体化、生动化的有效教学载体，在"润物细无声"的知识学习中融入理想信念层面的精神指引。课程思政，就是将思想政治教育元素（包括思想政治教育的理论知识、价值理念以及精神追求等）融入各门课程中，潜移默化地对学生的思想意识、行为举止产生影响。本书将从课程思政的本质、理念、结构、方法和思维等几个维度来认识和把握其丰富的内涵。

1. 课程思政的本质是立德树人

课程思政从根本上来说是教育的一种，目的是实现立德树人。"育人"先"育德"是我国教育的优良传统，其注重传道授业解惑、育人育才的有机统一，是我们一直要坚持的教育方式。思想政治教育是做人的工作，解决的是"培养什么样的人""如何培养人"的问题，是我们党和国家的优良传统和各项工作的生命线。我们党历来高度重视学校的德育工作和思想政治工作，并经过探索形成了一系列教育方针、原则，为培养什么样的人、如何培养人以及为谁培养人提供了基本的工作思路。课程思政是要将思想政治教育融入其他课程教育中，无论是作为具体的思想政治教育还是作为宏观的教育，都是为了达到立德树人的目的。课程思政始终坚持以德立身、以德立学、以德施教，注重加强对学生的世界观、人生观和价值观的改造，传承和创新中华优秀传统文化，发挥重要的引导作用，积极引领当代大学生树立正确的国家观、民族观、历史观、文化观，从而为社会培养出更多德智体美劳全面发展的人才，为中国特色社会主义事业培养建设者和接班人。

2. 课程思政的理念是协同育人

课程思政提出的目的是让思政课程与其他课程实现协同育人，同向同行。不论是"三全"育人还是"十全"育人，体现的都是协同育人的理念。高等院校教育水平的高低取决于能否为国家培养需要的人才，从而夯实我国人才战略基础，这关乎中华民族伟大复兴以及中国梦的实现。中国特色社会主义教育本身就是知识体系教育和思想政治教育的融合，不能让思想政治工作和人才培养变成彼此孤立的"两张皮"。课程思政所要做的正是将两者辩证地统一起来，把教书育人规律、学生成长规律和思想政治工作规律紧密联系在一起，把立德树人的教育思想内化到学校建设和管理的各领域、各方面和各环节，通过构建科学合理的人才培养体系，使课程思政要素真正融入国际商务教学过程中，帮助学生成为国家栋梁之材。

3. 课程思政的结构是多层次的

课程思政的出现，代表着教育结构的变化，即建立一个知识传授、价值塑造和能力培养的有机多元统一体。但是往往由于各种多变的因素导致在现实课程教学中让这三者彼此分离，从某种意义上来说思政课程正是让这三者重新统一的一个过程。课程思政要求教师在教育工作中以积极探索教学规律，实质性介入学生个人日常学习和生活的方式，让教学内容与学生目前的处境、遭遇以及心灵困惑相结合，有意识、有目的地回应学生在学习、生活、社会交往和实践中所遇到的真实问题和困惑，真正触及他们默会知识的深处，亦即他们认知和实践的隐性根源，引导他们自主解决困惑和问题，从而对之产生积极的影响，真正做到传道授业解惑。同时，在理性化的社会中，要想使某种价值观念真正得到深入、持久、稳定、牢固的理解和接受，感性必须和理性、感性体验必须和理性认识结合起来。因此，课程思政也要求向学生传授普遍的、客观的知识，进一步提高他们的理性认知能力和水平，以促进其默会知识的提升和转化。而言传知识与默会知识，或者说知识传授与心灵成长、价值塑造和能力提升之间的互动，恰恰是课程思政所要达到的目的。

4. 课程思政的方法是显隐结合

人才培养问题的根源是"培养什么样的人""怎样培养人"以及"为谁培养人"，尽管可以从国外借鉴一些先进的做法，但是从根本上讲必须以我国基本国情为条件，扎根中国办教育，坚持中国特色社会主义办学方向。人才培养体系涉及教学体系、教材体系、学科体系、管理体系等，贯通其中的是思想政治工作体系。课程思政正是要尽力去建设一个这样的育人体系，通过深化课程目标、内容、结构、模式等方面的改革，把政治认同、国家意识、文化自信、人格养成等思想政治教育导向与各类课程固有的知识、技能传授有机融合，实现显性与隐性教育的有机结合，促进学生的自由全面发展，充分发挥教育教书育人的作用。从课程建设和教学活动来看，课程思政的融入改变了课程教学原本以教授知识为主要目的的思路，让思想政治教育融入教育教学的各个方面之中，就像盐溶于水，无形无色却又无处不在，填补了专业课程教学在育人环节上的空白，打通了学校思想政治教育的"最后一公里"，从而使全面协同育人全方位落实到教学的所有细微之处。

5. 课程思政的思维是科学创新

在这个机遇和挑战并存的社会大变革、文化大繁荣的时代，我们一定要坚持树立科学和创新的思维。在全国高校思想政治工作会议上，习近平总书记提出了提高学生思想政治素质的明确要求，即"四个正确认识"，其核心要义就是让学生树立正确的立场、观点和方法，通过将学习和实践相结合的方式，把握历史发展的潮流，培养学生的创新思维。对于课程思政而言，其首先展现的就是一种科学思维，它强调要用辩证唯物主义和历史唯物主义的思维方式去看待事物，不能陷入唯心主义和机械唯物主义的泥沼，将理论导向神秘主义。特别是在当下各种社会思想观念相互冲击、国际社会意识形态领域冲突加剧的背景下，我们的教育要想顶住压力、抵住入侵，就需要进一步加强在各门课程中的思想政治教育，站在马克思主义的立场用马克思主义的观点和方法去教书育人，为学生构筑起牢固的思想防线，抵制各种错误思潮、错误言论对学生的危害。其次，课程思政所展现的是一种创新思维，它强调在所有的课程教学活动中都融入思想政治教育，这是思政教育以前从未注意到的地方。而且在课程思政建设的具体过程中，也更加需要创新思维，因为新思维催生新思路，而新思路形成新发展，新发展创造新方法，利用新方法解决课程发展过程中存在的问题，最终促进课程思政的发展。

（二）课程思政的目标及任务

1.课程思政的目标

以习近平新时代中国特色社会主义思想为指导，坚持知识传授与价值引领相结合，运用可以培养大学生理想信念、价值取向、政治信仰、社会责任的题材与内容，全面提高大学生缘事析理、明辨是非的能力，让学生成为德才兼备、全面发展的人才。

课程思政是落实立德树人的重要手段和举措，因此，要准确把握课程思政就要首先充分了解什么是立德树人，而文字和语言所代表的思想和含义会随着时代变迁而不断改变其原本的意义。立德树人的思想古已有之，随着社会的进步，它在当今百年未有之大变局中也应有独特而深刻的内涵。对于高等教育人才培养而言，引导大学生的目标导向必定是具备鲜明的时代特征，并与社会和国家的发展进步紧密关联。当前，随着经济的发展，在习近平新时代中国特色社会主义思想的指导下，我国越来越接近世界体系的舞台中心，国家受关注度大大提高。国际竞争日益激烈，国与国之间的竞争不再只局限于经济和军事实力，社会文化特别是意识形态上的冲突也愈演愈烈。这一背景是新时代高等教育人才培养所面临的时代背景。党的十八大提出：把立德树人作为教育的根本任务，培养德智体美全面发展的社会主义建设者和接班人。这是国家首次明确将"立德树人"确立为教育的根本任务，也是对十七大以来"育人为本、德育为先"的总结、提升、凝练，更是面对复杂多变的国际形势提出的人才动员新要求。

习近平总书记在全国教育大会上指出：我国是中国共产党领导的社会主义国家，这就决定了我们的教育必须把培养社会主义建设者和接班人作为根本任务，培养一代又一代拥护中国共产党领导和我国社会主义制度、立志为中国特色社会主义奋斗终身的有用人才。这是教育工作的根本任务，也是教育现代化的方向目标。习近平总书记这一重要论述深刻回答了高等教育"培养什么人、怎样培养人、为谁培养人"这一根本问题。高等教育的所有工作都围绕培养社会主义建设者和接班人而开展，社会主义接班人的基本政治要求就是树立共产主义理想信念，担负起民族复兴的伟大使命，它体现在政治理想是否坚定，以及对国家政治目标、政治道路和政党体制的认同，等等。因此，立德树人之"德"是培养德才兼备的社会主义建设者和接班人的政治理想与政治道德，与以往的课程德育、大学生道德教育、科学精神培养等目标任务有着本质区分。课程思政的本质属性是"思想政治性"，所以课程思政要"育"的人应是"政治人"或人的政治性。对"政治人"的主要理解是人是具有社会性的、具有利益协调能力、追求社会至善和谐的动物。课程思政的目标就是引导学生热爱并拥护中国共产党，遵循党的路线，立志服务人民和奉献国家，为中华民族伟大复兴奉献全部。

2. 课程思政的任务

目标的实现，需要任务的科学划分及落实完成。大学生政治道德培养、理想信念教育，若仅通过思想政治理论课、大学生思想政治教育等传统途径去实施，就难以体现协同一致和全方位覆盖，会导致主阵地抓不牢、形成教育盲区。江苏省有一项调查显示：72.7%的专业教师只是单纯从事专业教学，高达86.8%的专业课教师认为学生思想政治教育工作不在自身职责范围，而将思政教育内容融入专业课教学中的专业教师占28.1%。2018年高校师生思想政治状况滚动调查结果显示，对大学生思想言行和成长影响最大的第一因素是专业课教师。所以，围绕立德树人根本任务和高校思想政治工作的主要目标，要使"三全育人""大思政""隐性思想政治教育"理念真正得到发挥和体现，就必须占领意识形态主阵地，在占有学生校园生活大多数时间的课堂教学（含实验、实践教学）中对在校大学生开展思想政治教育。课程思政理念的提出正是着力解决这一现实问题的关键举措，任务是凸显"显性思想政治教育"即思想政治理论课先行地位，在建设好思想政治理论课的前提下，在思想政治理论课教师的指导及参与下，将思政元素寓于、融入专业课和通识课，确保包括专业课程在内的所有课程与思想政治理论课目标一致、同向同行，真正形成育人合力。

（三）课程思政的内容

围绕课程思政目标，通过积极培育和践行社会主义核心价值观，运用马克思主义方法论，引导学生正确做人和做事。各教学科目和教育活动，应结合以下内容进行教学设计。

1. 师德风范

学高为师，身正为范。习近平总书记指出：教师是人类灵魂的工程师，承担着神圣使命。传道者自己首先要明道、信道。高校教师要坚持教育者先受教育，努力成为先进思想文化的传播者、党执政的坚定支持者，更好担起学生健康成长指导者和引路人的责任。要以德立身、以德立学、以德施教，为学生点亮理想的灯、照亮前行的路。

2. 政治导向

教师应坚持正确的政治方向，要"坚持教书和育人相统一，坚持言传和身教相统一，坚持潜心问道和关注社会相统一，坚持学术自由和学术规范相统一"，坚守"学术研究无禁区，课堂讲授有纪律"的规矩，不在课堂上传播违反中华人民共和国宪法，违背党的路线、方针、政策的内容或言论，使课堂成为弘扬主旋律、传播正能量的主阵地。

3. 专业伦理

"专业伦理"教育是对未来从业人员掌握并遵守的人与人之间的道德准则

和职业行为规范的教育活动。教师要针对不同专业的大学生，即未来各行业的从业人员，在传授专业知识的过程中，明确将专业性职业伦理操守和职业道德教育融为一体，给予其正确的价值取向引导，以此提升其思想道德素质及情商能力。

4. 学习伦理

"学习伦理"是人们在学习活动中建立起来的人伦关系和处理这些关系应遵守的法则，是基于对类、群的伦理性认识和对学习内涵、价值、内容等方面的伦理反思和构建。课程思政功能的实现需要师生双方的共同努力，大学生应有良好的学习伦理，尊师重教、志存高远、脚踏实地、遵守纪律，在学习过程中体悟人性、弘扬人性、完善修养，培育理性平和的心态，让勤奋学习成为青春飞扬的动力。

5. 核心价值

习近平总书记指出：核心价值观，承载着一个民族、一个国家的精神追求，体现着一个社会评判是非曲直的价值标准。教师要在课程教学过程中，结合理工、经济、人文、艺术等各专业门类的特点，将社会主义核心价值观的基本内涵、主要内容等有机、有意、有效地纳入整体教学布局和课程安排，做到专业教育和核心价值观教育相融共进，引导学生做社会主义核心价值观的坚定信仰者、积极传播者、模范践行者。

（四）课程思政的特性

课程思政不是每门课都要按部就班，机械化、系统化地进行德育教育活动，也不是每堂课都要按照之前死板地安排思政教育内容，将思政教育当成一种固定化的工作，而是结合各门课程特点，寻找德育元素，进行非体系化、系统化的教育。

1. 全面性

课程思政不是一门独立的课程，它本身不是增开的一门独立于其他学科的课程，而是以课程观的形式存在。它使人们不仅仅局限于从思想政治理论课程中获取思想政治教育，而且可以从全部学科课程当中接受领悟育人的基本观念。课程思政的建设需要所有的人从各方的共同努力，才能实现高校育人的最终目标。只有全部教师将自己积极融入课程思政的建设中，将自己视为其大家庭的一部分，着力发挥课堂育人主渠道的作用，才能实现全员育人。思政课教师和专业课教师合力形成育人整体，高校管理层人员也要参与其中，发挥各部门的作用，将课程思政的建设驶入正轨。高校各门课程从根源上看都具有一定程度的育人作用，也肩负着育人的职责。但是长久以来，育人的效果并不理想，这在于对德育教育的不重视。加强课程思政的"疗效"，就要在建设的过程中不断进行完善和创新，将思政教育与专业课知识融合真正落实到各门课程教育中。全面育人需要充分利用各种意义上的教育，不仅仅是指学校课本或课堂上的教育，与之相关的诚信教育、校园文化建设、教风学风建设、实践教育活动等都是思想政治教育所涵盖的范畴，虽然与课堂教育在育人的形式上不同，但都是课程思政育人必不可少的部分。

2. 渗透性

课程思政的发展需要各个学科的共同协作和相互配合，思想政治教育工作也要将专门的思想政治理论课和专业课程结合起来，进行全方位的思政教育，将显性教育和隐性教育相结合，引导学生对专业知识进行深度理解和应用，并领会到专业知识中蕴含的育人道理。渗透性一方面是从人的角度来进行，要想提升全部教职员工的思想觉悟，那教职员工就要知道他们身上所担负的育人的责任和各门课程所具备的育人的功能，学校党委工作人员应对课程思政的进程、效果承担主体责任；另一方面是从探索思想政治教育元素的角度来进行，高校各类专业课程除去其本身的专业性知识外，都蕴含着深刻且有内涵的思想政治教育资源，大学生要做的是，在掌握专业性知识的同时能看透其内在蕴含的思政元素，这不仅能使学生感受到思政教育的力量和深刻内涵，使其在潜移默化中树立良好的世界观、价值观和人生观，更能与其专业知识相融合，培养学生形成更良好的专业素养，无论是对其学业还是处事方式都有指向性的作用。"专业学科学习与思想道德学习存在着内在统一的关系，表现在知识层面的深层交叉与教学过程的全面融合。全面展开的道德教育必须经过各科教学实现，或者理解为专业学科课程是道德教育所表现出的更为广泛、普遍的课程形态，从更为随机的、内隐的方式进行道德教育。"由此可知，课程思政用潜移默化的方式让思想政治教育以辅助的形式融入各类专业课中，它是一种对理想与价值的输送和培育，它的渗透性使教育的范围更为广泛，使思想政治教育更具包容性。

3. 协同性

协同是指拥有相同目标的两个及以上个体共同协作，推动完成进度并最终达成目标的过程。既然高校课程思政建设是一项系统工程，那其中个体就免不了要通力协作。具体来说，高校课程思政建设遵循协同性原则，不仅同一专业的课程要协同，不同专业的课程也要协同，专业课程与思政课程也要协同。当然，不同学科大类下的专业也可以通过这样的方式形成课程思政协同。比如，理工类专业与哲学类专业协同便可以提高学生的哲学素养，与文学类专业协同便可以提高学生的文学素养。

课程思政建设中的协同育人要求可以从人员与环境两个维度展开。人员维度的协同是指全员育人。全员育人的范围不仅是指高校的教师教工，还需要家庭成员、社会民众和广大学生共同参与。高校在这一过程中处于首要关键的位置，它是学生走向社会前的最后一道屏障，更能直接影响到学生以后的社会行为和思想发展。错误的观念认为对学生进行思想政治教育是思想政治理论课的任务，专业课程只需要教授专业知识和社会技能就可以了。这种观念造成思想政治理论课与其他学科在教学内容上的脱节，始终没有达到寓德于课、立德树人的目的。所有的课程都具有育人的能力，思想政治理论课不能作为唯一承担思想政治教育的课程，不能忽视潜藏在其他课程中的教育因素，这种观念影响着思想政治教育的成效。思政课程与课程思政展开协同教育充分发挥育人功能并始终坚持共同的社会主义办学方向。思政课教师与专业课教师在教育方向上同向同行，在教育理念上协同育人，集中力量提升育人能力，共同走向正确的政治方向，共同进行思想政治教育。同样地，社会民众、学生本身及其家庭成员都应确立自身的定位，各司其职，完成育人使命。环境维度的协同是要求要营造"大思政"环境。在学校要将思想政治教育工作贯穿于课堂及校园的始终，除打造精品课堂外，在校园生活中也要积极宣扬和挖掘思想政治教育元素。"大思政"教育观要在教育进行的多个环节把握时代步伐，结合时事，有的放矢地进行思想政治教育。从多维度探究课程思政的协同性，将思想政治教育以"基因式"融入协同育人的过程中，让课程思政生根发芽。

4. 潜隐性

课程思政的潜隐性与思想政治教育理论课程直接传授知识的模式有所不同，它是辅助形式的教育，以潜在的、隐性的形式将思政内容传授给学生，采用的教育教学方式通常都较为隐蔽。专业课、通识课、实践课所传授的显性的专业技能知识、通识修养知识以及应用实践类知识中都蕴含着潜在的、隐蔽性的思想政治教育资源，任课教师所要挖掘的正是这部分具有潜在性质的、无形的教育资源，并在传授学科知识的过程中以潜移默化的方式给学生讲解。潜隐性的课程思政教育，对学科任课教师提出了以润物细无声的授课方式授课的要求，需要授课教师有意为之地精心策划，达到寓德于课、寓教于无形的状态。课程思政要实现知识传授与价值引领的教育教学目标，既要加强推进思想政治理论课的显性教学力度，又要着力以隐性教育的方式将理想信念教育根植于其他各类课程当中，拓展社会主义核心价值观形塑和意识形态教育的实施场域，引起学生的情感共鸣，从而使思想政治教育内容内化于心，加强学生理想信念，外化于行，让其更好地投身于社会主义事业的伟大建设当中。

5. 引领性

新时代高校的育人形式和育人内容要打破传统显性知识传授的课堂教学的壁垒进行创新育人，是必要的也是要紧迫实现的。在全国高校思想政治工作会议后，各地高校都着力推进课程思政的建设热潮，改革思想政治教育，强化价值引领。课程思政具有引领性，不仅在思想政治理论课占据主导位置，它在专业课程的价值引领方面也发挥着极其重要的辅助作用，专业课教师也应言传身教，致力于将专业研究精神与社会主义核心价值观相糅合并内化于心，这对学生价值观的树立有着不可替代的示范作用。从课程思政的教学内容来看，寓价值观引导于知识传授和能力培养中，不仅要以课堂为载体，更要重视对价值的塑造，明确正确的价值理念和高尚的精神追求。教育的职责绝不仅仅只是简单传授专业知识，更主要的是对学生道德品质、理想信念的引领起导向作用。习近平总书记曾形象地描述青少年学生正走在人生的"拔节孕穗期"，最需要学校和家庭精心引导和协同培育。青少年是国家的未来，而青少年的价值取向在一定程度上对未来整个社会的价值取向起决定作用。高校课程思政的核心特性是价值引领，青年时期的价值观教育对于青年本身以及国家和社会都具有重要意义。

（五）课程思政的要求

课程思政教学设计，不仅应遵循一般社会科学研究的原则，而且也应适合于思想政治教育学科的特殊性原则。根据课程思政的内容和原则，提出如下基本要求。

1. 培养学生自主学习的能力

灌输应注重启发，是能动的认知、认同、内化，而非被动的注入、移植、楔入，更非填鸭式的宣传教育。渗透应注重贴近实际、贴近生活、贴近学生，注重向社会环境、心理环境和网络环境等方向渗透。灌输与渗透相结合就是坚持以春风化雨的方式，通过不同的选择，从被动的学习转向主动、自觉的学习，主动将之付诸实践。

2. 提升学生理论与实际结合的能力

课程思政教育元素，不应该从抽象的理论学说中总结出来，而是应该从实际出发，在实际社会中寻找，将学科知识与社会实践相结合，一点一点验证出来的，不是从理论逻辑出发来解释实践，而是从社会实践出发来解释理论的形成，依据实际来修正理论逻辑。坚持理论与实际相结合，从实践中来，到实践中去，因事而化，因时而进，因势而新。

3. 提高学生与时俱进的能力

课程思政的教学设计，从纵向历史与横向现实的维度出发，通过认识世界与中国发展的大势比较、中国特色与国际的比较、历史使命与时代责任的比较，使思政教育元素既源于历史又基于现实，既传承历史血脉又体现与时俱进。

4. 创新学生的学习方法

课程思政教学设计，应坚持显性教育与隐性教育的结合。显性教育和隐性教育二者是一种类型的方法称谓。其中，前者是指将德育教育作为一种知识，由教师在公开场合直接对学生进行传授的方式。后者是指将德育教育置于大环境中，通过引导学生在教育性环境中学习，直接体现和潜移默化地获取有益学生个体身心健康和个性全面发展的教育性经验的活动方式及过程。在此，通过隐性渗透、寓道德教育于各门专业课程之中，通过润物细无声、滴水穿石的方式，实现显性教育与隐性教育的有机结合。

5. 注重共性中突出个性

任何事物的发展都是共性与个性的结合、统一性与差异性的合一。就思想政治教育而言，教育目的的价值取向是一种共性、统一性，个体的独特体验则是事物的个性、差异性。课程思政教学设计，必须遵循共性与个性相结合的原则，既注重教学内容的价值取向，也应遵循学生在学习过程中的独特体验。

6. 完善学生的培养方式

正面说服教育是指通过摆事实、讲道理，使学生明辨是非、善恶，提高认识，形成正确观念和道德评价能力的一种教育方法。课程思政教育和教学，必须坚持以正面引导、说服教育为主，积极疏导，启发教育，同时辅之以必要的纪律约束，引导学生品德向正确、健康方向发展。

二、课程思政的价值意蕴

（一）落实高校立德树人根本任务的必然要求

自古以来，我国就非常重视德育教育，突出对人的道德主体人格的培养与精神价值的追求。当代高校教育教学也应发扬德育优良传统，注重培养大学生的民族自豪感和对国家、社会的高度责任感与使命感。课程思政要求将立德树人这一思想始终贯彻于各个课程的教授过程，让德育教育有机融入每一堂课、每一个教学环节。立德树人是高校教育的根本目的，也是基本责任，所以应以我国的基本国情为基础，形成具有中国特色的办学体系，全面培育人才，实现复兴之梦，推动我国从人口大国向人才强国迈进。但是，目前我国高校的教育面临着国内外的巨大压力，国际形势多变，教育对象不断更迭，各类思想观念和多元文化的相互碰撞带来更多的挑战，这对于高校来说，既是机遇也是挑战。学生的思想会受到所接受的教育的影响，可变性与可塑性很强，在学校接受主流思想的教育和深刻领悟社会主义核心价值观的同时，在校外的社会思潮当中也可能会受到一些偏激的舆论和带有误导性的价值观的影响。这就需要学校和教师不仅要承担起传授知识和培养学生能力的责任，也要积极完成引领学生思想，帮助其塑造正确的价值观的任务。

通过课程思政的建设，引导学生建立起个人高尚的小德，规划树立起社会乃至国家之大德，"一个人只有明大德、守公德、严私德，其才方能用得其所。"德定方向，以德为范。立德树人是教育的根本核心，是大学的立身之本，它是一项长期且复杂的系统工程，也是人才培养的教育任务。思政课和专业课都是教育展开的具体形式，共同肩负树人重任。在这其中，思政课是落实立德树人的主要课程，思政课所教授的直接的思想道德理论知识，对实现立德树人这一根本任务起到不可小觑的作用，但课程思政也是思政教育中不可或缺的一部分，它实现了对传统教育教学理念的突破，将德育融入专业课程，与实际相联系，在学生接受专业知识的同时，潜移默化地进一步提高学生的思想政治觉悟，培养学生良好的道德品质，形成正确的世界观、人生观、价值观，使每一位大学生在人生的"拔节孕穗期"都能接受社会主义核心价值观的正确培育，最终实现高校立德树人的根本育人任务。因此，要多方努力，才能引起质变，最终形成立德树人之合力。

（二）课程思政是塑造学生思想道德深度的必要过程

课程思政对于引导学生塑造独立人格、培养良好的道德品性以及凝聚公共精神方面都具有重要价值。作为学生进入社会的最后一道屏障，大学阶段是塑造正直品格的关键时期，这段时期的教育和引导是可以直接影响到学生以后能否在社会中独立自主地生存和思考以及保持坚定不移的爱国主义精神，因此，处在大学这一阶段的学生在储备大量专业知识技能的基础上，也十分需要对人格、品行以及公共精神进行塑造培养。高校人才培养的质与量关乎着党和国家伟大事业发展的前景，"人才是实现民族振兴、赢得国际竞争主动的战略资源"，建立高水平人才培养体系要紧抓培养什么样的人、怎么培养人这些核心问题，建立德智体美劳全面发展的培养体系，树立立德树人的根本任务目标。推进课程思政的建设就是要有深度有广度地了解各类学科蕴藏的思政元素和价值基因，以开设树立明确政治立场的课程，进行具有多维知识宽度的教育教学，塑造学生的理性头脑，提升其道德修养和美好品德，全方位培养学生对事物的认识深度，从而实现高校教育育人、育德、育才的目标。塑造一个独立个人的思想深度需要知识的积累和有效的引导，课程思政将价值观念的教育巧妙地融进各类课程的知识体系及其核心内容当中，深挖各类课程的育德功能，在专业知识外形成特定的思维方式、价值观和方法论，使学生运用专业知识分析解决精深的专业问题，用思想的深度平衡知识与价值的关系，用深厚的思想修养稳固国家立场。

（三）践行高校"三全育人"机制的关键举措

"三全育人"机制是进一步落实高校各部门、各学院、各专业育人责任，将思想政治教育贯穿于各专业与各课程授课之中，增强思想政治教育实效性，落实高校立德树人根本使命，培养担当民族复兴大任时代新人，彰显社会主义制度优势，提升人才培养水平的关键抓手。第一，课程思政有利于充分拓展高校思想政治工作主体范围。除思政课教师、高校辅导员队伍、党政工作者等固有思政工作主体之外，与学生接触最为密切的专业课教师也被吸纳到了学校思政育人行列，成为开展高校思政教育的关键力量，实现了全员育人。第二，课程思政的实施充分将思政教育融入各门专业课程的教授中，让德育始终贯穿于教育教学全过程与学生成长成才全阶段，实现了全过程育人。第三，课程思政要求践行全方位育人理念。面对当今移动互联融媒体时代新特点，社会个体之间的交流突破时空限制，如抖音、快手等网络直播平台和短视频对大学生的价值观产生了强烈的冲击。课程思政也要利用新媒体时代的便利，打造线上线下双重发展的混合式教学模式，为教育对象提供优质教育资源，促进学生智力发育和价值观养成，实现全方位育人目标。

三、课程思政的实施策略

随着我国高等教育的不断发展，思想政治教育成为高校教育的重要组成部分，而课程思政也成为高校思想政治教育的重要渠道之一。在实际教学中，如何更好地实施课程思政，成为高校教师和管理者不断探索的重要问题。本书从以下几个方面探讨课程思政的实施策略。

（一）立足课程特点，突出思政要求

课程思政应当立足于课程的特点，突出思想政治教育的要求。通过课程内容的设计，突出爱国主义、集体主义、社会主义思想，引导学生树立正确的世界观、人生观和价值观，提高学生的思想政治素质。在实施课程思政时，应该立足于课程特点，突出思政要求，以下是一些实施策略。

1. 针对不同学科的特点制订思政方案

不同学科的特点不同，因此制订思政方案也应该有所区别。例如，对于理工科课程，思政方案可以注重培养学生的创新能力和实践能力，强化学生的社会责任感和创新精神；对于人文社科课程，思政方案可以注重提高学生的人文素养，加强学生的社会思考和公民意识。针对不同学科的特点制订思政方案非常重要。

2. 注重课程与现实社会的联系

课程教学不应该与现实社会脱节，而应该紧密联系。因此，在制订思政方案时，需要强调课程教学与现实社会的联系，引导学生关注社会现实问题，培养学生的社会责任感和担当精神。例如，在大学生就业指导课程中，可以引导学生了解当前就业形势和政策，掌握求职技巧和职业规划方法，同时也可以引导学生认识到就业对于个人和社会的重要性，鼓励学生担当起时代责任，积极融入社会发展。

3. 注重培养学生的创新能力和实践能力

创新能力和实践能力是当今社会非常重要的能力，因此在制订思政方案时，需要注重培养学生的创新能力和实践能力。这既可以通过理论教学，也可以通过实践教学来实现。例如，在大学生创新创业课程中，可以引导学生了解创新创业的基本概念和实践方法，同时也可以鼓励学生参加创新创业项目，积极探索实践，提高创新能力和实践能力。

4. 注重培育学生的社会责任感和担当精神

大学生不仅需要具备专业技能，还需要具备社会责任感和担当精神。因此，在制订思政方案时，需要注重培育学生的社会责任感和担当精神。例如，在大学生公共服务课程中，可以引导学生了解公共服务的基本概念和实践方法，同时也可以鼓励学生参加公共服务项目，积极投身社会公益事业，提高社会责任感和担当精神。

5. 注重培养学生的综合素质

大学生不仅需要具备专业技能和社会责任感，还需要具备综合素质。因此，在制订思政方案时，需要注重培养学生的综合素质，包括语言表达能力、人际交往能力、团队合作能力等。例如，在大学生综合素质拓展课程中，可以引导学生进行团队合作和项目实践，同时也可以开展演讲、辩论等活动，提高学生的语言表达能力和人际交往能力。

总之，制订思政方案需要立足于课程特点，注重与现实社会的联系，培养学生的创新能力和实践能力，培育学生的社会责任感和担当精神，同时也需要注重培养学生的综合素质。只有这样，才能真正实现课程思政的目标，为学生的综合发展打下坚实的基础。

（二）充分利用课堂教学，注重思政导向

思政教育是指在教育过程中通过各种途径和方式，引导学生树立正确的世界观、人生观和价值观，增强道德意识，深化爱国主义、集体主义、社会主义教育，从而达到提高学生的思想道德素质和综合素质的目的。在课堂教学中，注重思政导向是非常重要的，本书将从以下几个方面来探讨如何注重思政导向。

1. 强调核心价值观

核心价值观是社会主义核心价值体系的重要组成部分，是国家意识形态的核心和灵魂。在课堂教学中，强调核心价值观的重要性，可以让学生明确正确的人生观、价值观，增强道德意识，引导学生认识核心价值观的内涵和重要性。可以通过课堂讲解、视频播放、案例分析等方式，让学生了解核心价值观的内容、特点和意义，让学生认识到正确价值观的重要性，激发学生

的爱国情感。在课堂教学中,可以通过课堂讲授、教材解读、案例分析、小组讨论等方式,将核心价值观融入教学中,教育学生树立正确的世界观、人生观和价值观。在考试评价中,可以在试题设计、答题要求、评分标准等方面,体现核心价值观的要求,如考查学生的社会责任感、公民意识、爱国主义精神等。

2. 引导学生思考社会问题

社会问题是教育教学中的重要内容,引导学生思考社会问题,可以让学生意识到自己的社会责任和使命,培养学生的社会责任感和公民意识。以问题为导向,引导学生思考。在课堂上,可以选取一些社会问题作为教学内容,让学生通过思考、讨论和研究,了解社会问题的产生原因、影响和解决方法。培养学生的社会责任感和公民意识,可以通过组织社会实践、开展社区调研、参加志愿服务等方式,让学生亲身体验社会问题的存在和解决,增强学生的社会责任感和公民意识。教育学生树立正确的社会观,可以通过教材解读、案例分析、小组讨论等方式,引导学生树立正确的社会观,让学生了解社会的复杂性和多元性,不断提高思想觉悟和道德素质。

3. 关注学生心理健康

学生心理健康是教育教学中的重要问题,关注学生心理健康,在课堂教学中注重思政导向,可以更好地培养学生的思想道德素质和综合素质。首先,要了解学生的心理状态。在教学过程中,要关注学生的心理状况,了解学生的情绪、压力和困惑,积极与学生沟通,提供必要的心理支持和帮助。其次,要引导学生进行正确的情感表达。可以通过小组讨论、角色扮演、写作等方式,引导学生进行正确的情感表达,让学生学会正确的情感调节,增强学生的情感素质。再次,要培养学生的自我管理能力。可以通过讲授心理健康知识、组织心理健康教育活动等方式,培养学生的自我管理能力,让学生学会自我调节和保持心理健康。

4. 优化教学方法

在课堂教学中,注重思政导向还需要优化教学方法,提高教学效果。可以采用多种教学方式,如讲授、讨论、案例分析、角色扮演、小组合作、研究等,让学生在不同的教学环节中得到充分的锻炼和提高。可以提供个性化的教学服务。要注重学生的个性化差异，针对不同的学生进行个性化的教学服务，让每个学生都能够得到最大限度的发展和提高。还可以紧密结合实际，将理论知识与实践结合起来，让学生在实践中得到锻炼和提高，增强学生的综合素质。

注重思政导向是课堂教学中非常重要的一环，其实现需要教师和学生的共同努力和配合。教师应该具有高度的思想政治素质和职业道德修养，注重课程内容的选择和设计，营造积极、活跃、开放、自由的教学氛围，通过强调核心价值观、引导学生思考社会问题、关注学生心理健康、优化教学方法等方式，更好地培养学生的思想道德素质和综合素质，提高学生的综合素质和创新能力，培养德智体美劳全面发展的高素质人才。

（三）协同课外实践，拓宽思政渠道

随着高等教育体系的不断改革和完善，思政教育的地位和作用越来越受到重视。传统的思政课教育已经无法满足学生对于思想政治教育的需求，因此，协同课程思政课外实践是高校思政教育的重要途径。学校应该加强内部资源整合，构建协同课程思政教育体系，同时注重培养学生的创新思维和实践能力，采用多种教育方式，加强评估机制，促进实践成果的落地。协同课程思政课外实践的意义在于培养学生的社会责任感，提高学生的综合素质，培养学生的创新思维，提高学生的自主学习能力和增强学生的团队合作能力。只有通过实践，才能真正体验和领悟思政教育的重要性和价值，让学生在实践中成长和发展。

1. 整合资源，构建协同课程思政教育体系

协同课程思政课外实践需要整合各类资源，包括学校资源、社会资源和学生资源等。学校应该加强内部资源整合，将各部门的优势资源相互融合，形成协同课程思政教育体系。同时，学校还应该积极与社会各界建立联系，争取社会资源的支持。在整个协同课程思政课外实践过程中，学生是最为重要的资源，学校应该充分利用学生资源，让学生参与到实践中，提高他们的思想政治素质。整合资源，构建协同课程思政教育体系是提高高校思政教育质量的关键。通过跨学科合作、创新教学模式、建立协同平台和强化实践环

节等措施，可以更好地培养学生的思政素养和实践能力，为他们成为有责任感的社会人才打下坚实的基础。

高校中有很多学科都与思政教育密切相关，比如哲学、政治学、法学、经济学等。可以通过跨学科合作，整合各学科的教学资源，共同开展思政教育。例如，可以邀请不同学科的教师共同授课，或者安排跨学科的讨论课、研讨会等活动。传统的思政教育往往以讲授理论知识为主，学生的参与度较低。可以尝试采用创新的教学模式，如案例教学、课堂互动、小组讨论等，让学生更加积极地参与到教学过程中。同时，还可以在教学内容上注重实践与理论的结合，让学生更好地理解和应用思政知识。为了更好地协同开展思政教育，可以建立一个协同平台，供不同学科、不同院系的教师和学生进行交流和合作。该平台可以包括在线课堂、线上讨论区、资源共享库等功能，方便教师和学生之间的信息交流和资源共享。思政教育需要与实践结合，才能更好地发挥作用。可以通过组织社会实践、实验课程、实习等形式，让学生亲身体验和感受思政教育的实际意义。同时，还可以加强对学生社会实践的引导和指导，提高其思政素养和实践能力。

2.培养学生的创新思维，提升实践能力

协同课程思政课外实践的目的不仅仅是让学生了解思政教育的重要性和价值，更重要的是培养学生的创新思维和实践能力。因此，在实践过程中，学校应该注重培养学生的创新思维，让他们在实践中发现问题、解决问题，同时提升学生的实践能力，让他们学会如何将理论知识应用到实践中，掌握实践技能。随着社会的不断发展，创新已经成为推动社会进步和发展的重要动力。为了满足社会对高素质创新人才的需求，高校应该注重培养学生的创新思维和实践能力，提供多元化的学习体验，提供资源和支持，培养团队合作精神，引导创新思维，鼓励多元化思维等。

学习体验是培养学生创新思维和实践能力的重要因素。高校应该提供多元化的学习体验，包括实习、社会实践、科研项目等，让学生了解和掌握实践技能，培养实践能力。创新往往需要团队协作，高校应该注重培养学生的团队合作精神。可以通过课程设计、项目实践等方式，让学生体验团队合作的重要性，学习如何协调、沟通和合作。创新思维是创新的基础，高校应该引导学生培养创新思维。可以通过启发式教学、问题导向教学等方式，激发学生的创新思维，培养他们的创新意识和能力。高校应该提供必要的资源和支持，鼓励学生进行创新实践。可以提供资金、场地、技术支持等方面的帮助，为学生提供更好的创新实践环境和条件。创新需要多元化思维，高校应该鼓励学生尝试不同的思维方式和方法。可以引导学生从不同角度思考问题，探索不同的解决方案，培养多元化思维能力。

3. 采用多种教育方式，提高教育效果

协同课程思政课外实践的教育方式应该多样化，包括课堂教学、社会实践、团队合作等多种形式。课堂教学要注重理论知识的传授，社会实践要注重实践能力的培养，团队合作要注重学生的团队意识和合作能力的形成。同时，学校还可以通过组织讲座、座谈会等形式，让学生与社会名人、专家学者进行面对面的交流，提高学生的思想水平。采用多种教育方式可以提高教育效果，包括启发式教学、利用多媒体技术、实践教学、交互式教学、合作式学习和个性化教育等。学校和教育工作者应该根据不同的学科、年龄段和学生需求，结合多种教育方式，提高教育效果，让学生更好地掌握知识和技能。

启发式教学是一种探究式学习方法，通过培养学生的探究精神，激发他们的兴趣和潜能，使学生在探究中学习，从而提高教育效果。多媒体技术可以将图片、声音、视频等多种媒介融合在一起，对学生进行综合性的展示。可以利用多媒体技术制作教学课件、动画等，使学生更加生动形象地理解和掌握知识。实践教学是一种通过实践来学习的教育方式。可以通过实习、实验、社会实践等方式，让学生亲身体验实践活动，增强他们的实践能力和知识应用能力。交互式教学是一种师生互动的教学方式，通过师生之间的互动交流，促进学生的思考和创新能力，提高教育效果。合作式学习是一种团队合作的教育方式，通过团队合作，学生可以互相学习、互相帮助，激发学生的合作精神和团队意识。个性化教育是一种针对学生个体差异的教育方式，通过了解学生的个性差异，为每个学生提供个性化的教育方案，满足学生的不同需求，提高教育效果。

4. 加强评估机制，促进实践成果的落地

协同课程思政课外实践的实践成果是评估其效果的重要指标。因此，学校应该对学生的实践成果进行量化评估，并且不断改进评估机制和方法，提高评估的准确性和可信度。同时，学校还应该重视实践成果的落地工作，将学生的实践成果转化为社会效益，促进实践成果的落地。在完善评估机制的过程中，还应该注重与实践团队的沟通和合作，共同探讨如何提高实践成果的质量和落地效果。只有这样，才能真正实现实践成果的价值和意义。

制定明确的评估标准，对实践成果进行量化和定量评估，以便对成果进行有效的比较和评估。评估标准应考虑到实践的目的、实践过程中的困难和障碍以及成果落地的效果等方面。根据实践成果的特点，选择合适的评估方法。可以采用问卷调查、深度访谈、案例分析等方法，对实践成果进行全面的评估。同时，评估方法应该具有科学性和可操作性，以保证评估结果的可靠性和可行性。将评估结果及时反馈给实践团队，并提供具体的改进建议，以便实践团队进行调整和改进。同时，也要让实践团队参与评估，让他们对评估结果进行反馈和评价，以促进实践成果的落地。将实践成果的评估结果宣传出去，让更多的人了解和认可实践成果的价值和意义。可以通过发布成果报告、组织宣传活动等方式，让更多的人参与实践，促进实践成果的落地。

（四）加强教师培训，提高思政水平

教师是课程思政实施的关键力量。为了提高教师的思政素质和教育教学水平，应该加强教师培训。近年来，教育部门高度重视教师思政工作，要求教师在教学中注重思想政治教育，引导学生树立正确的世界观、人生观和价值观，为培养德智体美劳全面发展的人才提供坚实的思想基础。

1.强化师德师风建设

教师是学生的榜样，是学生人生道路上的导师和引路人，教师的师德师风对学生的影响不可低估。因此，提高教师的思政水平，首先要注重师德师风建设。具体而言，教师应该自觉遵守教师职业道德规范，做到言行一致，言教合一，以身作则，树立良好的师德形象。在工作中，教师要注重工作纪律，不迟到、不早退、不旷工，认真对待每一位学生，耐心倾听学生的困惑和问题，关心学生的身心健康和成长发展，做到言传身教，身教重于言传。作为一名教育工作者，师德师风是最基本的职业素养。它不仅关系到教师的声誉，更关系到学生的健康成长，是教育事业的重要组成部分。因此，必须加强师德师风建设，不断提高自身的道德水平和职业素养。

教师的职业道德是教育工作的灵魂和精神支撑。要加强职业道德意识，首先要树立正确的职业认识，明确自己的职责和使命，严格遵守职业道德规范，做到言行一致、身体力行。其次，要注重自我修养，提高自身的道德素质，做到心中有爱、言行有节、举止得体、待人诚恳，成为学生的榜样和引路人。教师的教学能力是衡量一个教师水平的重要指标。要加强教学能力的提升，需要不断学习、更新知识，提高教学技能，注重教学质量，严格要求自己的教学效果。再次，要注重学生的个性发展，关注学生的学习情况和思想动态，因材施教，注重培养学生的创新意识和实践能力。教师和学生之间的关系是教育过程中非常关键的因素。要加强师生关系建设，需要注重沟通交流，增强彼此之间的了解和信任，建立良好的师生关系。最后，要尊重学生的个性和差异，关注学生的情感需求和心理健康，做到因材施教，关心学生的成长和发展。教师的自身素质是教育事业的基础和保障。要加强自身素养的提升，需要注重自我反思和自我完善，不断提高自身的综合素质和职业素养。

2. 加强思政理论学习

教师是思想政治教育的主体和推动者，教师的思想政治素养、思政理论水平直接影响到思想政治教育的质量和效果。因此，教师应该加强思政理论学习，深入领会马克思主义基本原理和习近平新时代中国特色社会主义思想，掌握当前国际国内形势和发展变化的最新动态。随着时代的变迁和社会发展的进步，思政理论学习越来越成为教育工作者必须重视的问题。思政理论是指关于社会、政治、文化等方面的基本理论和原则，是指导我们正确看待世界、认识社会、把握历史的重要方法和思想武器。因此，加强思政理论学习，不仅有助于提高我们的理论素养和思想品位，更有助于推动教育工作的深入发展。

思政理论是指导我们正确思考、判断和处理问题的重要思想武器。在教育工作中，思政理论的学习和应用，不仅有助于提高我们的思想素质和道德水平，更有助于推动教育工作的深入发展。因此，我们必须正确认识思政理论学习的重要性，强化思政理论学习的责任感和使命感。思政理论的学习，不能仅仅停留在理论层面，更要注重实践应用。我们要结合自身的工作实际，深入研究思政理论的内涵和实质，结合教育工作的现实情况，探索思政理论的实践应用之道。只有将思政理论的学习与教育工作的实践相结合，才能更好地发挥思政理论的指导作用。思政理论的学习，需要我们采取科学的方法和途径。我们可以通过文献阅读、学术讲座、研讨会等方式，深入学习思政理论的基本原理和重要内容。同时，还可以通过思政理论的案例分析、实践教学等方式，探索思政理论的实践应用之道。只有采取多种方法和途径，才能更好地推动思政理论的学习和应用。

3. 注重课堂思政建设

教学是教师的主要工作之一，课堂是思想政治教育的重要场所。在教学中，教师应该注重思想政治教育，创造良好的教学氛围，通过教学实践和案例分析等方式，引导学生树立正确的世界观、人生观和价值观。定期组织学生思想政治教育活动，例如主题班会、读书分享会、座谈会等，引导学生认识到自身的责任和使命，树立正确的世界观、人生观和价值观。在教学中注重思想政治教育，例如，通过案例分析、课堂讨论等方式，引导学生掌握正确的知识、态度和行为方式，培养学生的综合素质和创新能力。关注学生的身心健康，注重学生的心理健康教育和生命教育，培养学生的心理素质和社会责任感，促进学生全面发展。

4. 加强实践锻炼

实践是检验真理的唯一标准，也是提高教师思政水平的重要途径。教师应该积极参加各种实践活动，深入了解社会现实和教育实践，增强自身的思想政治素养和实践能力。参加教育实践活动，例如，到基层学校、农村学校、少数民族地区进行教学实践，了解当地教育现状和教育问题，掌握教育教学新技术和新方法，提高教育教学水平。参加社会实践活动，例如，到社区、企业、机关等进行社会实践，了解社会现实和群众需求，增强教师的社会责任感和使命感，推动思想政治教育工作。参加学术交流活动，例如，参加学术研讨会、学术讲座等，了解最新的教育研究成果和前沿理论，提高教育教学理论水平和实践能力。

总之，提高教师的思政水平是一个长期的过程，需要教师积极投入，不断学习、实践和创新。只有不断提高自身的思政素养和实践能力，才能更好地推动思想政治教育工作，为学生的全面发展提供坚实的思想基础。

（五）加强管理，营造良好氛围

管理是课程思政实施的保障。学校应该加强管理，建立完善的管理机制和监督体系，营造良好的思政氛围，保障课程思政工作的顺利开展。

1. 管理与课程思政的关系

管理是指对组织、资源、人员等进行有效的协调、计划、组织、指导和控制，以达到既定的目标和任务的过程。而课程思政是指在高校教育过程中，通过课程设置和教学实践，培养学生的思想道德素质、创新精神和实践能力。可以说，管理和课程思政是密不可分的，管理可以为课程思政提供必要的组织、协调和监督，保障课程思政的顺利实施和有效推进。

首先，管理可以为课程思政提供必要的组织。在课程思政的实施过程中，需要组织相关人员，包括教师、学生、行政人员等，共同参与课程思政的实施。可以通过制订详细的计划和安排，明确各个人员的职责和任务，确保课程思政实施的有序进行。同时，还可以协调各方面资源，提高资源利用效率，达到课程思政实施的最优效果。其次，管理可以协调课程思政的各个方面。在课程思政的实施过程中，需要协调教学资源、教学质量、师资力量等方面的问题，确保课程思政实施的全面性、综合性和协调性。可以通过制定相关的政策和措施，引导教师和学生积极参与课程思政的实施，优化课程思政的实施效果。最后，管理可以对课程思政的实施进行监督。通过监督，可以及时发现问题，及时解决问题，提高课程思政的实施效率和质量。可以制定相关的监督措施，对课程思政的实施过程进行监督，确保课程思政的实施效果与预期目标相一致。

2. 管理对课程思政实施的影响

管理对课程思政实施有着重要的影响，可以提高课程思政的实施效率和质量，促进课程思政与学校整体发展的一致性，增强学生的参与感和责任感，促进课程思政的不断创新和发展。

首先，提高课程思政的实施效率和质量。可以通过合理的资源配置和组织安排，提高课程思政实施的效率和质量。例如，可以合理分配教学资源，确保教学设备和场地的充分利用；可以制定课程思政的教学标准，提高教学质量和教学效果。

其次，促进课程思政与学校整体发展的一致性。管理可以协调课程思政与学校整体发展的关系，确保课程思政与学校的整体发展目标相一致。例如，可以制订教学计划和方案，明确课程思政与学校整体发展的关系，推动课程思政与学校的整体发展相协调。

再次，增强学生的参与感和责任感。可以通过制定相关的政策和措施，引导学生积极参与课程思政的实施，增强学生的参与感和责任感。例如，可以组织学生参加课程思政的课程设计和教学实践，让学生深入了解课程思政的内容和重要性，增强学生的自我意识和责任感。

最后，促进课程思政的不断创新和发展。可以通过制定相关的政策和措施，鼓励教师和学生进行课程思政的创新和发展。例如，可以设立相应的科研项目和奖励机制，激发教师和学生的创新热情，推动课程思政的不断创新和发展。

3.如何加强管理对课程思政实施的保障

加强管理对课程思政实施的保障，需要建立完善的管理机制，加强师资队伍建设，加强学生管理和服务，优化课程思政的设置和教学内容。只有通过不断地加强管理，才能保障课程思政的顺利实施和有效推进。

第一，完善管理机制。需要建立完善的管理机制，明确各个人员的职责和任务，制订详细的计划和安排，确保课程思政实施的有序进行。同时，还需要制定相应的监督措施，对课程思政的实施过程进行监督，及时发现问题，及时解决问题。

第二，加强师资队伍建设。需要加强师资队伍建设，提高教师的专业素质和教学能力，增强教师对课程思政的认识和理解。可以通过组织教师参加相关的培训和研讨活动，提高教师的教学能力和创新意识。

第三，加强学生管理和服务。需要加强对学生的管理和服务，提高学生的参与感和责任感，增强学生对课程思政的认识和理解。可以通过制定相应的政策和措施，鼓励学生积极参与课程思政的实施，提高学生的思想道德素质和实践能力。

第四，优化课程思政的设置和教学内容。需要优化课程思政的设置和教学内容，提高课程思政的实施效果和质量。可以通过对课程思政的设置和教学内容进行改革和创新，引导学生积极参与课程思政的教学实践，提高课程思政的实践效果和教育效果。

四、课程思政建设的理论基础

马克思关于人的全面发展理论、习近平总书记关于青年学生思政教育的论述、教育学相关理论等为我国课程思政建设提供了理论依据。

（一）马克思关于人的全面发展理论

人的全面发展是马克思主义的基本原理之一，理论核心在于"人"。马克思认为，人不是虚幻僵硬的，人的存在是具有发展性的，是"可以通过经验观察到的、在一定条件下进行的发展过程中的人"。人生存于一定的社会关系中，且一直从事社会实践活动，具有社会属性。但人也是具有自然属性的，可以说"人直接地是自然存在物"。人是"具有自然力、生命力的"。马克思主义将人分为"个人向度"和"人类向度"。对于我国高校思政课程的建设，要求专业课教师注意将理论、实践、价值观相互联系。在授课过程中挖掘与思政教育相关的元素，意识到高等教育"要促进人的个性自由发展，同时个人也应当为人类共同的幸福而奋斗"。在马克思眼中，人自身发展的最高形态就是全面而自由的发展。青年时期的马克思，就已经将个人的完美发展和人类社会的幸福相联系。他提出："人们只有为同时代人的完美、为他们的幸福而工作，才能使自己也达到完美。""人们总是通过每一个人追求他自己的、自觉预期的目的来创造他们的历史。"高校作为从学校步入社会的转折点，对于高校学生来说是非常关键的。在这个阶段大学生的知识体系还在不断建立，世界观、人生观、价值观也还没有定型，情感心理问题也不能很好地进行处理，高校学生在学校的生活、时间都是比较自由的，发生突发事件的概率也是较大的，因此，我们要对他们进行正确引导。例如，一棵小小的树苗在它成长的过程中，若阳光、水分、肥料等无法满足它的需要，那么它是很难长成参天大树的。思政课程的实施与专业课程的实施有着异曲同工之处，我们需要将学生放在首位。专业人才的培养，不单是培养专业成绩优秀的人，而是应当培养全面发展的高素质人才。高校教师在课程教学过程当中要注意学生的需求是什么，为学生设计量身定做的、科学合理的、符合他们需求的教学课堂，将价值观内容潜移默化地融入专业课知识中，以此来丰富大学生的精神世界，满足大学生的成长需要。因此，通过深入学习马克思主义关于"人"的全面发展的理论，可以为我国高校专业思政课程的建设和相关研究打好根基，铺好道路。

（二）习近平总书记关于青年学生思政教育的论述

首先，习近平总书记明晰了青年是一个国家和民族赖以生存的内在力量。青年学生对于中华优秀传统文化的把握将会直接影响中华民族的繁荣发展，青年学生是中华民族伟大复兴道路上的主力军。因此，青年学生对中华优秀传统文化的把握很重要。国家的发展要"坚持中国特色社会主义文化发展道路，建设社会主义文化强国"。中华民族历经磨难，在源远流长的历史长河中形成了独有的民族特色，中华优秀传统文化带来的文化自信是中华民族伟大复兴的必要前提，是培养新时代青年良好道德修养的宝贵源泉。教师要能够充分理解中华优秀传统文化所蕴含的精神内涵，并且在课堂教学过程中充分发挥中华优秀传统文化的思想建设功能。

其次，习近平总书记明确指出社会主义核心价值观对于国家的发展很重要。他认为，人类社会发展的历史表明，对一个民族、一个国家来说，最持久、最深层的力量是全社会共同认可的核心价值观。社会主义核心价值观是精神支柱，是行动向导，对丰富人们的精神世界、建设民族精神家园，具有基础性、决定性作用。一个人、一个民族能不能把握好自己，很大程度上取决于核心价值观的引领。发展起来的当代中国，更加向往美好的精神生活，更加需要强大的价值支撑。要增强全民族的精神纽带，必须积极培育和践行社会主义核心价值观，铸就自立于世界民族之林的中国精神。社会主义核心价值观是我国各阶层人民的共同信仰，是中华民族文化的精髓，是中华民族向心力和凝聚力的思想统领。没有这个核心，中华民族就没有共同团结奋斗的思想基础。教师在教学过程中不仅要教会青年学生理论知识，还要把课堂还给学生，让学生能够在学习和生活中学会表达个人观点，教会青年学生正确把握个人梦想与民族梦想之间的关系，在课堂思政教育中突出社会主义核心价值观教育。由此可见，培育和践行社会主义核心价值观对于我国的发展和青年学生的成长具有重大意义。

再次，习近平总书记明晰了理想信念教育在青年学生的成长成才过程中发挥着不可替代的作用。理想是人在社会实践过程中形成的对未来和自身发展方向的向往之感，是人的"三观"发展的集中体现。信念是基于一定的心理状态的知识、情感和意志的统一。理想与信念是一个统一体，两者相辅相成，缺一不可。"富贵不能淫，贫贱不能移，威武不能屈"是中国古人对青年理想品格的阐述。结合新时代的发展要求，习近平总书记指出青年必须具备的基本素养之一就是要有坚定的理想信念，青年若无坚定的理想信念，就会滋生"软骨病"，"精神上就会缺钙"，从而丧失前行的动力，失去斗志，无法作出正确的人生价值判断。理想信念能够引导大学生做什么样的人，指引大学生走什么路，激励大学生怎么样去学。因此，在青年学生的成长成才过程中，理想信念发挥着重要的价值导向作用。习近平总书记曾说："年轻的我，在当年陕北贫瘠的黄土地上，不断思考着'生存还是毁灭'的问题，最后我立下为祖国、为人民奉献自己的信念。"正是习近平总书记的这份理想信念不断激励着他前进，才有了他最终带领我们取得的新时代的成果。因此，青年学生必须学会树立坚定的理想想念，在此过程中注意挖掘自身潜能，并且朝着自己树立的目标不断前进，做到持之以恒，坚持不懈。新时代的青年要"把理想信念教育作为思想建设的战略任务，自觉做共产主义远大理想和中国特色社会主义共同理想的坚定信仰者、忠实实践者"。各门课程的教育内容都要立足于坚定学生的理想信念这一目标。青年要意识到自己应该肩负的责任，中华民族伟大复兴的历史使命需要大学生努力学习，个人的成才成长也需要大学生努力学习。大学生只有树立科学、崇高的理想信念，将个人的学习与祖国的繁荣昌盛结合起来，才能真正明确学习的目的和意义，才能激发起为国家富强、民族振兴和自身成才而发愤学习的强烈责任感和使命感，才能努力掌握建设祖国、服务人民的本领。

（三）教育学相关理论

1. 思想政治教育理论

当人类产生文明，产生思想、教育、社会阶级，就有了思想政治教育。思想政治教育理论伴随着社会阶级的产生而产生，只不过理论内容和时代内容都有着差异。中国古代开展思想政治教育主要注重外在的教化和内在修养两个方面。在外在教化方面，中国古人注重对受教育者的启发诱导，挖掘受教育者的特长，做到因材施教。中国古代教育家发现学生是独特的人，每个人的性格、个性、品性都是具有差异性的，所以在进行思想政治教育教学设计的时候不能以偏概全，而应该根据受教育者的独特性因材施教。孔子说"不愤不启，不悱不发，举一隅不以三隅反，则不复也"，这就是说要善于抓住"愤"和"悱"的时机来进行启发，循循善诱，让受教育者学会举一反三，得到更好的学习效果。古代的思想政治教育还突出强调言传身教，要求教师做好模范带头作用，给受教育者树立良好的榜样。教育者的一言一行都体现着他自身的思想政治修养，而受教育者则会在潜移默化中学习和模仿教育者的一言一行。

在内在修养方面，中国古代教育家突出强调要教会受教育者进行自我教育，一个人的品性形成仅仅靠外在环境的炼化是不够的，主要还是依靠受教育者的内在炼化。孟子认为"仁义礼智根于心"，思想政治教育就是要"存其心，养其性"。而且这个心性不会因为外在环境的变化而变化，无论是处于监督下还是独处时，都要以高度的自觉规范自己。中国古代思想政治教育的理念强调循循善诱，这些思想政治教育理念在今天也有其现实价值，都是高校课程中开展思想政治教育课堂可以采用的重要方法，有了古代思想政治教育理论的先河，我们可以取其精华去其糟粕，用于协同开展高校思政课堂教学。

好的工作方法可以达到事半功倍的效果，党的思想政治工作就是很好的例子。党重视理论的宣传和指导作用，一切从实际出发，运用理论联系实际，指导实践。在高校课程思政协同创新中有一项非常关键的工作就是打通一二三课堂，使学生达到知识、能力和价值的三维统一，这必须要依靠理论与实际紧密结合的理念，要求学生从书本走到书本外。另外，党的思想政治工作要求解决思想理论和实际问题相结合的难题，这才能使思想政治教育真正深入人心。高校课程思政协同创新当中，不能只是为了教育而教育，而是要实际解决受教育者所面临的问题，了解受教育者的真正需要，否则会出现空洞的思想政治教育现象。在当前开放多元的社会中，我们要学会取长补短，借鉴和学习国外优秀的教育理念和方法，在多元意识形态的较量中打好基础。

目前国外有两种典型的思想政治教育模式，一是价值澄清模式，二是道德认知发展模式。价值澄清模式是德育模式的一种，目的在于塑造人的价值观。价值澄清学派认为，当代社会根本不存在一套公认的道德原则或价值观可传递给儿童，当代儿童生活在价值观日益多元化且相互冲突的世界，在每一个转折关头或处理每件事务时，都面临选择，选择时人们都依据自己的价值观。这一理论将思想政治教育看作是受教育者独立进行价值选择的过程，不再去替代受教育者作选择，而是帮助受教育者理解什么对于他们来说是最重要的。道德认知发展模式是通过推动受教育者的道德推理能力提高其道德发展水平。该学派认为，人的道德发展的核心是道德思维的发展，它是一个具有阶段特点和顺序的连续过程。德育的目的是促进发展，即促使受教育者打开自己的思维，反对"谆谆教诲"式的传统方法。著名的"道德两难推理"就是其代表案例。其实，看起来这两种典型的思想政治教育理念追求的是不灌输、不强迫的方式，但是并不代表没有进行价值观的引导，反而这种渗透是非常细微的、不让人反感的，润物细无声地渗透于各种人文社科课程中，引发受教育者进行思考和学习，以达到掌握思想政治教育理念的目的。总体上看，国外的思想政治教育理念呈现出隐蔽性、适用性、灵活性和开放性等特点，为开展高校课程思政协同创新提供了借鉴。

2. 学科及跨学科育人理论

中国古代的时候就对学生开展了人文和人格教育。《易经》中记载着"观乎天文，以察时变；观乎人文，以化成天下"，指的是用人文来教化民众，这代表着中国古代的价值教育已经蕴含在其中。著名教育家蔡元培先生曾说："教育者，养成人格之事业也，使仅仅灌注知识、练习技能之作用，而不贯之以理想，则是机械之教育，非所以施于人类也。"在当代科学技术和互联网迅速发展的时代，高校教育应时刻明确"培养什么样的人""怎样培养人""为谁培养人"这一根本问题。高校课程思政协同创新的目标就是通过各类专业课程开展思想政治教育，促进青年学生的个性发展和全面发展。

首先，高校课程思政协同创新的目的就是引领青年学生树立正确的价值观，这是高等教育最根本的任务。大学阶段，学生正处于价值观系统初建状态，再加上年轻，一件小小的事情都有可能使他们受到影响。因此，高校各类课程应重视和抓住这一特点，在马克思主义理论的指导下将正确的价值观念渗透给大学生，教育他们以社会主义核心价值观为行为准则，培养他们的社会责任感，引导他们树立坚定的理想信念。

其次，高校课程思政协同创新致力于引导大学生掌握科学的思维方法，帮助学生学会分析问题和解决问题。马克思主义的唯物辩证法蕴含着认识世界和改造世界的思维范式，是人们能够自己掌握和认识客观规律探索世界的一般法则。在马克思主义理论的指导下，结合各专业研究方法，要求大学生将马克思主义理论与实际相结合，具体问题具体分析，解决实际问题。

最后，高校课程思政协同创新致力于指引大学生能够向持续发展的方向迈进，培养具有思想高度的人生格局。马克思主义理论的核心在于始终坚持以人为本，把人的自由全面发展作为最高价值。教师在课堂当中要注重引导学生用科学的眼光看待当前的中国、当前的世界。特别要注意如何正确看待中国的发展趋势与世界的发展趋势。各专业课程教师应当帮助学生坚定四个自信，即道路自信、理论自信、制度自信和文化自信，讲清楚中国特色社会主义的优越性，激发学生对国家的探索兴趣，了解人文历史的发展过程，将自己与世界联系在一起，而不是只关心自己的利益。

3. 合作教育理论

在中国，强调将理论与实践相结合的理念是"知行合一"，明朝王守仁最早提出"知者行之始，行者知之成"，意为以知为指导的行才能行之有效，脱离知的行则是盲动。同样，以行验证的知才是真知灼见，脱离行的知是空知，二者是密不可分的。中国现代教育家陶行知先生也以此为信念，他在《什么是生活教育》里提出的学校社会化、教育生活化、学校即社会、生活即教育等理论观点也是强调学生不仅要知道理论知识，还要做到理论与实践相结合，做到内化于心外化于行。新中国成立以来，我国各高校开始强调教学要以理论学习与生产劳动相结合的方式进行。不过，当时的主要目的是让知识分子通过义务劳动、纪律教育和共产主义道德教育，来帮助他们了解社会发展现状、了解工人、了解中国当时的发展状况。在 20 世纪 80 年代，我国正式宣布探索产学研合作教育、建设国家大学科技园等一系列教育教学理念，这些行为都是国家为人才培养的积极实践。

高校课程思政协同创新的过程中不仅要求要实现知识、能力和价值三维目标同时在第一课堂运转，还要通过举一反三，努力将知识、能力、价值三维目标从第一课堂迁移到第二、第三课堂。课堂是各门课程实施的第一阵地，从传统角度来说，教学是第一课堂，实践是第二课堂，网络则是第三课堂。目前来看，高校并没有实现三类课堂的相互贯通、相互融合。高校课程思政协同创新发展应以合作教育理论为指导，根据学生在第一课堂所学习到的理论来计划第二、第三课堂的活动，通过三个课堂的相互联系，将思政课程落到实处。

第二节　国际商务专业课程思政

一、国际商务专业课程思政的内涵

随着全球化的不断深入，国际贸易、跨国投资、合作与竞争等领域变得越来越重要。在这个背景下，国际商务专业显得尤为重要。而国际商务专业课程思政的内涵也就成为关注的焦点。在综合分析之下，当前其所涉及的课程思政的内涵包括国际商务的基本原理和道德观念、全球化和跨文化交流、企业社会责任和可持续发展、法律和合规意识以及创新和创业精神等五大内容。

（一）国际商务的基本原理和道德观念

国际商务的基本原理是国际贸易的基本原则。国际贸易是指跨越国界的商品和服务的买卖活动。国际贸易的基本原则包括自由贸易原则、公平贸易原则、互惠贸易原则、非歧视贸易原则和透明贸易原则。自由贸易原则是指国际贸易应该自由、无障碍，保持市场的公平竞争。公平贸易原则是指国际贸易应该符合公正、公平的标准。互惠贸易原则是指国际贸易应该保持平衡和互惠，避免出现贸易失衡。非歧视贸易原则是指国际贸易应该避免歧视和偏见。透明贸易原则是指国际贸易应该公开、透明，让市场信息更加透明。在国际商务中，还需要遵守一些基本的道德观念。首先，贸易中必须诚信。诚信是商业活动中最基本、最重要的道德要求。其次，商业活动必须遵守公平竞争的原则。这意味着商业活动必须遵循公平竞争的规则，不得采用不正当的手段。最后，商业活动中必须遵守法律法规和商业道德规范。这包括著作权、商标、专利等相关知识产权的保护，反垄断法的遵守等。

（二）全球化和跨文化交流

全球化是指国际贸易、投资、人员流动和信息传播等活动在全球范围内更加频繁和紧密地发展。随着全球化的发展，跨文化交流也变得越来越重要。跨文化交流是指不同文化之间的交流和沟通。在国际商务中，跨文化交流是非常重要的。因为在不同的国家和地区，人们的文化习惯、价值观、信仰、礼节等都有所不同，这就需要我们在国际商务交往中有一定的文化素养和跨文化交流技巧。在国际商务专业课程思政中，要培养学生的文化素养和跨文化交流技巧。首先，要学习不同国家和地区的文化、历史、地理等方面的知识。其次，要学习不同文化之间的交流方式和礼仪，了解不同文化之间的差异和相似之处，以便更好地进行跨文化交流。最后，要学习如何处理不同文化之间的冲突和误解，以便更好地进行国际商务交往。

（三）企业社会责任和可持续发展

企业社会责任是指企业在实现商业利润的同时，也要承担社会责任，对社会和环境负责。可持续发展是指在满足当前需求的前提下，不破坏未来的发展机会，保持社会、经济、环境的平衡和可持续发展。在国际商务专业课程思政中，要培养学生的企业社会责任和可持续发展意识。首先，要学习企业社会责任的基本概念和原则，了解企业在商业活动中应承担的社会责任。

其次，要学习企业可持续发展的理念和实践，了解企业在商业活动中应该如何保护环境，维护社会和谐。最后，要学习如何将企业社会责任和可持续发展理念融入国际商务活动中，以提高企业的社会形象和品牌价值。

（四）法律和合规意识

在国际商务交往中，法律和合规意识也是非常重要的。因为在不同的国家和地区，法律和法规也有所不同，如果不遵守当地的法律和法规，可能会给企业带来很大的风险和损失。在国际商务专业课程思政中，要培养学生的法律和合规意识。首先，要学习国际商务中的相关法律和法规，了解不同国家和地区的法律和法规的不同之处，以便更好地进行国际商务交往。其次，要学习如何制定和实施企业的合规制度，以避免因违反当地法律和法规而带来的风险和损失。最后，要学习如何处理因违反当地法律和法规而引起的纠纷和诉讼，以保护企业的合法权益。

（五）创新和创业精神

在国际商务中，创新和创业精神也是非常重要的。因为在国际商务中，市场竞争非常激烈，只有具有创新和创业精神的企业才能在竞争中获得优势，取得成功。在国际商务专业课程思政中，要培养学生的创新和创业精神。首先，要学习创新和创业的基本概念和原则，了解创新和创业对企业发展的重要性。其次，要学习如何进行市场调研和创新开发，以满足消费者的需求和提高企业的竞争力。最后，要学习如何制订和实施创业计划，以实现自己的创业梦想。

二、国际商务专业课程思政的原则

国际商务专业课程思政的原则是科学性、实践性和人本性。在思政教育中，应该注重科学的原则，强调科学理论和实践的结合，注重科学的思维方式和方法；同时也应该注重实践性原则，重视实践教学，以培养学生的实践能力和创新能力为目标；最后还要注重人本性原则，以人为本，注重人的尊严和价值，以培养学生的人文素养和社会责任感为目标。

（一）科学性原则

科学性原则是思政教育的基本要求，也是国际商务专业课程思政教育的重要原则之一。国际商务专业的课程涉及诸多领域，包括经济学、国际贸易、商业法律、财务管理等等，这些领域都需要科学的理论和方法来指导学生的学习和实践。因此，在国际商务专业课程思政教育中，需要注重科学的原则，强调科学理论和实践的结合，注重科学的思维方式和方法，以培养学生的科学素养为目标。

在国际商务专业课程中，科学性原则的体现主要包括以下几个方面。

（1）突出理论与实践的结合。国际商务专业的课程需要学生掌握一定的理论知识，但单纯的理论知识无法适应现实的商业环境。因此，在思政教育中，应该将理论与实践相结合，帮助学生将理论知识应用到实际商业运作中，从而增强学生的实践能力和创新精神。

（2）强调科学的思维方式和方法。国际商务专业的课程需要学生具备科学的思维方式和方法。这些方法包括逻辑思维、系统思维、创新思维等等。在思政教育中，应该注重培养学生的科学思维方式和方法，以帮助学生更好地解决实际问题。

（3）提高科学素养。国际商务专业的课程需要学生具备一定的科学素养。这包括对科学的基本概念、科学方法和科学精神的理解。在思政教育中，应该注重提高学生的科学素养，从而使学生更好地适应和应对未来的商业挑战。

（二）实践性原则

实践性原则是思政教育的又一重要原则，也是国际商务专业课程思政教育的必要要求。国际商务专业是一个实践性很强的专业，学生需要通过实践来掌握相关的知识和技能。因此，在国际商务专业课程思政教育中，需要注重实践教学，以培养学生的实践能力和创新能力为目标。

在国际商务专业课程中，实践性原则的体现主要包括以下几个方面。

（1）重视实践教学。国际商务专业需要学生具备一定的实践能力。因此，在思政教育中应该注重实践教学，为学生提供实践机会，让学生能够在实践中学习，从而增强学生的实践能力和创新精神。

（2）强调实际问题的解决。国际商务专业的课程需要学生具备解决实际问题的能力。在思政教育中，应该注重培养学生的实际问题解决能力，并引导学生从实际出发，以实际问题为导向，来完成课程学习。

（3）重视实践与理论的结合。实践和理论是相互依存的，只有将实践与理论相结合，才能够取得更好的效果。在思政教育中，应该注重实践与理论的结合，让学生能够在实践中掌握理论知识，同时也能够将理论知识应用到实践中。

（三）人本性原则

人本性原则是思政教育的又一重要原则，也是国际商务专业课程思政教育的必然要求。国际商务专业涉及商业活动，但在商业活动中，人的尊严和价值是不可忽视的。因此，在国际商务专业课程思政教育中，需要以人为本，注重人的尊严和价值，以培养学生的人文素养和社会责任感为目标。

在国际商务专业课程中，人本原则的体现主要包括以下几个方面。

（1）尊重学生的人格尊严。国际商务专业课程思政教育需要尊重学生的人格尊严，注重学生的个性发展，促进学生的自我实现。

（2）强调社会责任感。国际商务专业需要学生具备一定的社会责任感。在思政教育中，应该注重培养学生的社会责任感，让学生能够为社会作出贡献。

（3）关注人的全面发展。国际商务专业课程思政教育需要关注学生的全面发展，包括身体、智力、情感、道德等方面。在思政教育中，应该注重学生的全面发展，让学生成为有道德、有文化、有自信的人才。

三、国际商务课程思政建设的必要性分析

（一）国际商务专业课程设置存在的问题

国际商务主要是研究一个跨越国际的经济贸易行为，研究的主体是各个

跨国公司。该专业的课程应该把国际商务人才的打造作为一个"育才"的教学目标，育出来的人才主要是服务于跨国公司的，"国际化"是课程最主要的部分，所以，相应课程有着"育才""育人"与"育德"三个重要的任务。而当前国际商务课程重点在于"育才"，因为太过于注重知识传授的死板教学，导致"育人"与"育德"的课程思政教学的作用没有充分发挥出来。

1. 课程目标体系不完整

国际商务课程目标不注重培养学生的主动动手能力，该体系的完整性、合理性和灵活性不够完善，对国际商务能力尤其是对国际商务的拓展能力不够注重。通过调查分析还发现，高等院校开设的国际商务专业课程大纲中明确规定国际商务专业的目标是培养德智体美劳全面发展的人才，从而适应社会主义现代化建设需求。但是因为许多高等院校在设计教学内容的过程中，没有把德育内容与教学方法加入教学的内容中，他们依然把知识传授作为主要任务，所以导致该专业课程的设置出现了只注重表面形式的问题，阻碍了专业课程的有效发展。

2. 课程教学与思政内涵融入度偏低

当前课程教学内容没有很好地把思政内涵融入其中。但有些授课教师对国际商务热点的捕捉非常准，在教学内容中也进行了及时的补充，例如我们在讲全球化和国际商务环境时，在教学内容中添加中美贸易战、制裁华为、新冠疫情等重大事件，从而达到理论联系实际的效果。可是我们怎么以思政的角度辩证地审视这类内容？如何把爱国主义、习近平新时代中国特色社会主义思想及中华优秀传统文化等融入这些知识中来？怎样更好地帮助学生树立正确的价值观，帮助学生树立制度自信、文化自信？总体来看，思政内容和课程知识教学尚不能一起有机结合。

3. 相关教师课程思政建设的意识和能力欠缺

目前通过分析，我们发现教师实施课程思政的积极性、主动性和创造性不高，其原因在于，在很长一段时期，学校在考核中把课程思政"育人"作为"标签式"的硬标准，主要考核论文、项目、获奖、专利等的数量。相关教师很少主动开展课程思政内容的教学设计，部分教师有开展课程思政的意愿，但思政素养偏低，不能充分满足国际商务课程思政教学要求。这就导致国际商务课程思政中教师这一培养综合人才的主力军力量缺失。学生跟着老师学到了专业知识，但与之关联的社会理想、品格塑造、讲仁爱、守诚信、求大同等育人元素却不能及时掌握。

4.课程思政建设质量评价和激励机制不健全

健全的质量评价和激励机制是关键，否则教师队伍"主力军"、课程建设"主战场"、课堂教学"主渠道"难以抓牢。课程思政的建设自推出以来便被多所高校重视，也日渐完善，但仍有部分高校课程思政的建设处于初步阶段，与原课程没有明确地区别开来，特别是课程质量评价这一块没有从原课程质量评价中独立开来。虽然课程思政质量评价机制有所不足，但课程思政建设的激励方法却不胜枚举，最典型的是开展"课程思政"示范建设立项这种形式。然而，现有资料显示，课程思政建设的激励和保障机制还不到位，许多教师要么是被迫参加，要么是为了评职称需要，主动开展的教师少之又少，虽然不排除是教师本人的主观因素，但也在一定程度上反映了课程思政建设的激励和保障机制的不到位，教师们参与课程思政的主动意识有待唤醒。

（二）国际商务专业课程思政体系建设的必要性

国际商务专业包括专科、本科、研究生三个层次的育人体系。不同层次的培养目标以及最后毕业的要求各不相同，专科到本科，再到研究生，三个层次的有机组合形成了循序渐进、螺旋上升的人才培养机制，这种人才培养机制可以很好地满足我国社会对不同层次和类型的国际商务人才的需求。国际商务专业学位的教育与学术学位不同的是学术学位侧重理论教育，专业学位更注重理论研究和实践应用，主要培养具有一定专业领域扎实的专业理论基础、解决问题的实践能力和专业素养的应用型人才，专业学位对国家行业产业的发展更具支撑性。国际商务专业是新时代我国国际贸易和经济社会发展的产物，是为增强我国国际竞争力而设立的学科，培养社会不同层次的涉外商务人才。在全球经济共同体的大背景下，国际商务专业的人才更多地涉猎东西方经济的流通以及文化的交流，在长期的国际经济合作中，西方的文化和西方的思维模式不断入侵，国际商务的人才们不断地受他国世界观与价值观的影响，这是不可避免的。此外，别国法律的遵守、社会责任的履行和道德规范的遵从是国际商务活动中必然涉及的。因此，坚定"四个自信"的同时，如何权衡国别利益、追求合规经营、化解环境差异便成了国际商务专业学生的难题，也更加说明了我国对于涉外国际商务专业人才的思想政治素养的高要求。

国际商务专业的学生，应该具备全球化的视野，应"家事国事天下事事事关心"，关注实际，不做"书呆子"，国际商务专业课程思政的建设正好弥补这一不足，综合培育学生经世济民的职业素养。国际商务课程思政的建设有利于培养和促进学生的"四个自信"，有利于国际商务专业的学生养成国家利益为先、集体利益至上的职业道德素养，有利于培养出一批德才兼备、遵纪守法的商务人才，也能有效提高学生职业可持续发展的能力。国际商务专业学位的培养目标是高级商务的专门的人才，譬如能够胜任涉外企事业单位、政府部门和社会组织从事国际商务经营运作与管理工作的应用型、复合型人才。显而易见，国际商务专业学位培养出来的人才，是国家需要的专业人才，从事的工作与国家社会息息相关，掌握着诸多社会资源。这就要求他们必须具有坚定的政治信念、强烈的爱国情怀以及国家利益至上的职业道德素养。可见，课程思政的建设刻不容缓，越是高层次的人才培养，越要及时有效地做好课程思政建设的工作，增强思政教育的深度和广度。思政教育具有很强的引领作用，能将人的思想旗帜树立起来，很大程度上保证了学生培养的质量，课程思政则进一步提高和保障了国际商务专业学生的职业道德素养，巩固了思政教育的效果。

第三章　国际商务课程思政建设的
目标要求和内容重点

第一节　国际商务课程思政建设的目标要求

一、习近平新时代中国特色社会主义思想进教材进课堂进头脑的重要性

（一）增强政治认同，提高政治站位

新时代必须加强党的政治工作的建设，首先，对习近平新时代中国特色社会主义思想的科学性、有效性、全面性高度认同，以习近平新时代中国特色社会主义思想为全体人民实践的行动指南，并自觉维护其坚实的指导地位。其次，明确习近平新时代中国特色社会主义思想的核心要义就是要坚定不移地坚持和发展中国特色社会主义，通过学习使青年学生能够具有足够的判断力。对习近平新时代中国特色社会主义思想全面的认识和认同，其实质也是对中国特色社会主义的根本认同。我们要坚定理想，不忘初心，要从根本上保证中国特色社会主义不变质、不变色，增强青年学生的政治认同，就必须树立"四个意识"，坚定"四个自信"，做到"两个维护"。要引导青年学生在理论学习与实践探索中，增强对国家相关制度和政策的政治认同。强调我国经济发展中的中国特色，以此引导学生坚定中国特色社会主义道路的立场，增强道路自信；根据各个国家在疫情中采取的不同作为，深刻感悟社会主义

制度的优越性；通过对经济特区相关课程的学习，明确我国建立自贸区的必要性，并引导学生了解我国设立经济特区、自由贸易试验区、自由贸易港的发展过程，充分领悟改革开放的正确性。国际商务课程思政建设必须高度重视和培养学生的明辨能力，帮助学生增强政治认同，提高政治站位，培养合格的社会主义接班人。

习近平新时代中国特色社会主义思想进教材进课堂进头脑，深入挖掘国际商务课程思政的文化价值、思政元素，只有将专业知识立足社会发展需要，上升到文化价值的高度，才能牢牢把握国家思想政治工作的定位，增强对中国特色社会主义道路的政治认同。2001年，中国正式加入世贸组织，促进了中国的改革开放向纵深推进，为中国经济社会的发展乃至后续经济的持续增长奠定了坚实的基础。在课堂教学过程中，部分教师存在着"就知识讲知识、就教学而教学"的误解，导致在教学和育人中始终存在着"两张皮"现象。以青蒿素的发现为例，充分说明了"科学无国界，但科学家有祖国"，这代表着科学家或者延伸到某国公民价值观念的表达，在价值观问题上反映了国际商务专业教师的政治认同问题，知识本身没有价值立场，但传授知识的人会对价值立场作出判断。去研究、探讨、讲授什么样的知识取决于研究者或教育者自身的价值立场，在此基础上，国际商务专业课教师在课程思政建设中提高学生的政治素养，对学生政治观念的确立有着直接的影响，甚至影响着学生理想信念的确立和未来方向的形成。

（二）增强思想认同，引领正确导向

马克思主义中国化的最新理论成果是习近平新时代中国特色社会主义思想。这一最新理论成果是在党的十九大讨论后被编入党章的。习近平新时代中国特色社会主义思想是一个以实现马克思主义与中国优秀传统文化的创新融合为目标，结合使命担当与初心、激发理想信念与前进目标的科学思想体系，这是促进马克思主义与中国具体实际相结合的又一次历史性飞跃。要强化新的思想认同，必须始终坚持追求人民幸福的初衷，牢记追求民族振兴的使命。在新时代，青年学生在思想上应该积极领悟新思想的丰富内涵、科学体系、精神实质，利用理论学习的机会将习近平新时代中国特色社会主义思想内化于心，自觉地转化为自己思维的一部分，以指引正确的价值取向。课程思政就是要教育学生成为思想上的"清醒人"，"让有信仰的人讲信仰"。学生有怎样的"信仰"受到教师所传递给学生的"信仰"的影响，因此，教师对马克思主义的信仰、对新时代新思想的认同才是课程思政建设的前提和关键。

习近平新时代中国特色社会主义思想为我们提供了科学的世界观和方法论。在国际商务课程中，根据国际贸易流程设计工作的实际情况，专业课教师应培养学生充分领会习近平新时代中国特色社会主义思想，紧密结合马克思主义的矛盾理论，即把握问题的主要矛盾，把握矛盾的主要方面，逐步培养用习近平新时代中国特色社会主义思想分析、解决各种问题的能力。在这个过程中教师的作用非常重要，国际商务专业教师只有对习近平新时代中国特色社会主义思想展开深刻学习，才能通过教学提升学生领悟新思想的能力。伟大的思想在引领一个新时代方面表现出极大的力量，习近平新时代中国特色社会主义思想是马克思主义中国化的最新延续，既是"望远镜"，又是"显微镜"，通过对习近平新时代中国特色社会主义思想的学习与认同，使习近平新时代中国特色社会主义思想"飞入寻常百姓家"、飞入专业课堂中，使理论完全转化为意识的力量，激发实践行动的开展。

（三）增强理论认同，夯实实践基础

马克思说："理论只要说服人，就能掌握群众；而理论只要彻底，就能说服人。所谓彻底，就是抓住事物的根本。"马克思这句话强调了理论的说服力和彻底性的重要性。说服力是理论能够影响人们思想和行动的基础，而彻底性则是理论能够深入把握事物本质的前提。这一观点对于理论研究和实践应用都具有重要的指导意义。要在学生的专业实习与实践活动中贯彻课程思政，就必须结合理论认同，夯实实践基础来认识人类实践活动的价值。习近平新时代中国特色社会主义思想坚持理论与实践相结合，并十分重视实践的作用。国际商务专业课教师要引导学生将课堂所学的专业知识理论和思想政治知识运用到实践活动中，检验理论的正确性，同时通过实践活动获得新的理论认识。

国家的经济发展特别需要国际商务人才，因此，十分有必要开展国际商务专业实习与实践活动，进行课程思政建设，提高人才培养专业性。在经济全球化背景下，国际商务活动必然非常活跃，这就需要大量优秀的国际商务人才。在国际商务活动过程中培养稀缺的应用型、复合型、创新型技术人才，必须突破三个基本问题：一是高尚的思想品德，二是专一的敬业精神，三是精湛的业务能力。所以，高等院校国际商务专业课教师就必须注重培养学生的综合能力，既要结合学科知识的讲授培养提高学生的业务能力，又要培养国际商务专业学生的职业精神。职业精神是在职业活动中表现出来的态度和价值观，包括责任感、奉献精神、专业素养和职业道德。具备良好的职业精神对于个人的职业发展和组织的成功都具有重要的意义。

在国际商务教学过程中，可以将国际商务活动与社会主义发展史巧妙结合，使学生更加直观、全面地了解习近平新时代中国特色社会主义思想在课程中的指导意义。运用习近平新时代中国特色社会主义思想去引导学生进行国际商务行为；运用习近平新时代中国特色社会主义思想去引导学生掌握国际商务活动中的专有名词及概念，如汇率、溢出效应、进口替代战略的物化意义与实际意义等；运用习近平新时代中国特色社会主义思想去引导学生进行国际商务活动流程再设计与修正。在知识教学与实践活动开展的过程中，国际商务专业课教师应注重培养学生对专业知识的积累、对业务能力的完美追求、对产品的精雕细琢的职业精神，才能使课程思政的目标得以实现。

（四）增强情感认同，坚定信念勇气

与理论知识的学习和认知相比，情感认同代表了内在信念的升华和质变，是建立在由内而外的情感付出和理性选择的基础上，这将会影响学生的价值观念、道德素养、行为活动。习近平总书记要求思政课教师"情怀要深"，只有怀着对国家和民族深刻的情感认同，才会全心全意为科学教育事业作贡献。国际商务专业课教师应该让学生深刻理解真理的力量和情感的价值，以达成共识并共同努力。我们应深入拓展国际商务课程思政的政治高度、理论深度、情感温度和实践活动，充分利用传统节日和纪念日来组织开展形式多样的教育活动，还应充分发扬先进典型事例、继续讲好模范感人故事，使之起到示

范引领作用。南仁东是 FAST 项目的主要发起人之一，他提出了建设口径 500 米的球面射电望远镜的设想。该望远镜于 2016 年建成。FAST 的建成标志着中国射电天文学的重大突破，使中国成为拥有世界上最大单口径射电望远镜的国家。南仁东在 FAST 项目中担任首席科学家，负责项目的科学规划和实施。他致力于推动 FAST 在射电天文学研究中的应用，包括宇宙学、星系演化、脉冲星、中子星等领域的研究。他的工作对于推动中国射电天文学的发展和国际射电天文学的进步具有重要意义。

于漪曾在上海第二女子师范学堂任教。她致力于提供平等的教育机会给女性，并推动女性教育的发展。她一生致力于教育事业，她的理念和贡献对中国的教育改革产生了深远的影响。她被誉为中国现代教育事业的先驱和奠基人，她的工作为中国教育的发展奠定了坚实的基础，并为后来者树立了榜样。"一辈子做教师，一辈子学做教师"，这句话是于漪的名言，它表达了她对教育事业的无尽热爱和追求。这句话激发了教育工作者的情感共鸣，因为它凸显了教师职业的特殊性和教育工作的持续学习与成长的重要性。课程思政的育人教育必须准确把握这一点，使教育不只有质量，而且有温度和情感。高校教育工作应该保持对党的无限忠诚，提高学生的政治参与度，保持对学生的关心，加强情感沟通能力和沟通水平。"信念是情感的主心骨，情感是信念的孵化器。"信念与情感都是内心理性思维的转化，嵌入内心的情感认同才会转为指导实践的坚定信念。情感认同对于将内心的情感转化为指导实践的坚定信念是至关重要的。当个人对于某种情感对象产生强烈认同时，这种情感认同会激发个人的热情和动力，使其坚定地追随、支持和实践相关的信念。情感认同可以加强个人对所信仰事物的执着和忠诚，使其更加坚定和持久地践行。

二、如何推进习近平新时代中国特色社会主义思想进教材进课堂进头脑

（一）科学设计国际商务课程思政课程体系

课程设计是国际商务课程思政课堂教学的基础工作，也是开展国际商务

课程思政课堂教学的先决条件。推进习近平新时代中国特色社会主义思想进课堂，就必须先要科学设计国际商务课程思政课程体系。

一是国际商务课程思政课程设计要有依有据。习近平新时代中国特色社会主义思想是中华文化和中国精神的时代精华，实现了马克思主义中国化新的飞跃，代表先进的理论方向，因此，就必然成为国际商务课程思政课程体系的根本依据。国际商务课程思政课程设计，要紧紧围绕习近平新时代中国特色社会主义思想，把准其中的思想观点，深刻领会其理论内涵，科学设计国际商务课程思政相关课程，从而确保国际商务课程思政课程设计的科学依据。

二是国际商务课程思政课程设计要有理论基础。习近平新时代中国特色社会主义思想作为一个科学理论体系，既有着深厚的历史底蕴和实践基础，也有着坚实的理论基础。要坚持按学科理论来设计国际商务课程思政课程，确保所设计的国际商务课程思政课程既能反映习近平新时代中国特色社会主义思想所体现的科学理论，也能体现和发挥国际商务课程思政授课教师的学科专长，从而确保国际商务课程思政课程设计具有坚实的理论基础。

三是建构分类别、多层次、宽领域的国际商务课程思政课程体系。建构分类别、多层次和宽领域的国际商务课程思政课程体系需要综合考虑不同领域的知识和技能，并注重培养学生的思想道德素养和国际化视野。同时，还需要持续关注国际商务领域的最新发展和趋势，不断调整和优化课程内容，以适应不断变化的教育需求和社会需求。建构一个内容丰富、体系完整、逻辑严密的以习近平新时代中国特色社会主义思想为指导的国际商务课程思政课程体系，为习近平新时代中国特色社会主义思想进课堂奠定坚实的基础。

（二）创新国际商务课程思政教学理念和方法

课堂教学是国际商务课程思政教学活动的中心内容和关键环节，决定着其教学质量的好坏和水平的高低。推进习近平新时代中国特色社会主义思想进课堂进头脑，重在创新国际商务课程思政教学理念，改进国际商务思政教学方法。

一是坚持问题导向。坚持问题导向的教学理念和方法是习近平新时代中国特色社会主义思想的鲜明特点，坚持问题导向的教学理念和方法使课程更加贴近实际，可以激发学生的学习兴趣和动力，提高学生的综合素质和实践能力。因此，这就要求在推进习近平新时代中国特色社会主义思想进国际商务课程思政课堂中，要坚持问题导向，引导学生提出问题，为学生提供必要的资源和支持，帮助他们寻找解决问题的方法和策略，提升学生解决问题的能力。

二是加强学理阐释。在国际商务课程思政课堂教学过程中，需要从学术基础、实践导向、国际视野、历史参照等角度，充分利用学术资源、学术方法，充分阐释习近平新时代中国特色社会主义思想丰富的理论内涵、深远的实践意义和历史源流。同时，还需要从马克思主义理论学科、从哲学社会科学各学科的角度和深度来开展研究，讲清楚习近平新时代中国特色社会主义思想内在的理论逻辑、历史逻辑和实践逻辑，让学生坚定理想信念，自觉做习近平新时代中国特色社会主义思想的坚定信仰者、积极传播者、忠实实践者，把好世界观、人生观、价值观这个"总开关"。

三是创新教学方法。国际商务课程思政教学过程中，需要采用新颖、有效的教学方法，以提高学生学习习近平新时代中国特色社会主义思想的效果，有效推进习近平新时代中国特色社会主义思想进课堂进头脑。要通过开展主题团日活动、开办专题研究读书班，引导大学生读原著、学原文、悟原理，准确把握习近平新时代中国特色社会主义思想的科学内涵、核心要义、实践要求；用好主题教育基地，让大学生在参观红色基地、走访先进典型、调研时代变革等的过程中，深刻感悟习近平总书记坚定的信仰信念、深厚的人民情怀、强烈的历史担当、求真务实的作风；打造沉浸式、移动式的学习场景，让大学生深刻感悟党的创新理论的真理力量、实践力量，夯实理想信念和初心使命的思想根基。

（三）推进国际商务课程思政教材建设

教材在教学中扮演着重要的角色，既是理论知识的重要载体，也是理论教学的基本条件。按照课程、教材、教学一体化建设的要求，编写国际商务课程思政的系列教材，为推进习近平新时代中国特色社会主义思想进课堂进头脑提供支持。

一是发挥学术研究优势，聚焦国际商务课程思政的最新研究成果，编写国际商务课程思政系列教材，为习近平新时代中国特色社会主义思想进教材提供支撑。在编写《国际商务课程思政教学大纲》的基础上，编写《国际商务课程思政课程体系构建研究》《国际商务课程思政建设实施路径研究》《国际商务课程思政教学理念和方法研究》《国际商务课程思政实践与应用研究》等系列专题研究教材。

二是结合国际商务专业学生的实际情况，编写重在形成理论思维和深度探究的国际商务课程思政教材，为增强习近平新时代中国特色社会主义思想进教学的现实针对性提供支撑。根据国际商务课程思政特点和学科专业内容，按照系统讲述与分领域分专题阐释相结合的方式，分别提炼需要重点融入的主要学习内容与要求，分专题讲述习近平新时代中国特色社会主义思想，将习近平新时代中国特色社会主义思想与国际商务课程思政建设深度融合。

三是编写反映国际商务课程思政发展新趋势的相关教材。随着全球化的加深和信息技术的快速发展，国际商务领域面临着新的挑战和机遇。因此，国际商务课程的思政教育也需要与时俱进，反映新的发展趋势。通过相关教材，深化大学生对习近平新时代中国特色社会主义思想的理解和认识，坚定道路自信、理论自信、制度自信和文化自信。同时，引导学生树立正确的世界观、人生观和价值观，为他们成为有社会责任感和国家意识的国际商务人才打下良好的思想基础。

（四）加强国际商务课程思政学科建设

作为培养具有国际视野和综合能力的高素质人才的重要途径，国际商务课程的思政学科建设显得尤为重要。加强国际商务课程思政学科建设，重在培养学科人才、提高科学研究水平，为习近平新时代中国特色社会主义思想进教材进课堂进头脑提供支撑。

一是加强国际商务课程思政学科建设需要培养一支高素质的教师队伍。通过提高教师的学术水平、培养教师的国际视野、提升教师的教学能力、加强教师的团队合作和交流、注重教师的思政教育以及建立教师培训和支持机制等措施，培养出一支高素质的教师队伍，为加强国际商务课程思政学科建设提供有力支持，也为习近平新时代中国特色社会主义思想进教材进课堂进头脑提供人才支撑。

二是围绕国际商务课程思政建设，开展学术研究。出版一批研究国际商务课程思政的高质量学术精品，申请省部级乃至国家级的课题研究，推动国际商务课程的思政建设，提高教育教学质量，为习近平新时代中国特色社会主义思想进教材进课堂进头脑提供学术支撑。

三是统筹课程建设、人才培养和学术研究，使三者成为良性互动的有机整体，通过紧密结合和互动，可以提高教学质量，培养具有创新能力和实践能力的高素质人才，为习近平新时代中国特色社会主义思想进教材进课堂进头脑打下学科基础。

第二节　国际商务课程思政建设的内容重点

一、培育和践行社会主义核心价值观

（一）培育和践行社会主义核心价值观的内涵及意义

1.培育和践行社会主义核心价值观的内涵

（1）国家层面的价值目标

国家层面的价值目标是富强、民主、文明、和谐。这是中国社会主义现代化国家的建设目标，也是从价值目标层面对社会主义核心价值观基本理念的凝练，在社会主义核心价值观中居于最高层次，对其他层次的价值理念具有统领作用。富强，形容物产丰富，力量强大，即国家的繁荣发达，是保障人民生活需要的物质基础。民主，指人民有参与国事或对国事有自由发表意见的权利，我国实行的社会主义民主集中制，人民即享有广泛的民主和自由，又必须遵守社会主义的法制。文明，是人类社会发展到一定阶段的重要产物，指人类社会进步的状态，是我国建设社会主义现代化强国的重要保障。和谐，指人与人之间、物与物之间、人与物之间能够符合宇宙规律生存和运行，不会发生碰撞和冲突，体现了不同事物之间共同发展的统一辩证关系，是社会可持续发展的客观要求。

（2）社会层面的价值取向

社会层面的价值要求是自由、平等、公正、法治，是社会稳定有序发展的必然走向。社会层面的核心价值观首先是社会全体成员对于社会生活、个人生活追求的一种总结，是对社会秩序稳定和对个人幸福的一种理解和追求。我国改革开放后，社会主要矛盾已经发生转化，我国社会主要矛盾已经从"人民日益增长的物质文化需要同落后的社会生产之间的矛盾"转化为"人民日益增长的美好生活需要和不平衡不充分的发展之间的矛盾"。"美好生活"当然也包括自由、平等、公正、法治的生活。自由，是指在不侵害他人的前提下可以按照自己的意愿做出行为，是马克思主义理论中解放思想、解放生产力、解放社会的一种表达。马克思认为人是自由的，人的意识和人的发展也是自由的，是高层次的社会价值取向。平等，是指社会主体在社会关系中处于同等的地位，具有相同的发展机会，享有同等的权利。我国全体公民在法律面前人人平等，任何人不得具有超越法律之上的特权。只有平等才能充分地尊重和保障人权。公正，即参与社会合作的每个人承担着他对应的责任，得到他应该得到的利益。公正还是公平与正义的融合，在法律上，公正是法所追求的基本价值之一，体现了国家社会层面的基本价值理念。我党科学运用理论联系实际，通过公正来实现社会秩序稳定和保证人民根本利益。法治，是人类社会步入现代文明的重要标志，是人类政治文明的重要成果。依法治国是党领导人民、治理国家的基本方针，是我国实现长治久安的必要保障，是全体人民的共同选择，是社会发展规律的体现。

（3）个人层面的价值准则

个人层面的价值标准是爱国、敬业、诚信、友善，是个人价值能够得到实现的关键。个人层面的价值标准体现在社会公民基本道德修养中，它存在于社会生活的每个领域，是我国公民恪守的基本价值准则，也是评价公民道德行为的重要标准。爱国，是人们对自己故土、民族风俗的归属感、认同感和荣誉感的统一。它调节着个人与祖国之间的关系，也是一个民族精神的核心。爱国是每个公民必须拥有的道德情操，也是社会主义核心价值观中最重要的部分，它要求公民要有较高的集体荣誉感，要以复兴中华为己任，自觉做到忠于国家。敬业，是一个人对自己所从事的工作及学习负责的态度，要求公民以职业行为准则来规范自己，要求每个公民有勤勉的工作态度、有旺盛的进取意识，尽职尽责、精益求精、脚踏实地、无怨无悔。诚信，即以真诚之心，行信义之事。诚信是一个道德规范，是公民的第二个"身份证"，是日常行为的诚实和正式交流的信用的统称。"人无信不立"，诚信是我国社会主义核心价值观的重要组成部分，其重点在于强调为人处事真诚诚实，尊重事实真相。友善，指人与人之间亲近和睦，要求公民与公民之间和睦相处，互相帮助。友善在人际关系的处理中发挥着良好作用，友善是每个公民的基本准则和道德规范。

2. 培育和践行社会主义核心价值观的重大意义

社会主义核心价值观是社会主义核心价值体系的内核，它集中体现社会主义核心价值体系的根本性质和基本特征，反映社会主义核心价值体系的丰富内涵和发展要求，是社会主义核心价值体系的集中表达。社会主义核心价值体系包括四个方面的基本内容，即马克思主义指导思想、中国特色社会主义共同理想、以爱国主义为核心的民族精神和以改革创新为核心的时代精神、社会主义荣辱观。以习近平同志为核心的党中央高度重视社会主义核心价值体系建设，积极培育和践行社会主义核心价值观，对于促进人的全面发展、引领社会全面进步，具有重要的现实意义和深远的历史意义。面对时代的不断发展、世界的不断进步，继续深入地培育和践行社会主义核心价值观，意义重大而深远。

（1）新时代坚持和发展中国特色社会主义的重大任务

改革开放以来，经过 40 余年的实践探索，中国特色社会主义不断发展，理论不断完善，其内容也更加丰富。无论是把它作为一个理论体系还是一种制度，中国特色社会主义都需要拥有一套与其基本国情相适配的、为社会所共同选择的核心价值观。社会主义核心价值观的提出和实践，使我们对中国特色社会主义的认识，从思想理论层面进一步发展到价值理念层面。目前，我国的发展正处于一个新阶段，中国特色社会主义进入新时代，我们要把社会主义核心价值观当作重要任务来完成和落实，只有这样才能确保中国特色社会主义一直向着正确的方向前进，进而不断迸发更加强大的生命力。

（2）中国梦实现的重要组成部分

党的十九大报告系统阐述了新时代中国共产党的历史使命，鲜明提出进行伟大斗争、建设伟大工程、推进伟大事业、实现伟大梦想。这"四个伟大"，彰显着目标的宏伟、前景的壮阔、历程的艰辛、使命的光荣。习近平总书记指出：核心价值观是一个民族赖以维系的精神纽带，是一个国家共同的思想道德基础。如果没有共同的核心价值观，一个民族、一个国家就会魂无定所、行无依归。伟大斗争需要万众一心，伟大工程需要同德一心，伟大事业需要勠力同心，伟大梦想需要同心协济，要团结全体人民共同奋斗，要将每一个人的微弱力量汇聚到一起，发挥其无限可能。社会主义核心价值观包含对社会主义本质的认识、对中华优秀传统文化的传承、对爱国精神和时代精神的理解。我们要坚定理想信念，坚持道路自信、理论自信、制度自信和文化自信，在前进的道路上越来越自信，以勇往直前的姿态抵达胜利的彼岸。

（3）为民族精神的崛起提供战略支撑

目前，世界正处于动荡时期，各种思想观念不断发生碰撞，世界各地文化互相交融，部分西方国家开始利用其经济和科技优势，对外宣传西方文化很美好，应当听从西方文化的指导，甚至想让人们逐渐淡忘或放弃本国民族精神。党的十九大报告强调：文化是一个国家、一个民族的灵魂。文化兴国运兴，文化强民族强。没有高度的文化自信，没有文化的繁荣兴盛，就没有中华民族伟大复兴。价值观自信是文化自信的本质体现。价值观是基于人的一定的思维感官之上而作出的理解、判断或抉择，在阶级社会中，不同阶级有不同的价值观念。价值观对动机有导向的作用，同时反映人们的认知和需求状况。中国独特的传统文化，独特的基本国情让我们不得不坚守具有中国特色的价值观。只有持续培育和践行社会主义核心价值观，传承中华优秀传统文化，才能更好地构建中国精神、发挥中国力量，使中华民族以昂扬的气势屹立于世界民族之林。

（二）国际商务课程思政中践行社会主义核心价值观的必要性和重要性

1.国际商务课程思政中践行社会主义核心价值观的必要性

众所周知，国际商务课程思政与社会主义核心价值观的融合就是为了能够充分发挥高校德育功能。一方面，契合了新时代对于培养高校国际商务学生核心素养的实际要求，另一方面，满足国际商务课程思政课堂改革和发展需要。二者的深度融合，巧妙地将立德树人的根本任务与国际商务专业学生全面发展有机结合。因此，社会主义核心价值观融入国际商务课程思政是高校提升该专业德育教育质量的必行之路。

（1）国际商务课程思政改革和发展的时代需要

教育一直是国家重点关注的问题，人民有信仰、国家有力量、民族有希望，每一个人无论他是无党派人士，还是民主党派，还是共产党员或者普通群众都需要重视爱国主义情怀的培养。课程思政教育是落实立德树人根本任务的重要途径，将社会主义核心价值观融入国际商务课程思政，是国际商务课程改革和发展的时代需要。目前，我国对于将社会主义核心价值观融入高校课堂教育的研究还比较少。因此就需要通过对高校国际商务专业教师和学生开展调研，了解社会主义核心价值观融入国际商务专业课程思政过程中存在的问题，为社会主义核心价值观与国际商务课程思政的融合提供参考。同时，对国际商务课程思政课堂的数据进行梳理和总结，为高校开展社会主义核心价值观教育教学提供数据资料和理论参考。

（2）新时代高校国际商务专业学生核心素养培育的现实需要

高等教育应该注重理论和技能的培养，同时也要关注学生的综合素质的培养，以培养出具备学科专业知识、实践能力和综合素质的高素质人才，从而更好地适应社会需求，推动社会进步和发展。新时代国际商务专业学生的培养要将培育与践行社会主义核心价值观和校园文化建设、社会实践活动等结合起来，使得对国际商务专业学生的培育更加具有针对性。培育与践行社会主义核心价值观能够有效地全面贯彻党的教育方针、落实立德树人的基本任务、发展高等院校素质教育，对于国际商务专业学生的健康成长具有良好的引导作用。高等院校德育课程的学科具有自己的特点，要求培养的国际商务专业学生具有核心价值观的职业核心素养，同时，提出要培养德智体美劳全面发展的新时代国际商务学生。以高等院校国际商务课程思政大纲为基础，以习近平新时代中国特色社会主义思想为统领，将社会主义核心价值观融入国际商务课程思政课堂教育教学体系，科学合理地设置教育教学内容，将理想信念、中国精神、道德品行、法治知识、职业生涯、心理健康和时事政策等内容融入课堂。以培养社会主义事业的接班人为核心目标，将教会国际商务学生具备社会发展必备技能和培养终身学习能力作为教育的第一任务。

（3）新时代高校学生全面发展的主观需要

一直以来，帮助学生树立正确的"三观"非常重要。"三观"即世界观、人生观、价值观，如果学生能够树立正确"三观"、能够懂得生命的宝贵，学生就能更好地选择正确的目标，培养良好的兴趣，自觉奉献出生命的能量，发出生命的光和热，结出生命的丰硕果实。有什么样的世界观、人生观、价值观，就会有什么样的行为。当代国际商务学生作为我国经济社会发展的重要力量，其树立什么样的世界观、人生观、价值观直接关系着国家未来国际商务活动发展的走向和发展的速度。通过教育教学来激发国际商务专业学生的学习兴趣和探索的兴趣，引导其探索社会主义核心价值观的培育创新路径，通过师生共同学习达到共同进步的目的，从而使学生坚定理想信念，努力成为社会主义建设者和接班人。

随着时代的发展，当今国际商务专业学生具有较强的理性思维，善于独立思考，而且这些学生对新生事物的兴趣较高，对未知事物充满了探索的求知欲。因此，国际商务专业学生价值观的形成具有随机性，基本上都是根据自身的兴趣爱好形成的。大学正是学生成长的关键期，也是价值观形成的关键期，特别容易受到外界多元化的影响。与此同时，互联网也不断向国际商务专业学生输送各种各样的信息，里面的信息错综复杂，有真有假、有好有坏、有积极的有消极的，这个时候就需要国际商务专业学生自己进行判断，作出正确的价值选择。在国际商务课程思政中培育和践行社会主义核心价值观，需要培养国际商务专业学生自我管理、自我提升的能力。学生是独立的、具有独特思维的人，这就需要学生具备自我发展、自我辨识的能力，而社会主义核心价值观恰恰能提高其自我辨识能力。为了提高国际商务专业学生践行社会主义核心价值观的效果，需要通过多种多样的途径，将社会主义核心价值观融入国际商务课程思政课堂中，从而全面提升国际商务专业学生的思想政治觉悟和政治修养，并积极地引导高校学生树立全面发展目标，让其通过学校引导实现自我教育，树立正确的世界观、人生观和价值观。

2. 国际商务课程思政中践行社会主义核心价值观的重要性

国际商务专业学生是肩负着中华民族伟大复兴重要使命的社会群体之一，也将成为社会发展的中流砥柱，他们不仅要学好专业文化知识，还要积极践行社会主义核心价值观，以形成良好的专业素质和道德修养。加强社会主义核心价值观教育能够推动个人的成长和社会的发展。国际商务课程思政建设要求在国际商务课程中加入价值观教育，将价值观嵌入知识讲授和能力培养中，使国际商务专业学生在学习专业课程的同时，获得价值观引领，实现立德树人根本任务。

（1）有利于突显思政课政治引领作用

社会主义核心价值观是一种全体社会统一的价值观，这种价值观的出现和存在其实就是为了解决具体问题。而国际商务课程思政教育就是解决具体问题的具体手段或者说是具体途径。社会主义核心价值观所倡导的思想和国际商务课程思政的内容息息相关，联系紧密，二者之间的联系可以进一步帮助国际商务专业学生深化政治观念，帮助他们树立坚定的政治立场。

对社会主义核心价值观表示认同，就是对中国共产党及其执政地位的认同，培育和践行社会主义核心价值观能够帮助国际商务专业学生保持健全的政治心理。国际商务专业学生通过对社会主义核心价值观的学习，可以充分了解到中国共产党的执政理念、价值观念、方针政策和执政能力等。培育和践行社会主义核心价值观还可以帮助国际商务专业学生正确认识民族观，认识到国家的繁荣昌盛需要全民族团结奋斗、共同努力，引导国际商务专业学生反对民族分裂，自觉投身于保护社会安定、实现国家美丽和谐和社会长治久安的行动中。让国际商务专业学生从心底对中国共产党产生归属感和认同感，并且积极拥护党的领导。目前，国际环境错综复杂，我们不得不警惕，要积极引导国际商务专业学生自觉培育和践行社会主义核心价值观。国际商务专业学生通过坚定自己的理想信念，提升政治修养，在中国共产党的领导下，紧跟党的脚步，做一个先进的人，增强爱国主义精神，为实现中华民族的伟大复兴而努力奋斗。社会主义核心价值观包含着丰富的文化内涵，将社会主义核心价值观中的这些丰富的文化内涵融入国际商务课程思政课堂，有利于培育高校学生全面发展，提升学生政治参与感，增强他们的政治责任感，从而逐渐提高政治素质。

（2）有利于明确思政课道德示范作用

国际商务课程思政课堂的教学形式具有多样性，它的教育教学不再拘泥于传统的教学方式，需要在教学过程中融入大量的社会实践活动，以社会实践活动作为思想政治教育的载体，使得课堂具有更加形象生动的特点。通过现场探究、文体竞赛、参观交流等一系列活动，可以充分调动国际商务专业学生学习的主动性和积极性，使其在潜移默化中接受社会主义核心价值观教育。通过组织国际商务专业学生参与十一国庆节、五一劳动节和五四青年节等，可以让其感悟社会主义核心价值观中个人价值追求层面的爱国、敬业、诚信、友善等优秀品质，达到引导其进行社会主义核心价值观中个人层面的价值追求的目的。国际商务专业学生的道德品质的高低与这些优秀品质的培育与践行密切相关，当国际商务课程思政课堂中结合案例与实践进行教学时，就会使教学更具有说服力和感染力，社会主义核心价值观的道德示范功能就会在国际商务课程思政课堂中得到充分发挥。

当代国际商务专业学生要把祖国和人民利益放在第一位，正确认识和处理个人利益和国家利益之间的关系，发扬为了祖国和民族的尊严而奋不顾身的爱国主义精神。大学生的认知系统还处于成长过程，价值观还在不断建立，处于不稳定的阶段，容易受到外界的干扰。目前，有不少西方国家企图通过文化渗透的方式，去干扰国际商务专业学生的思想，企图让其忽视中华民族的优秀传统思想观念，转而崇尚资本主义社会的价值观。当代国际商务专业学生出生在和平年代，享受着衣食无忧的生活，他们没有体会过吃不饱穿不暖的生活，也没经历过战火纷飞的年代，所以他们很难切身体会革命先辈们为了祖国和人民那种无私奉献的奋斗历程。因此，通过发挥社会主义核心价值观的道德示范功能，能够有效激发国际商务专业学生爱党爱国的热情。充分发挥博物馆和纪念馆等实践教学和体验式教学的作用，也能够增强其爱国热情。对国际商务专业学生进行爱国主义教育的同时，还应进行工匠精神教育、法治教育、诚信教育、廉洁教育等，充分发挥社会主义核心价值观道德引领的作用。

（3）有利于促进思政课教学相长作用

将社会主义核心价值观引入国际商务课程思政中，国际商务课程的教育教学方式将会发生改变，教师与学生之间的角色将会发生转变，不再是单纯的一个教，一个学，而是一个教学相长的过程。社会主义核心价值观融入国际商务课程思政课堂有利于教师帮助学生进行价值观的建立，同时也有利于提高教师教学能力和学生学习能力，更有利于教师与学生之间相互促进、相互进步。

首先，课堂教学质量的高低既取决于教师理论知识的储备程度和科学的教学方法，又取决于学生的学习状态、学习兴趣、学习意志等。每一个学生都是独特的人，他们拥有不同的思想和性格、不同的优缺点，我们不应该也不能对他们进行简单的模式化教育，要注意因材施教。在国际商务课程思政课堂中，教学要注意与学生进行互动，听取学生的需要，重视学生的个性，发挥学生的创造性，营造师生双向学习的氛围，而不再是老师单向地向学生进行知识的灌输。在国际商务课程思政课堂中会插入大量的互动教学活动，老师需要对学生进行引导并帮助学生完成这些活动，但是对于整个活动学生拥有充分的选择权。对于拥有叛逆心理的学生来说，自主选择的权利有利于激发他们学习的积极性和主动性，培养他们的实践能力和创造能力。教师也要有授人以鱼不如授人以渔的教育教学态度，不能只是停留在教会学生课堂内容的层面，还要教会学生拥有自我思考和自我学习的能力。这对于教师来说，对于他们的要求其实在无形中是提高了的，他们在课堂中需要有源源不断的灵感，以面对课堂的各种突发情况。国际商务课程思政课堂为学生与教师提供各种实践机会，通过国际商务课程思政课堂的教育，学生可以运用学到的知识去分析、解决生活中实际面临的问题，而教师为了能不断给学生答疑解惑也可以提升知识水平和教学能力。

其次，社会主义核心价值观是得到全社会一致认可的价值体系，对民族团结、国家繁荣昌盛具有深远持久的重要影响。中国是一个多民族国家，多个民族的价值观念融合在一起，人们在面对价值判断与价值选择时增加了许多挑战与困境。享乐主义、拜金主义等腐败思想已经在影响国际商务专业学生的思想，其实不只是部分学生，甚至有个别教师也过分追求物质生活的享受，而忽略了精神世界的充实。他们往往表现为以个人利益为主体，不注重集体利益，缺乏集体责任感，不能正确看待个人利益与集体利益之间的关系。通过国际商务课程思政课堂教学，充分发挥社会主义核心价值观的教育价值，让参与其中的师生接受精神上与思想上的洗礼，接受正确的思想教育，树立正确的价值观念，并将这种价值观念融入日常生活当中。

最后，社会主义核心价值观教育能帮助国际商务专业学生正确认识个人与社会之间的关系，学会正确处理个人与社会之间的关系。在思想上，坚定理想信念，在生活中，尊敬师长、爱护同学，培养高尚品德。教师在进行国际商务课程的教学过程中，要突出社会主义核心价值观的指导，从而引导学生树立正确的世界观、人生观和价值观，促进学生的健康成长。随着大数据的不断发展，国际商务专业学生在互联网世界中能够学习到很多东西，然而学生思想还不够成熟，容易受到互联网中不好的文化的影响，这些影响会使国际商务专业学生的价值观产生偏差，对他们的成长产生不利影响。通过将社会主义核心价值观融入各类专业课程，让学生经常在现实中接触到的、他们所信任的教师对他们进行价值观教育，帮助他们建立正确的世界观、人生观和价值观。同时，要打破国际商务课程局限，将社会主义核心价值观融入国际商务各类课程中，充分发挥其思想教育功能。

（三）社会主义核心价值观融入国际商务课程的路径选择

为满足国际商务专业学生社会主义核心价值观培育要求，必须要创新思政课堂教学模式，不能再只是遵从传统的思政课堂教学模式，我们要把培育与践行社会主义核心价值观放在极其重要的位置，重视社会主义核心价值观的教育作用。国际商务课程思政课堂要以学生为中心，根据学生来确定教学过程，合理配置资源，因材施教，同时确保所有的教学策略都是为了培育国际商务专业学生的社会主义核心价值观服务。

1. 社会主义核心价值观融入国际商务课程思政的实践原则

将社会主义核心价值观有效转化为思政教育资源并且科学合理地运用这些思政教育资源是目前需要我们不断思考和研究的问题。实现资源运用的途径之一就是将社会主义核心价值观融入国际商务课程思政课堂，在融入过程中，我们始终要坚持以下三个原则。

（1）立德树人，以人为本

立德树人，以人为本，是一种教育理念和目标。在这个理念中，我们将重点关注学生的道德品质、人格培养和个体差异，以全面发展学生的潜能和个性。立德树人的核心是培养学生的道德品质。众所周知，道德是社会生活的基石。一个有良好道德品质的人，在面对挑战和困难时能够保持良好的行为准则和道德观念。立德树人的教育过程中，我们应该注重培养学生的自律、诚实、宽容、尊重、责任感等道德品质，让他们在成长过程中学会正确的道德选择，成为有担当、有责任感的公民。立德树人的另一个重要方面是以人为本，关注学生的个体差异和需求。每个学生都是独立的个体，有着不同的兴趣、天赋和发展潜力。在教育中，我们不能把学生都塑造成相同的模式，而是应该根据学生的特点和需求，提供个性化的教育和培养方案。我们应该关注学生的兴趣爱好，发现他们的潜力，培养他们的特长，并为他们提供适合他们发展的学习环境和资源。

立德树人，以人为本的教育理念，对于学生的全面发展具有重要意义。除了重视道德品质的培养，我们还应该注重学生的智力、体育、美术和劳动等方面的发展。我们要培养学生的创造性思维和批判性思维，让他们能够独立思考和解决问题。我们要关注学生的身体健康，鼓励他们参加体育活动，培养健康的生活方式。我们要培养学生的审美能力，让他们欣赏美丽的事物，培养对美的追求。我们还要培养学生的劳动意识，让他们学会劳动，懂得劳动的价值和意义。在这个理念中，我们将教育视为一种社会责任，我们要培养学生成为有思想、有情感、有创造力的人。我们要培养学生的社会责任感，让他们关注社会问题，并积极参与社会实践和公益活动。我们要培养学生的领导能力，让他们成为能够带领团队、解决问题的领导者。我们要培养学生的创新能力，让他们能够创造新的知识和技术，推动社会的发展和进步。

（2）问题导向，注重实践

问题导向的教育重视学生的主动学习和自主思考。传统的教育往往是教师主导的，教师将知识灌输给学生，学生被动接受。而问题导向的教育中，学生是学习的主体，他们被鼓励主动提出问题、寻找解决问题的方法和策略。

学生通过自主思考和探索，发展自己的思维能力和解决问题的能力。问题导向的教育注重实践和应用。在传统的教育中，学生往往只是被要求记住和理解知识，而问题导向的教育强调学生能够将所学的知识应用到实际问题中，解决实际问题。学生通过实践来巩固和深化所学的知识，培养实际操作和解决问题的能力。问题导向的教育注重培养学生的终身学习能力、创新能力和团队合作能力，使他们能够不断适应和应对新的挑战与变化。

问题导向，注重实践是一种重要的教育理念和原则。它强调学生的主动学习和自主思考，注重实践和应用，培养学生的创新能力和团队合作能力，以及培养学生的终身学习能力。这个理念对于学生的全面发展和终身学习能力的培养具有重要意义，我们应该在教育中积极践行，为学生的成长和社会的发展作出积极贡献。而国际商务是实践性很强的学科，因此，融入社会主义核心价值观的国际商务课程应注重问题导向，引导学生通过实践活动来学习和理解核心价值观的内涵。例如，可以组织学生参观企业，了解企业的社会责任和道德义务，引导学生思考如何在国际商务活动中践行核心价值观。

（3）多元融合，注重比较研究

多元融合的教育重视学生的多元发展和全面发展。传统的教育往往是单一的，只强调某一方面的知识和技能的培养，忽视了学生的其他潜能和需求。而多元融合的教育中，我们注重培养学生的多种能力和素养，让学生在多个领域和维度中得到全面的发展。多元融合的教育注重比较研究和跨文化交流。在传统的教育中，学生只接触到本国的文化和知识，很少有机会了解和接触其他国家的文化和知识。而多元融合的教育中，我们鼓励学生进行跨文化的比较研究，了解不同文化的差异和共同点，培养学生的跨文化交流能力。多元融合的教育注重培养学生的批判思维和创新能力。在传统的教育中，学生往往只是被要求接受和记忆知识，缺乏批判思维和创新能力。而多元融合的教育中，我们鼓励学生对不同文化和知识进行批判性思考，培养学生的创新能力和解决问题的能力。

总之，多元融合，注重比较研究是一种新的教育理念与原则，它强调学生的多元发展和全面发展，注重比较研究和跨文化交流，培养学生的批判思维和创新能力，以及培养学生的终身学习能力。这个理念对于学生的全面发展和终身学习能力的培养具有重要意义，我们应该在教育中积极践行，为学生的成长和社会的发展作出积极贡献。国际商务是多元文化交流的过程，融入社会主义核心价值观的国际商务课程应注重多元融合，比较研究不同文化背景下的核心价值观。例如，可以通过案例分析等教学方法，比较不同国家的商务道德规范和行为准则，引导学生了解和尊重不同文化背景下的核心价值观。

2. 社会主义核心价值观融入国际商务课程思政的路径

国际商务课程思政建设不能限于传统的授课方式，要在课堂中融入更多的思政元素，如根据高校学生的生理和心理特点，围绕培育和践行社会主义核心价值观的主旨，科学合理地建立多元化课堂，设置生动的教学环节，确保学生学习的兴趣和教学的效率。

（1）拓展国际商务课程思政课堂的活动类型

从国际商务课程思政课堂教育教学的组织形式来看，国际商务课程思政课堂比传统课堂教学拥有更多的创造性和选择性。目前，已经有大部分高校开展了国际商务课程思政课堂教学，并且取得了一定的成果。通过课堂思想政治教育，帮助学生提升思想政治修养，通过课后社会实践与志愿服务等相结合的模式，帮助学生提高劳动技能。这些活动形式上摆脱了课堂时间与空间上的限制，内容上增加了课堂的创造性和趣味性，能够很好地激发学生学习的主动性，另外，这样的教学模式也形成了一个比较完善的国际商务课程思政教育活动体系。

①社会实践与志愿服务类活动体现实践性

社会实践与志愿服务类活动是学校进行素质教育的有效途径，也是国际商务专业学生进行理论联系实际的第二课堂。社会主义核心价值观培育的过程中，社会实践与志愿服务类活动的开展将对国际商务专业学生有着重要的促进作用。开展社会实践与志愿服务类活动可以增加学生的社会经验，锻炼学生意志，学生可以通过活动将实践转化为知识，然后又将知识转化为实践，实现实践与知识的良性循环。同时，学生还可以在活动过程中，学习知识、发现知识、验证知识，在活动中不断学习，不断成长。例如，学生利用假期参加"三下乡"和"返家乡"活动，一方面看看这些城市的发展速度，人民群众生活的富裕程度，另一方面去道街和社区，感受基层干部的工作和人民群众的生活日常，耳闻目睹党和国家一系列关于民生的政策与措施，切实感受我国改革开放以来的巨大变化。同时，还可以帮助学生认识到乡村振兴带动经济发展的重要性，体会偏远地区对科学知识、对技术性人才的迫切需求与渴望，深入了解中国国情，了解目前中国的社会状况，增强他们身上的责任感和使命感，激发学生的爱国热情，以促进国际商务专业学生对于社会主义核心价值观的认同与实践。

②社团类活动体现主体性

社团活动是社会主义核心价值观引入国际商务课程思政建设的重要途径，也是学校教育国际商务专业学生全面发展的重要组成部分。因此，学校要加强对于社团的管理工作，同时号召学生组建多种形式的社团，不断发挥学生的积极性和创造性，社团主张以兴趣为学习的主要动力，不断开展有利于学生身心健康的集体活动，充分发挥学生自我学习、自我管理、自我提升的教育作用。学生社团的定位必须坚持以马克思列宁主义、毛泽东思想、邓小平理论、"三个代表"重要思想、科学发展观和习近平新时代中国特色社会主义思想为行动指南，坚决维护民族团结反对民族分裂，严格遵守相关法律法规和学校规章制度，不得影响学校教学秩序。注重思想性和实践性，鼓励"百家争鸣，百花齐放"，同时要能为学校国际商务课程思政课堂的建设贡献一份力量。社团的成立一定要找准定位，社团要以社员为主，能够定期地带领社员们开展一些有意义的活动，让社员在社团中有归属感，能在社团中学到知识，增长本领，将兴趣爱好变为自己的一项特长。

③技能培训与竞赛类活动体现专业性

根据高校的专业育人理念和社会对国际商务专业学生的要求，学校要十分重视对国际商务专业学生专业能力的培养。在这个过程中，不能只是重视学生阶段性学业分数，还要重视学生专业实践能力的培养。对于国际商务专业学生的培养应该注意学生职业素养、专业理论知识与专业实践能力的全面培养，实现三方面的有效结合，让学生能够学有所成，学有所长，能够将学习的知识充分运用于国际商务活动中。因此，要高度重视国际商务专业学生的技能培训和技能竞赛等活动的双重育人功能，既可以提高学生专业实践能力，又能够提升思想政治水平。例如，学校每年可以根据国际商务专业要求，开展各类相应技能培训和跟岗位有关的实习实训活动，国际商务专业学生可以通过这些活动提高自己的阅历和动手能力，还可以在这个过程中收获他人对自己的评价和指正，从多个方面认识自己，提升自己。国际商务专业学生在认识了自己的缺点后，能够及时进行改正并弥补自己的不足，在各个方面取得进步。通过设置奖项的竞赛类活动可以很好地吸引国际商务专业学生的注意，让更多的学生主动参与进来，通过竞赛形式深化对社会主义核心价值观的认识。

（2）构建高校国际商务课程思政课堂的育人环境

将社会主义核心价值观融入高校国际商务课程思政课堂，要注意融入的方式方法，要注意价值观的融入不能过于生硬，要科学合理，同时，我们培育和践行社会主义核心价值观要坚持以人为本，社会主义核心价值观的培育不可能脱离人而存在。在高校国际商务课程思政课堂的建设过程中，高校要注意营造校园文化、社会风气、家庭教育和网络舆论等多位一体的大环境，传播正能量，高扬主旋律。

①强化校园文化建设，彰显隐性育人目标

校园文化建设是高校教育中的重要组成部分，也是培养国际商务专业学生全面发展的重要途径。首先，校园文化是营造良好教育环境的基础和保障。通过校园文化建设，能够塑造学校的良好形象，提升学校的知名度和声誉，吸引更多优秀的师生加入学校。其次，校园文化建设是培养国际商务专业学生综合素质的重要途径。学校可以通过丰富多样的文化活动，提供学生自我展示和锻炼的平台，培养他们的创新能力、团队合作精神、领导才能等。此外，校园文化建设还可以使学生更好地融入校园生活，增强学生的归属感和凝聚力，培养他们积极向上的人生态度和价值观。因此，良好的校园文化有助于引导学生树立正确的人生观和价值观，激发学生学习的积极性，规范他们的日常行为，引导他们朝着更好的方向发展。

核心价值观融入校园文化环境建设是一个长期而复杂的过程，需要全校师生的共同努力和积极参与。首先，教育引导是将社会主义核心价值观融入校园文化环境建设的重要途径。学校可以通过开展各类教育活动，如主题讲座、班会、社团活动等，向学生普及社会主义核心价值观的内容和意义。可以邀请一些专家学者或行业人士来学校进行讲座，引导学生思考和讨论社会主义核心价值观在现实生活中的应用。其次，规范制定是将社会主义核心价值观融入校园文化环境建设的重要保障。学校需要制定和强化校园规范，建立一套符合社会主义核心价值观的行为准则和道德规范，引导学生遵守规则，树立正确的行为观念。可以通过制定学生行为规范手册、明确学生守则和校园秩序等方式，为学生提供明确的指导和规范。最后，校园文化建设是将社会主义核心价值观融入校园文化环境建设的重要方面。通过校园文化建设，塑造积极向上、充满活力的校园氛围。可以通过校园艺术展示、文化节庆、文化讲座等方式，展示和弘扬社会主义核心价值观。可以组织学生参观博物馆、纪念馆等文化场所，增强他们对传统文化和历史文化的认识和理解。

②营造和谐网络空间，守护师生精神家园

时代在进步，科学技术在不断发展，网络已经发展成为人们生活中不可分割的一部分，我们要将网络拓展为社会主义核心价值观教育新阵地，抓住网络意识形态阵地的主动权，充分利用新媒体传播社会主义核心价值观。在网络世界，没有进入壁垒，人人都可以成为信息传播者，网络世界里信息错综复杂，全部放在一起，需要我们自己进行信息价值的判断。网络正在极大地影响着国际商务专业学生的生活方式、学习方式、交流方式和思维方式，其世界观、人生观和价值观很大可能会受到网络信息的影响。因此，我们在将社会主义核心价值观融入国际商务课程思政过程中，要不断地创新教育方式，加强对学生进行网络思想政治教育，教会学生判断和正确使用网络，将校园网络变成国际商务专业学生培育社会主义核心价值观的重要工具。

要引导学生去浏览社会主义核心价值观相关知识。充分运用音乐、图片、动画、视频等多媒体技术来设计浏览页面，尽力做到一目了然，给浏览者带来耳目一新的感觉，从而将社会主义核心价值观的教育形式变得生动有趣。社会主义核心价值观教育应把网络道德有意识地融入国际商务课程思政教育中，引导学生在网络中发表积极言论，坚决抵制网络中的低俗思想的传播，从道德、法律层面引导学生树立正确的网络道德观和法治观。此外，手机已经成为高校学生学习和生活的重要工具，这是时代发展的必然趋势，应推广"数字校园"，最大限度发挥网络在国际商务专业学生的社会主义核心价值观教育过程中的独特功能。

（3）完善国际商务课程思政课堂的教学环节

将社会主义核心价值观融入国际商务课程思政课堂是本节研究主题，从开展国际商务课程思政课堂教学出发，以习近平关于社会主义核心价值观的重要论述为指导，结合社会主义核心价值观融入高校国际商务课程思政存在的具体问题，提出完善社会主义核心价值观融入高校国际商务课程思政课堂的路径策略，进而加强国际商务课程思政课堂建设，提升国际商务专业德育工作水平。

①丰富国际商务课程思政课堂教育资源

将社会主义核心价值观融入国际商务课程思政课堂不再是老师单向输出问题，而是需要师生共同努力，需要学校的有效领导和对现有教育资源的合理分配。以社会主义核心价值观作为教育资源融入国际商务课程思政，必然作为国际商务课程思政课堂的教学支撑，使学生在学习国际商务知识的同时，也能够培养正确的价值观和道德素养，提升他们的综合素质和国际竞争力。国际商务专业教师要在课堂教学中不断增加时政热点，不断充实思政课堂教学资源，以达到量变引起质变的效果，为培育和践行社会主义核心价值观打下基础。

②创新国际商务课程思政课堂教育形式

教育工作的开展，重心在于受教育者，如果受教育者没有学习的积极性，那么教育者付出再大的努力也只能达到事倍功半的效果。国际商务课程思政课堂教学过程中一定要注意激发学生学习的积极性，可以通过创新教学模式，开展主题教育活动，走出课堂空间限制，利用学生对新鲜事物的好奇心理，积极开展社会主义核心价值观"学到心里、用到实处"的主题教育活动。通过创新国际商务课程思政课堂教育形式，可以有效地将社会主义核心价值观融入国际商务课程思政课堂，提高学生的思想道德素质和综合素质，培养他们的国际视野和创新能力，为他们未来从事国际商务工作打下坚实的思想基础。

③拓展国际商务课程思政课堂教育渠道

拓展国际商务课程的思政课堂教育渠道是国际商务课程思政建设的重要任务之一。国际商务课程作为培养学生国际视野和跨文化交流能力的重要课程，需要注重社会主义核心价值观的融入，以培养学生的社会责任感、道德观念和创新精神。在线教育平台已经成为高校教育的重要组成部分，通过在慕课网、Coursera 等平台上开设国际商务课程，可以实现大规模的学生覆盖。在课程设计中，可以将社会主义核心价值观的内容融入其中，例如，在国际商务课程中增加关于社会责任、道德经营等方面的内容。同时，可以通过在线讨论和互动，引导学生思考国际商务背后的道德和伦理问题，培养学生的思辨能力和道德品质。学校可以建立自己的在线教育平台，将国际商务课程和社会主义核心价值观的内容整合在一起。平台上可以开设线上讲座、研讨会等活动，邀请相关领域的专家和学者分享国际商务课程思政的教育内容。同时，可以开设线上论坛和社交圈，让学生进行交流和互动，提高学生的思政素养。教材和教辅资料是国际商务课程思政教育的重要载体。通过编写相关的教材和教辅资料，可以将国际商务课程和社会主义核心价值观的内容有机结合。教材可以涵盖国际商务的基本理论和实践案例，教辅资料可以深入探讨国际商务背后的道德和伦理问题。

④完善国际商务课程思政课堂教育评价

国际商务课程思政教育的目标就是将社会主义核心价值观融入其中，通过引导学生关注社会平等、公正、法治等核心价值观，培养学生正确的价值观和道德观，能够在国际商务领域具备高尚的品德和责任感。为了验证国际商务课程思政教育的目标是否实现，就需要开展国际商务课程思政课堂教育评价。评价结果可以作为完善国际商务课程思政教育的依据，对教学内容、教学方法和教学环节进行调整和改进。同时，评价结果也可以作为学生成绩的一部分，对学生的思政教育成果进行量化评估。因此，国际商务课程思政教育的评价应该围绕教学目标、教学内容、教学方法和教学效果等方面进行，通过评价结果的运用，不断完善思政教育，提高学生的思政水平和综合素质。同时，评价结果也可以为学生提供参考和反思，促进其个人成长和发展。

二、加强中华优秀传统文化教育

（一）国际商务课程中的中华优秀传统文化因素

国际商务活动包含跨文化交际活动。它涉及语言层面、外国文化层面以及与其相关的多种要素。国际商务活动的发展受到文化因素与经济因素、政治因素等共同作用的影响。为了顺利解决商务活动过程中跨文化交际和跨文化冲突问题，必须要了解对方的文化背景、价值理念等。如若处理不好文化因素带来的影响，那么国际商务的交流与合作势必会受到阻碍。

1. 中华优秀传统文化的相关概念

（1）中华优秀传统文化概述

中华优秀传统文化是中华民族的精神家园和根本力量，具有深厚的历史底蕴、广泛的影响力和独特的艺术魅力。其内涵丰富多样，包括思想文化、道德伦理、文学艺术、社会习俗、科学技术等方面。这些文化元素在中国人民的生活中扮演着重要的角色，影响着他们的价值观、行为方式和社会关系。

首先，中华优秀传统文化的思想文化是中华民族的智慧结晶，具有独特的思维方式和哲学思想，其中包括儒家思想、道家思想、墨家思想、法家思想、兵家思想等。儒家思想强调仁爱、礼貌、忠诚等价值观，强调个体与社会的和谐发展；道家思想追求自然、无为而治，强调个体与宇宙的契合；墨家思想倡导兼爱、非攻等理念，强调人与人之间的平等和和谐；法家思想注重法制、刑罚等制度建设，强调人与人之间的秩序和法治；兵家思想强调战争策略和军事思想，对中国古代的军事发展产生了深远的影响。这些思想在中国的政治、教育、道德等方面起到了重要的指导作用。

其次，中华优秀传统文化的道德伦理是中国人民的行为规范和价值追求。中国古代的伦理观念主要体现在孝道、忠诚、廉洁、诚信等方面。孝道强调子女对父母的尊敬和孝顺，忠诚强调对国家和人民的忠心，廉洁强调廉洁奉公、不贪污腐败，诚信强调言行一致、守信用。这些伦理观念在中国人的日常生活中起到了重要的约束和引导作用。

最后，中华优秀传统文化中的文学艺术是中华民族的精神财富和审美追求。中国古代的文学艺术形式丰富多样，包括诗歌、散文、小说、戏曲等。中国古代的诗歌以其优美的形式和深刻的内容而闻名于世，代表作品有《诗经》《唐诗三百首》等；中国古代的散文以其细腻的描写和富有哲理的思考而受到赞誉，代表作品有《庄子》《论语》等；中国古代的小说以其丰富的想象和生动的情节而受到喜爱，代表作品有《红楼梦》《西游记》等；中国古代的戏曲以其独特的表演形式和丰富的表现力而成为中国文化的重要组成部分，代表作品有京剧、豫剧等。这些文学艺术作品不仅反映了中国古代社会的风貌和人民的生活，也展现了中华民族的智慧和情感。

（2）中华优秀传统文化的影响与传承

中华优秀传统文化对中国人民和世界文化产生了深远的影响，同时也面临着传承和发展的挑战。

首先，中华优秀传统文化对中国人民的影响是多方面的。它塑造了中国人民的价值观和行为方式，使他们具有深厚的文化自信和民族自豪感。传统文化中强调的仁爱、忠诚、孝道等价值观成为中国人民的行为准则，影响着他们的社交方式、家庭观念和社会责任。传统文化中的文学艺术作品激发了中国人民的创造力和审美能力，培养了他们的情感和思考能力。传统文化中的思想文化对中国人民的教育和政治起到了重要的引导作用，培养了他们的智慧和思维能力。

其次，中华优秀传统文化对世界文化的影响也是显著的。中国的传统文化以其独特的魅力和深厚的底蕴吸引了世界各地的人们。中国的文学艺术作品被翻译成多种语言，被世界各地的读者欣赏和传播。中国的传统哲学思想和价值观在世界范围内产生了影响，被各国学者研究和借鉴。中国的传统艺术形式也在世界各地得到了传承和发展，如京剧、太极拳等成为世界文化的一部分。中国的传统节日和习俗也被世界各地的人们认同和喜爱，如春节、中秋节等成为国际性的文化交流活动。

然而，中华优秀传统文化的传承和发展也面临着一些挑战。现代社会的快节奏和多元文化的冲击使传统文化面临着被边缘化和遗忘的危险。一些传统的价值观和道德规范在现代社会中受到质疑和冲击，传统的文学艺术形式在电子媒体的冲击下难以得到传承和发展。因此，中华优秀传统文化的传承需要加强教育和宣传，培养人们对传统文化的认同和理解；同时也需要创新和融合，使传统文化与现代社会相适应，使其在新的环境中焕发新的生命力。

（3）中华优秀传统文化的保护与传播

中华优秀传统文化的保护和传播是中华民族的责任和使命，需要政府、社会组织和个人共同努力。

第一，政府在中华优秀传统文化的保护和传播中扮演重要角色。政府应制定相关政策和法律，加强对中华优秀传统文化的保护，推动传统文化的传承和发展。政府还应加大对传统文化研究和教育的投入，鼓励学术界进行深入研究，培养更多的传统文化专家和人才。

第二，社会组织也发挥着重要作用。各种文化组织、机构和非营利组织可以通过举办展览、讲座、演出等形式，向公众传播中华优秀传统文化。社会组织还可以承担起传统文化的保护和传承的责任，例如通过开展传统技艺培训班、举办文化活动等形式，培养年轻一代对传统文化的兴趣和认同。

第三，个人也是中华优秀传统文化保护和传播的重要力量。每个人都应该从自己做起，学习和传承优秀传统文化，尊重和弘扬有益的传统价值观念。个人可以通过参与传统文化传播活动、阅读经典著作、学习传统技艺等方式，提升自己对传统文化的理解和认同，并将这种认同传递给下一代。

中华优秀传统文化是中华民族的瑰宝，保护和传播优秀传统文化是中华民族的责任和使命。只有政府、社会组织和个人共同努力，才能实现中华优秀传统文化的传承和发展，让传统文化在现代社会焕发出新的生机和活力。

2.国际商务活动与中华优秀传统文化因素

文化因素体现在商务活动的主体与客体。商务活动的主体是文化的创造者与传承者。商务活动的客体是对文化的承担与体现。在国际商务活动中不同民族互相依赖，这势必会促成某种超越文化界线的关系。因此为了更加深入地了解商务谈判文化，促进商务活动顺利进行，人们需要分析国际商务活动与文化因素两者之间的关系。

（1）国际商务活动与中华优秀传统文化的联系

国际商务活动是指企业之间进行的跨国贸易、投资和合作等经济活动。在这个全球化的时代，国际商务活动已经成为中华民族经济发展的重要组成部分。而中华优秀传统文化作为中华民族的瑰宝，也与国际商务活动有着密切的联系。

首先，中华优秀传统文化具有独特的文化价值和艺术魅力，能够为企业在国际市场上树立独特的品牌形象。中国的传统文化包括诗词、书法、绘画、音乐、戏曲等多种形式，这些都是世界文化宝库中的瑰宝。企业可以通过将传统文化元素融入产品设计、品牌形象和市场推广等方面，提升产品的附加值和竞争力，吸引国际市场的消费者。

其次，中华优秀传统文化中蕴含着丰富的商业智慧和经验，对于企业的经营管理具有积极的指导意义。传统文化中的价值观念、商业道德和管理原则，对于企业的合作伙伴选择、人才培养、企业文化建设等方面起到了重要的引导作用。企业可以借鉴传统文化中的智慧，将其融入企业的经营管理中，提高企业的竞争力和可持续发展能力。

最后，中华优秀传统文化的传播也可以促进国际商务活动的交流与合作。传统文化作为一种文化软实力，可以帮助企业建立国际合作伙伴关系，推动文化交流和商务合作。通过开展文化交流活动、组织商务考察团等方式，企业可以与国际市场的其他企业和机构建立联系，开展合作项目，共同推动国际商务活动的发展。

（2）国际商务活动对中华优秀传统文化的影响

一方面，国际商务活动的开展为传统文化的传播提供了新的机遇和平台。随着全球化的进程，国际贸易和旅游等活动的增加，外国人对于中华优秀传统文化的关注度和兴趣也在提高。这为中华优秀传统文化在国际上的传播和推广提供了有利条件。

另一方面，国际商务活动的发展也对中华优秀传统文化提出了新的挑战。随着全球市场的竞争加剧和文化多元化的趋势，传统文化面临着来自外来文化的冲击和竞争。传统文化需要在国际市场中寻找到适合自身特点的发展模式，保持其独特性和核心竞争力。

（3）实现国际商务活动与中华优秀传统文化的有机结合

首先，政府应加大对传统文化的保护和扶持力度。政府可以制定相关政策和法律，加强对传统文化的保护和传承，为企业在国际市场上推广中华优秀传统文化提供支持和保障。政府还可以加大对传统文化产业的扶持力度，鼓励企业在传统文化领域进行创新和发展。

其次，企业应注重传统文化的融入与创新。企业可以通过将传统文化元素融入产品设计、品牌形象和市场推广中，提升产品的附加值和市场竞争力。同时，企业也应通过科技创新等方式，将传统文化与现代商业相结合，推动传统文化的创新和发展。

最后，社会组织和个人也应积极参与到中华优秀传统文化的保护和传播中来。社会组织可以通过举办展览、讲座、演出等形式，向公众传播中华优秀传统文化。个人可以通过学习和传承传统文化，提升自己的文化素养，为中华优秀传统文化在国际商务活动中发挥更大的作用，贡献自己的力量。

总之，国际商务活动与中华优秀传统文化之间存在着密切的联系和互动。通过加强国际商务活动与中华优秀传统文化的结合，可以促进传统文化的传播和发展，同时也为国际商务活动提供了更多的文化资源和商业机会。政府、企业、社会组织和个人共同努力，可以实现中华优秀传统文化与国际商务活动的良性互动，为中华民族的繁荣和发展作出积极贡献。

3. 中华优秀传统文化因素对国际商务活动的影响

中华优秀传统文化是中国历史和文化中的瑰宝，它具有深厚的历史积淀和独特的价值观念。这些传统文化因素对国际商务活动产生积极的影响，主要体现在以下几个方面。

（1）价值观影响

中华优秀传统文化强调诚信、尊重、谦虚、忍让、团队合作等价值观念，这些价值观念在国际商务活动中具有重要意义。在跨文化的商务交流中，遵循这些价值观念能够建立起信任和合作的基础，促进商务合作的顺利进行。例如，在谈判和合作过程中，诚信和尊重对于建立合作伙伴关系至关重要。中华优秀传统文化的价值观影响了中国商务人员的行为和决策，使他们更注重长期合作和共赢。

（2）礼仪规范影响

中华优秀传统文化注重礼仪规范，包括言谈举止、礼貌待人等方面。在国际商务交流中，遵守礼仪规范能够减少误解和冲突，增进各方的理解和信任，有利于商务合作的顺利进行。例如，中国商务人员在与外国合作伙伴交流时，注重礼貌和尊重对方的文化习惯，避免冒犯对方，并通过礼仪规范展示自己的专业素养和诚意。

（3）人际关系影响

中华优秀传统文化注重人际关系的建立和维护，强调亲和、友善、合作等关系模式。在国际商务活动中，通过建立良好的人际关系，能够增加商务合作的机会和成功的可能性。中国商务人员倾向于在商务交流中建立长期的人际关系，通过互相信任和帮助来实现共同的商业目标。此外，中华优秀传统文化中的家族观念和集体主义价值观也对商务人员的人际关系有影响，使他们更注重团队合作和集体利益。

（4）智慧和创新影响

中华优秀传统文化蕴含着丰富的哲学、艺术、文学等领域的知识和智慧。这些知识和智慧对于国际商务活动中的创新、战略规划等方面具有启发和指导作用，能够提升企业的竞争力和市场影响力。例如，中华优秀传统文化中的"道"的概念强调和谐、平衡和自然，这对于企业在经营和发展过程中的战略规划和决策具有指导意义。同时，中国的传统文化也强调自我完善和不断学习，这对于企业的创新和提高竞争力具有积极影响。

（5）文化认同影响

中华优秀传统文化作为中国人的文化认同，对国际商务活动中的跨文化交流和合作具有重要影响。中国商务人员对自己的文化有自豪感和认同感，通过展示自己的文化特色和价值观念，增进与国际伙伴之间的理解和合作。此外，中国传统文化作为一种软实力，对于推广中国企业和产品也具有积极影响。

总的来说，中华优秀传统文化因素对国际商务活动的影响主要体现在价值观、礼仪规范、人际关系、智慧和创新以及文化认同等方面。这些影响因素有助于促进商务合作的顺利进行，提升企业的竞争力和市场影响力。

（二）中华优秀传统文化教育系统融入国际商务课程思政的意义

1. 中华优秀传统文化有利于培养国际商务专业学生的职业道德操守

中华优秀传统文化蕴含着丰富的道德价值观念，对于培养国际商务专业学生的职业道德操守具有积极的影响，集中体现在以下几个方面。

首先，中华优秀传统文化强调诚信和正直的重要性。传统文化中的诚信观念强调言行一致、守信用，而正直则要求人们坚守正义、不偏不倚。在国际商务领域，诚信和正直是建立良好商业关系的基石，能够赢得合作伙伴的信任和尊重。因此，通过学习中华优秀传统文化，国际商务专业学生能够树立起正确的道德观念，遵守道德规范，保持诚信和正直的行为，从而建立起可靠的商业信誉。

其次，中华优秀传统文化注重仁爱和关怀他人的精神。传统文化中的仁爱观念强调人与人之间的互助与关怀，强调人的尊严和价值。在国际商务领域，仁爱的精神能够帮助国际商务专业学生更好地处理商业冲突和竞争，建立起和谐的商业关系。通过学习中华优秀传统文化，国际商务专业学生能够培养出关心他人、尊重他人的能力，从而更好地与他人进行合作和交流。

此外，中华优秀传统文化注重持久发展和可持续发展的理念。传统文化中的持久发展观念强调经济、社会和环境的平衡，追求长远的利益而非短期的利益。在国际商务领域，持久发展的理念非常重要，企业需要在追求经济效益的同时关注社会责任和环境保护。通过学习中华优秀传统文化，国际商务专业学生能够树立起社会责任感和环境意识，能够在商业决策中考虑到可持续发展的因素，推动企业实现经济效益和社会责任的双重目标。

最后，中华优秀传统文化强调文化自信的重要性。传统文化是中国文化的重要组成部分，通过学习中华优秀传统文化，国际商务专业学生能够增强对中国文化的认同感和自豪感，并更好地代表中国进行国际商务交流。同时，通过与其他国家的商务专业学生进行跨文化交流，国际商务专业学生能够更好地理解和尊重不同文化背景下的道德观念和商业行为规范，提高他们在国际商务活动中的跨文化沟通能力。

综上所述，中华优秀传统文化对于培养国际商务专业学生的职业道德操守具有重要的作用。通过学习中华优秀传统文化，国际商务专业学生能够树立起正确的道德观念，培养出诚信、正直、仁爱的品格以及持久发展和可持续发展的能力，同时增强文化自信和国际交流能力，为国际商务活动的发展作出积极的贡献。

2. 中华优秀传统文化有利于启发学生专业的创造力和延展力

首先，中华优秀传统文化注重思辨和探索的精神。传统文化中的哲学思想、诗词歌赋等艺术形式都鼓励人们思考和探索生活的意义和价值。这种思辨和探索的精神培养了学生在专业领域中主动思考问题、寻找解决方案的能力，激发了他们的创造力。通过学习中华优秀传统文化，学生能够接触到丰富的思想和智慧，从中汲取灵感，开阔思维，激发创新思维和创造性思考。

其次，中华优秀传统文化强调审美和艺术的重要性。传统文化中的绘画、音乐、舞蹈等艺术形式都具有独特的审美价值。这些艺术形式能够激发学生对美的感知和表达的能力，培养他们的审美意识和创作能力。在专业领域中，审美能力和艺术表达能力是培养创造力的重要因素。通过学习中华优秀传统文化的艺术形式，学生能够提高自己的审美水平，拓展自己的艺术表达能力，从而在专业领域中更具创造力。

此外，中华优秀传统文化注重和谐与平衡的理念。传统文化中的中庸之道、阴阳平衡等观念强调事物间的和谐关系和平衡状态。这种和谐与平衡的理念对于专业领域的创造力和延展力也有积极的影响。在专业领域中，创造力和延展力需要在不同的因素间找到平衡点，将各种资源、需求和目标协调起来。通过学习中华优秀传统文化中的和谐与平衡理念，学生能够培养出平衡思考和综合分析的能力，提高自己的创造力和延展力。

最后，中华优秀传统文化注重人文关怀和情感表达。传统文化中的人情味、家国情怀等观念强调人与人之间的情感联系和关怀。在专业领域中，人际关系和情感表达对于创造力和延展力的发挥至关重要。通过学习中华优秀传统文化，学生能够培养出关心他人、理解他人和表达情感的能力，增强人际交往的技巧，在专业领域中更富有创造力和延展力。

综上所述，中华优秀传统文化对于启发学生专业的创造力和延展力具有积极的促进作用。通过学习中华优秀传统文化，学生能够培养出思辨和探索的精神、审美能力、和谐与平衡的思维方式以及人文关怀和情感表达的能力，从而在专业领域中展现出更高水平的创造力和延展力。

3. 中华优秀传统文化有利于学生心理健康

首先，中华优秀传统文化注重人与自然的和谐。传统文化中的观念和价值观强调人与自然的相互依存和和谐共生。这种观念有助于学生建立与自然的联系，增强对大自然的敬畏和感悟，从而提高心理健康水平。近年来，随着城市化进程的加快，学生往往面临着与自然疏离的问题，而中华优秀传统文化的价值观可以帮助他们重新与自然建立联系，缓解压力，提高心理健康水平。

其次，中华优秀传统文化注重家庭和社会的关系。传统文化中的家庭观念和家族责任感强调家庭与社会的紧密联系。这种观念对于学生建立稳定的人际关系和社会支持网络非常重要，有助于缓解孤独感和焦虑感，提高心理健康水平。通过学习中华优秀传统文化，学生能够更好地理解家庭和社会的重要性，培养出对家庭和社会的关怀和责任感，从而增强心理健康。

此外，中华优秀传统文化强调道德和人文关怀。传统文化中的道德观念和人文精神注重人与人之间的关怀和尊重。这种关怀和尊重的观念有助于学生培养出积极向上的价值观，增强社会责任感，促进心理健康。通过学习中华优秀传统文化，学生能够理解各种人文关怀的实践和道德准则的指导，从而在日常生活中更好地处理人际关系，减少冲突和压力，提高心理健康水平。

最后，中华优秀传统文化注重内心修养和情感表达。传统文化中的修身养性和情感表达的艺术形式有助于学生培养出平和、开放的心态，提高情绪管理能力，增强心理健康。通过学习中华优秀传统文化，学生可以学习到各种内心修养的方法和情感表达的技巧，有助于他们更好地管理自己的情绪，释放压力，提高心理健康水平。

综上所述，中华优秀传统文化对学生心理健康具有积极的促进作用。通过学习中华优秀传统文化，学生能够建立与自然的和谐关系，增强人际关系和社会支持网络，培养积极向上的价值观和社会责任感，提高情绪管理能力和情感表达技巧，从而增强心理健康。

（三）中华优秀传统文化融入国际商务课程思政的途径

中华优秀传统文化融入国际商务课程思政教学的途径可以从儒家伦理精华、"民本"思想、中国"变易"思想三个方面展开论述。

1. 国际商务课程思政融入儒家伦理精华

国际商务课程是现代商业教育的重要组成部分，其目标是培养学生跨文化交流能力、国际商务操作技能以及全球商业环境下的思维和判断能力。而儒家伦理精华则是中国传统文化的瑰宝，其核心价值观包括仁、义、礼、智、信等，为中国古代社会的道德规范和行为准则。将儒家伦理精华与国际商务课程相结合，有助于培养学生道德修养、跨文化交流能力和全球商业视野，从而更好地适应国际商务领域的挑战和变化。

在国际商务课程中融入儒家伦理精华，可以通过多种方式实现。首先，可以通过教学案例引导学生思考商业决策与道德伦理的关系。例如，在讲解商业合作与竞争的过程中，可以引导学生思考如何在商业活动中遵循仁、义、礼、智、信等儒家伦理价值观，促进商业合作的诚信与互信。其次，可以通过开展跨文化交流的活动，让学生亲身体验儒家伦理在不同文化背景下的应用。通过与来自不同文化背景的学生进行合作，学生们可以更好地理解和尊重不同文化之间的差异，培养跨文化交流的能力。此外，还可以通过教学资源的开发，引导学生研究儒家经典文献，了解儒家伦理在中国商业历史中的应用和影响，从而加深学生对儒家伦理的理解和提高学生的应用能力。

将儒家伦理精华融入国际商务课程，对学生的价值观和职业素养的培养具有重要意义。首先，儒家伦理强调仁爱与和谐，通过培养学生的仁爱精神，可以使他们更加关注社会责任和公共利益，注重商业活动的社会效益和可持续发展。其次，儒家伦理注重道德规范和职业操守，通过引导学生借鉴儒家伦理价值观，可以培养学生具备优秀的职业道德和职业操守，提高学生的商业决策能力和商业伦理意识。最后，儒家伦理注重人际关系和合作精神，通过培养学生的合作能力和团队精神，可以使他们更好地适应国际商务环境，提高国际商务合作的效率和质量。

综上所述，将儒家伦理精华融入国际商务课程，有助于培养学生的道德修养、跨文化交流能力和全球商业视野，提高学生的商业决策能力和商业伦理意识，进一步推动国际商务教育的发展和完善。

2. 国际商务课程思政融入"民本"思想

"民本"思想则是中国传统政治文化的核心，强调国家的治理应以人民的利益为出发点和归宿。将"民本"思想融入国际商务课程，有助于培养学生具备以人为本的商业价值观，关注社会公益和可持续发展，提高他们在国际商务领域的决策能力和道德水平。

在国际商务课程中融入"民本"思想可以通过多种方式实现。首先，可以通过教学案例引导学生思考商业决策与人民利益的关系。例如，在讲解商业合作与竞争的过程中，可以引导学生思考如何在商业活动中尊重人民的权益，关注社会效益和可持续发展，以实现商业活动与社会的共赢。其次，可以通过开展社会实践活动，让学生亲身体验商业活动对人民生活和社会发展的影响。通过与社会组织或企业的合作，学生们可以了解并解决实际问题，增加对人民需求和社会问题的敏感性。此外，还可以通过开设专门的课程或讲座，邀请相关领域的专家学者介绍"民本"思想的内涵和实践，引导学生深入思考商业活动与社会发展的关系。

将"民本"思想融入国际商务课程对学生的价值观和职业素养的培养具有重要意义。首先，"民本"思想强调以人为本，关注社会公益和可持续发展，通过培养学生的人文关怀和社会责任感，可以使他们在商业活动中更加注重人民的权益和社会的利益，推动商业活动与社会的和谐发展。其次，"民本"思想注重人民的参与和民主决策，通过培养学生的参与意识和民主价值观，可以使他们更加注重商业决策的公正和合法性，提高商业决策的质量和社会认可度。最后，"民本"思想注重社会稳定和公平正义，通过培养学生的公平意识和正义观念，可以使他们在国际商务活动中更加注重公平竞争和合作共赢，提高商业伦理水平和道德修养。

综上所述，将"民本"思想融入国际商务课程，有助于培养学生以人为本的商业价值观，关注社会公益和可持续发展，提高他们在国际商务领域的决策能力和道德水平，进一步推动国际商务教育的发展和完善。

3. 国际商务课程思政融入中国"变易"思想

中国的"变易"思想是中国传统哲学思想的重要组成部分，强调变化和变通的智慧，以应对不断变化的环境和情境。将"变易"思想融入国际商务课程，有助于培养学生具备灵活应变、创新思维和跨文化交流的能力，提高他们在国际商务领域的竞争力和适应性。

在国际商务课程中融入中国"变易"思想可以通过多种方式实现。首先，可以通过教学案例引导学生思考商业决策与环境变化的关系。例如，在讲解市场变化和国际贸易政策调整的过程中，可以引导学生思考如何灵活应变、创新思维以及跨文化交流的重要性，以应对不断变化的商业环境。其次，可以通过开展跨文化沟通和交流的实践活动，让学生亲身体验不同文化背景下的商务交流和合作。通过与国际学生或企业的合作，学生们可以学习和运用"变易"思想，更好地理解和应对跨文化交流中的难题和挑战。此外，还可以通过开设专门的课程或讲座，邀请相关领域的专家学者介绍中国"变易"思想的内涵和实践，引导学生深入思考变化和变通的智慧在国际商务领域的应用。

将中国"变易"思想融入国际商务课程对学生的价值观和职业素养的培养具有重要意义。首先，"变易"思想强调灵活应变和创新思维，通过培养学生的变通能力和创新意识，可以使他们在国际商务活动中更加敏锐地察觉和把握商机，提高商业决策的准确性和及时性。其次，"变易"思想注重变通和变化中的智慧，通过培养学生的变通思维和跨文化交流能力，可以使他们更好地适应和融入不同文化背景下的商务环境，提高跨文化合作的效果和质量。最后，"变易"思想注重以变应变，通过培养学生思维的灵活性和适应性，可以使他们在国际商务领域更好地应对变化和挑战，提高商业竞争力和生存能力。

综上所述，将中国"变易"思想融入国际商务课程，有助于培养学生具备灵活应变、创新思维和跨文化交流的能力，提高他们在国际商务领域的竞争力和适应性，进一步推动国际商务教育的发展和完善。

三、深入开展宪法法治教育

（一）宪法法治教育的内涵

宪法法治教育是指针对全民普及宪法、提高公民法治素质的一项教育活动。在中国，宪法法治教育是必修课程，也是一项重要的社会责任。它旨在通过教育，让人们理解宪法、尊重法律，并愿意为维护宪法和法律的权威而努力。宪法是国家的根本法。宪法规定了国家权力机构的结构和职能，同时也规定了公民的权利和义务。但是，很多人对宪法知之甚少，这就使得维护国家法治建设面临着严峻的挑战。因此，推进宪法法治教育，培养公民尊重和维护宪法的法治意识十分必要。

在宪法法治教育中，公民应该掌握一些基本知识点。首先，了解宪法的基本精神，宪法的编制、修正和解释规则等内容。其次，应该明白宪法赋予公民的权利和义务，例如人身自由、社会保障、工作权等。同样重要的是，公民应该知道如何维护自己的权益以及如何行使自己的权利、履行自己的义务等。宪法法治教育可以通过一系列的途径和手段，让公民了解和学习宪法。例如，通过教育课程和宪法实践活动，让公民能够深入学习宪法和相关法律的规定。此外，还可以利用媒体报道和宣传等方式，加深公民的法律意识和提高公民的法律素质。除此之外，可以通过宪法培训、法律咨询等方式，让公民了解法律的适用和实施过程，促进社会的法治建设。总体来说，宪法法治教育是一个长期的过程，需要政府、学校、社会组织等多方面的齐心协力来推动。只有让公民的法律素质得到提高，才能营造一个更加文明、和谐和法治的社会环境。我们应该深刻意识到宪法的重要性，不断加强宪法教育，强化公民法治意识和法律素质，持续推动法治建设，让我们的国家更加强大。

（二）宪法法治教育引入国际商务课程思政的重要意义

随着世界经济的不断发展和全球化的深入推进，国际商务越来越成为各国经济发展的重要组成部分。在这样的背景下，引入国际商务课程思政，将有助于培养学生的国际视野和世界意识，提升其综合素质和核心竞争力。同时，将宪法法治教育与国际商务课程思政相结合，也有着重要的意义。

1. 提高学生的法律意识和法律素养

宪法法治教育是指通过课堂教学、活动讲解、案例解析等方式，向学生传授宪法和法律知识，提高其法律意识和法律素养的过程。宪法法治教育是培养学生合法意识、法治观念和法律素养的重要途径，对于建设法治社会和推进社会和谐发展具有重要意义。国际商务涉及的法律问题非常复杂，包括国际贸易法、海关法、税法、知识产权法等多个方面。宪法法治教育引入国际商务课程思政，可以让学生了解和掌握国际商务中的法律问题，提高其法律意识和法律素养。通过课程的学习，学生可以了解国际商务的法律框架和法律规定，了解国际商务中的法律风险和合规要求，了解企业在国际商务中的法律责任和义务，培养学生的法律思维和法律素养，提高其法律意识和法律素质。

在宪法法治教育中，可以通过以下几个方面提高学生的法律意识和法律素养。

第一，宪法和法律知识的普及。让学生了解宪法法律的基本知识，如宪法的起草历程、宪法的基本原则、法律的种类、法律的执行等，从而提高他们的法律意识和法律素养。

第二，案例分析。通过案例分析，让学生了解法律在现实中的应用，了解法律的实际效果和作用，从而提高他们的法律素养和法律意识。

第三，法律文化的培养。通过法律文化的培养，让学生了解法律文化的内涵和价值，提高他们的法律素养和法律意识，从而使他们能够更好地适应社会发展的需要。

第四，社会实践的开展。通过社会实践的开展，让学生亲身感受法律的实际效果和作用，进一步提高他们的法律素养和法律意识。

总之，宪法法治教育是提高学生法律意识和法律素养的重要途径，通过宪法法治教育，可以培养学生法治观念和法治意识，进而推动社会的法治进程。

2. 增强学生的跨文化交流和文化理解能力

国际商务涉及的文化差异非常大，不同国家、地区乃至不同企业之间的文化差异都非常显著。

宪法法治教育可以促进学生的跨文化交流和文化理解能力，具体表现在以下几个方面。

第一，了解不同文化和法律体系之间的差异和联系。宪法法治教育不仅仅是法律知识的传授，更是法律文化的传递。宪法法治教育可以让学生了解不同国家、不同民族的法律文化，了解不同文化和法律体系之间的差异和联系。

第二，掌握国际法和国际组织知识。宪法法治教育不仅仅是国内法律的教育，还包括了国际法和国际组织的知识。通过宪法法治教育，可以让学生了解不同国家之间的法律交流和合作，了解国际组织的作用。

第三，培养跨文化交流和理解的能力。宪法法治教育强调法治社会的建设，鼓励公民参与法治建设。这种观念不仅适用于国内，也适用于跨国文化交流和理解。通过宪法法治教育，可以让学生了解跨文化交流和理解的重要性，培养他们的跨文化交流和理解能力。

第四，培养全球化视野。宪法法治教育可以帮助学生了解全球化的趋势和影响，掌握全球化背景下的法律规则和制度，从而培养全球化视野，适应全球化时代的发展需求，提高跨文化交流和文化理解的能力。

综上所述，宪法法治教育可以增强学生的跨文化交流和文化理解能力，有利于培养学生的全球化视野和跨文化交流能力，提高他们的国际竞争力。

3. 强化学生的社会责任意识和社会责任观念

国际商务不仅仅是商业活动，还涉及企业的社会责任问题。引入国际商务课程思政。

宪法法治教育强化学生的社会责任意识和社会责任观念，具体表现在以下几个方面。

第一，强调公民的法律责任。宪法法治教育是培养公民法治意识和法律素养的重要途径，其中就包括了公民的法律责任。通过宪法法治教育，可以让学生了解法律规定的法律责任，明确自己在社会中的法律责任，从而激发他们的社会责任感。

第二，培养公民的社会责任观念。宪法法治教育不仅仅是法律知识的传授，更是公民社会责任观念的培养。通过宪法法治教育，可以让学生了解公民应该承担的社会责任，了解社会责任的内涵和重要性。

第三，培养公民的公共精神。宪法法治教育强调公共利益，鼓励公民参与公共事务。通过宪法法治教育，可以让学生了解公共利益的重要性，培养公民的公共精神和义务感，激发他们积极参与社会事务的热情。

第四，提高公民的维权意识。宪法法治教育强调公民权利的保护和维护。通过宪法法治教育，可以让学生了解自己的合法权益，了解维护权益的途径和方法，提高他们的维权意识和能力。

因此，宪法法治教育可以强化学生的社会责任意识和社会责任观念，促进他们积极参与社会事务，提高他们的维权意识和能力，从而更好地履行自己的公民责任，为社会的和谐稳定作出贡献。

4. 提升学生的创新思维和创新能力

国际商务是一个不断变化和创新的领域，要想在国际商务中取得成功，必须拥有创新思维和创新能力。

宪法法治教育可以提高学生的创新思维和创新能力，主要表现在以下几个方面。

首先，培养学生的法治意识和法律意识。宪法法治教育可以让学生了解国家的法律制度和法律规范，使其具备正确的法律意识和法治意识，从而在创新活动中遵守法律、尊重规则，增强创新活动的合法性和可持续性。

其次，激发学生的创新热情和创新能力。宪法法治教育可以让学生了解宪法和相关法律对于创新活动的保障和支持，从而激发学生的创新热情和创新能力，鼓励学生在创新实践中探索新的思路和方法，不断提高创新能力。

再次，培养学生的合作精神和创新思维。宪法法治教育可以让学生了解合法合规的创新行为需要团队协作和创新思维的支持，从而培养学生的合作精神和创新思维，使其在团队协作中不断创新、探索和实践。

最后，增强学生的责任感和社会担当。宪法法治教育可以让学生了解创新行为对于社会的影响和责任，从而增强学生的责任感和社会担当，使其在创新实践中注重社会效益和社会责任，不断提高自我价值和社会价值。

5. 提升学生的国际竞争力和国际合作意识

国际商务是一个充满竞争和合作的领域，要想在国际商务中取得成功，必须拥有国际竞争力和国际合作意识。

宪法法治教育可以提升学生的国际竞争力和国际合作意识，具体体现在以下几个方面。

首先，培养学生的国际视野和全球意识。宪法法治教育可以让学生了解国际法律和国际规则，认识到国际竞争的激烈程度和全球化的趋势，从而培养学生的国际视野和全球意识。

其次，提高学生的法律素养和法规意识。宪法法治教育可以让学生掌握国际法律和国际贸易法规，从而提高学生的法律素养和法规意识，为学生参与国际竞争和合作提供法律保障。

再次，培养学生的跨文化交流和合作能力。宪法法治教育可以让学生了解不同国家和地区的法律文化和法律体系，从而培养学生的跨文化交流和合作能力，为学生的国际交流和合作打下坚实基础。

最后，提升学生的国际竞争力和创新能力。宪法法治教育可以让学生了解国际创新和知识产权保护的规则和制度，从而提升学生的国际竞争力和创新能力，为学生的国际合作和竞争提供支持。

总之，宪法法治教育可以提升学生的国际竞争力和国际合作意识，培养学生具备全球视野、法律素养、跨文化交流和创新能力等综合素质，为学生的未来发展打下坚实基础。

综上所述，引入国际商务课程思政，将有助于培养学生的国际视野和全球意识，提升其综合素质和核心竞争力。同时，将宪法法治教育与国际商务课程思政相结合，可以进一步提高学生的法规意识和法律素养，提升学生的跨文化交流和文化理解能力，强化学生的社会责任意识和社会责任观念，培养学生的创新思维和创新能力，增强学生的国际竞争力和国际合作意识。

（三）宪法法治教育引入国际商务课程思政的路径

随着全球化的深入发展，国际商务交流日益频繁，人们对国际商务的需求也越来越高。在这种背景下，国际商务课程的教学也变得越来越重要。然而，仅仅停留于商务技能的培养，不足以满足学生的需求。同时，宪法法治教育也是当前社会中不可或缺的一部分，它对于培养学生的法律意识和社会责任感具有重要的作用。因此，将宪法法治教育引入国际商务课程思政中，有助于培养学生的法治意识，提高其社会责任感和道德水平，使其在国际商务交流中更加从容自信。为了提高法治教育在思政课程中的实效性，应从以下几个方面作出努力。

1.课程设置上引入宪法法治教育元素

在国际商务课程的教学中，可以适当引入宪法法律知识，让学生了解和掌握相关法律制度和规定。同时，也可以通过案例分析等形式，让学生了解和认识不同国家和地区之间的法律差异和文化背景，以提高学生的国际视野。将宪法法治教育元素融入国际商务课程设置中，需要做好以下几个方面。

（1）设置相关课程。在国际商务课程中，可以设置相关课程，例如商业法律、国际商业法、国际经济法等。这些课程能够让学生更好地了解国际商务领域中的法律问题和应对方法。

（2）设置相关讲座。在国际商务课程中，还可以设置相关讲座，邀请相关法律专家和学者，给学生进行宪法法治教育方面的专题讲解。通过这些讲座，能够让学生更好地了解宪法和相关法律的重要性，以及适用于国际商务领域的相关法规。

（3）设置相关研讨会。在国际商务课程中，还可以设置相关研讨会，让学生进行案例分析和讨论，从而更好地了解国际商务领域中的法律问题和应对方法。

通过上述举措，可以让学生在学习国际商务课程的同时，更好地了解宪法知识、商业法律知识和国际法律知识，从而提高学生的法律意识和法治素养。

2. 教材编写上加强法律教育内容

国际商务领域的发展与宪法法治密切相关，因此，在国际商务课程的教材设置上引入宪法法治教育元素，能够让学生更好地了解宪法的重要性和适用于国际商务领域的相关法规。具体而言，需要做好以下几个方面。

（1）引入宪法知识。在国际商务课程的教材中，应当加入宪法知识，例如宪法的基本原则、宪法对经济发展的规定等。学生通过学习宪法知识，能够更好地理解国际商务领域中的法律问题。

（2）引入商业法律知识。在国际商务课程的教材中，应当加入商业法律知识，例如商业契约的签订、商标权的保护等。这些知识能够让学生更好地了解国际商务领域中的法律问题和应对方法。

（3）引入国际法律知识。在国际商务课程的教材中，应当加入国际法律知识，例如国际商业贸易规则、国际仲裁法等。这些知识能够让学生更好地了解国际商务领域中的法律问题和应对方法。

通过上述教材设置，可以让学生对宪法知识、商业法律知识和国际法律知识有更深入的了解和认知，从而提高学生的法律意识和法治素养。

3. 教师培训上引入宪法法治教育元素

宪法是国家的根本大法，是国家行政机关和公民行为的准则。作为一名教师，我们必须深入了解宪法的基本原则和内涵，从而更好地履行自身的职责和使命。在国际商务课程设置上引入宪法法治教育元素，还需要通过教师培训，提高教师对宪法法治教育的认识和理解，使其能够更好地将宪法法治教育元素融入国际商务课程中，并指导学生进行相关学习。因此，教师是办好思政课程的关键，需要将教师的积极性、主动性以及创造性有效发挥出来。

第一，加强教师宪法法治意识和法治素养的培养。教师培训应该加强对宪法和法律的培训，让教师深入了解宪法和法律的基本理念和内涵，增强教师的法律意识和法治素养。在培训过程中，可以通过宪法知识讲座、案例分析、模拟法庭等形式，让教师深入了解宪法和法律的相关知识，提高教师的法律素养和法治意识。

第二，引导教师注重培养学生的法治观念和法治精神。教师培训应该注重引导教师培养学生的法治观念和法治精神，让学生在学习过程中懂得法律的作用和意义，形成遵纪守法、尊重法律的良好习惯和行为。在教学过程中，教师应该把握教材内容，结合学科知识，注重培养学生的法治观念，引导学生尊重法律、遵守法律，形成良好的法律意识和法治观念。

第三，加强教师法治实践的培训。教师培训应该加强教师法治实践的培训，让教师了解法治实践的基本流程和方法，增强教师的法治实践能力。在培训过程中，可以通过模拟法庭、法律知识竞赛等形式，让教师参与到法律实践中，锻炼教师的法治实践能力，提高教师的法律素养和法治意识。

第四，加强教师法治教育的研究和探索。教师培训应该加强教师法治教育的研究和探索，深入探讨教师如何在教学过程中有效地培养学生的法治观念和法治精神，提高教师的法治教育能力。在培训过程中，可以通过座谈会、研讨会等形式，促进教师之间的交流和互动，共同探讨如何将宪法法治教育元素纳入教学中，实现教育事业和法治建设的协调发展。

4.教学方法上注重案例分析和讨论

在国际商务课程中，案例分析是一个重要的学习方式。通过案例分析，学生能够更好地了解国际商务领域中的实际问题和应对方法。在案例分析中，引入宪法知识，分析相关案例在法治方面的问题和挑战，也是一种有效的宪法法治教育方式。

首先，分析商业契约案例。在案例分析中，可以分析商业契约的签订和执行过程中存在的法律问题，例如契约是否合法、如何维护合同权益等。通过这些分析，能够让学生更好地了解商业契约的法律规定和应对方法。

其次，分析商标权案例。在案例分析中，可以分析商标权在国际商务领域中的意义和保护方式，例如商标的注册和维护、商标侵权的处理等。通过这些分析，能够让学生更好地了解商标权保护的法律规定和应对方法。

最后，分析国际贸易案例。在案例分析中，可以分析国际贸易中存在的法律问题和挑战，例如国际贸易规则的适用、国际贸易纠纷的处理等。通过这些分析，能够让学生更好地了解国际贸易的法律规定和应对方法。

通过以上案例分析，能够让学生在实际案例中了解相关法律知识和应对方法，从而更好地提高学生的法律意识和法治素养。

四、加强战略思维和国际视野的培养

（一）战略思维和国际视野的内涵

1.战略思维的内涵

战略思维是指一种能够全面、系统、长远地思考问题和解决问题的思维方式和方法。而国际视野则是指对于国际事务和国际环境的深刻理解和洞察力。这两个概念在当今全球化的时代具有重要的意义，它们可以帮助个人和组织更好地适应和应对全球化带来的挑战和机遇。

首先，战略思维强调全面性。战略思维要求个人或组织在面对问题时要从全局的角度进行思考，不能只看到问题的表面，而应该更加注重问题的本质和根源。这种全面性的思考可以帮助个人或组织更好地把握问题的本质，从而找到更加有效的解决方法。例如，在商业领域，一个成功的企业家必须要具备全面的视野，能够准确判断市场趋势和竞争对手的动向，从而作出正确的商业决策。

其次，战略思维强调系统性。战略思维要求个人或组织在思考问题时要从整体的角度进行思考，不能只看到问题的局部，而应该更加注重问题的相互关系和相互作用。这种系统性的思考可以帮助个人或组织更好地把握问题的全貌，从而找到更加全面的解决方案。例如，在管理学中，一个成功的经理人必须要具备系统思维能力，能够将各个部门和岗位之间的关系和相互作用整合起来，从而实现整体的协调和优化。

再次，战略思维强调长远性。战略思维要求个人或组织在思考问题时要将目光放长远，不能只看到眼前的利益，而应该更加注重长期的发展和目标。这种长远性的思考可以帮助个人或组织更好地规划未来，从而作出更加明智的决策。例如，在政治领域，一个成功的政治家必须要具备长远的眼光，能够预见和应对未来可能出现的挑战和变化，从而制定出符合国家长远利益的政策和战略。

战略思维的内涵可以总结为全面性、系统性和长远性三个方面。这种思维方式和方法可以帮助个人或组织更好地适应和应对复杂多变的社会环境，从而实现个人或组织的长期发展和成功。

2. 国际视野的内涵

国际视野是指对于国际事务和国际环境的深刻理解和洞察力。在当今全球化的时代，国际视野对于个人和组织来说具有重要的意义。

首先，国际视野可以帮助个人或组织更好地把握全球化的机遇。在全球化的时代，各个国家和地区之间的联系和交流日益加深，个人或组织如果能够具备国际视野，就能够更好地把握全球化带来的机遇，从而实现个人或组织的跨越式发展。例如，在经济领域，一个具有国际视野的企业可以更好地利用全球资源和市场，从而实现全球化战略和跨国经营。

其次，国际视野可以帮助个人或组织更好地应对全球化的挑战。全球化带来了各种各样的挑战，例如激烈的竞争、不稳定的政治环境、复杂的文化差异等。个人或组织如果能够具备国际视野，就能够更好地理解和适应这些挑战，从而降低风险，提高竞争力。例如，在教育领域，一个具有国际视野的学校可以更好地适应全球化的教育需求，提供符合国际标准的教育服务。

再次，国际视野可以帮助个人或组织更好地拓展国际合作和交流。在全球化的时代，各个国家和地区之间的合作和交流变得越来越重要。个人或组织如果能够具备国际视野，就能够更好地理解和尊重不同国家和地区的文化和价值观，从而建立起良好的合作和交流关系。例如，在科技领域，一个具有国际视野的科学家可以与世界各地的科研机构和学者进行合作，共同推动科技创新和进步。

国际视野的内涵可以总结为把握机遇、应对挑战和拓展合作三个方面。这种深刻理解和洞察力可以帮助个人和组织更好地适应和应对全球化的时代，从而实现个人或组织的发展和成功。

综上所述，战略思维和国际视野是当今社会中非常重要的概念。战略思维强调全面性、系统性和长远性，可以帮助个人或组织更好地适应和应对复杂多变的社会环境。国际视野强调把握机遇、应对挑战和拓展合作，可以帮助个人和组织更好地适应和应对全球化的时代。这两个概念的内涵和意义都非常深远，对于个人和组织的发展和成功具有重要的影响。因此，我们应该注重培养和发展自己的战略思维能力和国际视野，从而更好地应对未来的挑战和机遇。

（二）战略思维和国际视野培养的目标要求

1. 增强居安思危、知危图安的忧患意识

科学的形势判断是战略谋划的前提，其中更为关键的是对安危、利害诸因素条件的动态把握。战略思维能力是科学分析和判断形势的思维支点，更是正确把握安危、利害诸因素条件变化的重要逻辑起点。我们党历来重视通过科学分析和判断客观形势，保持居安思危、趋利避害的战略清醒，据此提出推进事业发展的方针和任务，牢牢把握战略指导和谋划的主动权。

习近平总书记指出，我们强调重视形势分析，对形势作出科学判断，是为制定方针、描绘蓝图提供依据，也是为了使全党同志特别是各级领导干部增强忧患意识，做到居安思危、知危图安。这就告诉新形势下的我们必须善于从时代和全局的高度科学分析和判断形势，认识和把握世情、国情和党情的新变化，把准和摸透国内外各种复杂因素，具有居安思危、知危图安的强烈忧患意识；既要看到成绩和机遇，更要看到短板和不足、困难和挑战，看到形势发展变化给我们带来的风险，及时采取化危为机、掌控风险的有效应对之策；凡事从最坏处着眼，作最充分的准备，朝正确方向努力，做到战略前置、未雨绸缪、有备无患，牢牢把握谋划和推进各项工作的战略主动权。只有这样，我们才能有效地提高战略思维能力。

2.善于辨明历史方位、把握发展大势

战略运筹以所处的历史方位为基点，以正在做的事情为中心，贯穿着对事业发展整个进程及其阶段性特征的宏观思考和把握。战略思维能力集中体现在辨明历史方位、把握发展大势上，以思维的整体性、全局性、前瞻性、创造性为基本特点。习近平总书记指出，党的十八大以来，在新中国成立特别是改革开放以来我国发展取得的重大成就基础上，党和国家事业发生历史性变革，我国的发展站到了新的历史起点上，中国特色社会主义进入了新的发展阶段。这是纵观当今世界和当代中国的发展大势，依据我国处于社会主义初级阶段这个大前提并准确把握其不断变化的特点，对我国社会发展的阶段性作出的重大战略判断。中国特色社会主义进入新的发展阶段，必然呈现出新的阶段性特征。认识和把握我国社会发展的阶段性特征，就成为推进党和国家事业发展全部战略运筹的基本立足点，是制定党和国家的大政方针、完善发展战略和各项政策的客观依据。

习近平总书记强调，认识和把握我国社会发展的阶段性特征，要坚持辩证唯物主义和历史唯物主义的方法论，从历史和现实、理论和实践、国内和国际等结合上进行思考，从我国社会发展的历史方位上来思考，从党和国家事业发展大局出发进行思考，得出正确结论。这就要求我们必须深化对我国发展阶段性特征的战略思考，掌握和运用马克思主义的科学方法论，正确把握基本国情变与不变的辩证关系，认清社会主义初级阶段与社会发展阶段性特征的实践逻辑，善于辨明历史方位、把握发展大势，这样才能在新形势下有效提高战略思维能力。尤其注重从历史和现实、理论和实践、国内和国际等结合上，充分认识我国正处在由大向强发展的历史当口，实践的新发展必然呼唤着理论指导的与时俱进、创新引领，当今中国正日益成为引领世界发展的主导性力量。注重从我国社会发展的历史方位上，充分认识从做大到做强所面临的新挑战新课题，既要紧紧抓住"发展问题"，又要着力解决好"发展起来以后的问题"。既要抓住和用好外部带来的战略机遇，又要致力于创造和延长战略机遇。既要把世界先进的东西作为参照系，又要不断让自身的"特色""优势"作为被参照的对象，让社会主义在中国焕发出更强大的生机活力。注重从党和国家事业发展大局出发，充分认识在全面建成小康社会决

胜阶段、中国特色社会主义发展关键时期，能否提出具有全局性、战略性、前瞻性的行动纲领，事关党和国家事业继往开来，事关中国特色社会主义前途命运，事关最广大人民根本利益。

3.增强理论自信和战略定力

战略思维能力体现在基于既包含着洞悉大局的广阔视野、谋划未来的前瞻眼光，又是把握本质、遵循规律的客观理性思维这一条件下形成的理论自信和战略定力。我国改革开放40余年来取得的巨大成就，正是我们党以全新的视野和眼光深化对"三大规律"的认识，科学制定奋斗目标和发展战略，不断开辟中国特色社会主义事业发展新境界的必然结果。特别是每当遇到严峻挑战，党中央总是能审时度势、沉着应对、化危为机、开创新局，根本原因就在于我们党坚定不移高举中国特色社会主义伟大旗帜，既不走封闭僵化的老路，也不走改旗易帜的邪路，始终保持了高度的理论自信和强大的战略定力。"纷繁世事多元应，击鼓催征稳驭舟。"现在我们前所未有地靠近世界舞台的中心，前所未有地接近实现中华民族伟大复兴的目标，前所未有地具有实现这一目标的能力和信心。

习近平总书记强调，我们要在迅速变化的时代中赢得主动，要在新的伟大斗争中赢得胜利，就要在坚持马克思主义基本原理的基础上，以更宽广的视野、更长远的眼光来思考和把握国家未来发展面临的一系列重大战略问题，在理论上不断拓展新视野、作出新概括。这就启示我们，新形势下提高战略思维能力，必须以更宽广的视野、更长远的眼光来思考和把握国家未来发展面临的一系列重大战略问题，始终保持高度的理论自信和坚强的战略定力。拓展理论视野，更加坚定自觉地以习近平总书记系列重要讲话精神为指导，加强重大理论和现实问题的研究，透过纷繁复杂的表面现象把握事物的本质和发展的内在规律，在破解改革发展难题、驾驭复杂局面中，做到措置裕如、谋定后动；增强战略定力，善于从政治上观察、思考和处理问题，在旗帜、道路、方向、立场等重大原则问题上毫不含糊，不为各种错误观点所左右，不为各种干扰所迷惑，决不能在根本性问题上出现颠覆性错误；强化问题导向，搞好应对重大挑战、抵御重大风险、克服重大阻力、解决重大矛盾的战略预置，做到既抓住重点又统筹兼顾，既立足当前又放眼长远，不断增强工作的原则性、系统性、预见性、创造性，在解决突出问题中实现战略突破，在把握战略全局中推进各项工作，以新的精神状态和奋斗姿态把中国特色社会主义推向前进。

（三）国际商务课程引入战略思维和国际视野的路径

当今时代，世界经历百年未有之大变局，中国特色社会主义进入新时代，在两者同步交织、相互激荡的历史条件下，我们对具备战略思维能力的各方面人才的需求从未像今天这样紧迫。也正是因为这个原因，习近平总书记一再强调我们党要提高战略思维能力，在全国组织工作会议上指出，学习是进步的阶梯。干部要勤于学、敏于思，认真学习马克思主义理论特别是中国特色社会主义理论体系，掌握贯穿其中的立场、观点、方法，提高战略思维、创新思维、辩证思维、底线思维能力。习近平总书记这一重要论述指明了提高战略思维能力的途径，即首先是通过马克思主义理论的学习，掌握其立场、观点和方法。

从本质上说，教育是培养人的事业，是面向社会需求和未来的事业。国家的发展前景在相当程度上取决于今天的高等教育培养出什么样的人才。时代越是向前，知识和人才的重要性就愈发突出，教育的地位和作用就愈发凸显。我国正处于历史上发展最好的时期，必须要更加重视教育，努力培养出更多更好能够满足党、国家、人民、时代需要的人才，这样才能实现"两个一百年"奋斗目标、实现中华民族伟大复兴的中国梦。我国社会主义现代化事业不断发展的这一背景需要我们越来越多地培养具备战略思维能力的高端人才。面对国家和社会的现实需求，高等教育在着力转变教育发展方式、提高人才培养质量的同时，应对包括战略思维能力培养在内的综合素质教育作出通盘考量，将之纳入大学生培养目标和课程思政的教学目标。培养目标和教学目标是教学活动的指挥棒，对于教育教学有指向作用。高等教育培养和促进青年学生的战略思维能力，提高其综合素质会受到培养目标和教学目标中体现战略思维能力的要求的积极影响。

五、深化职业理想和职业道德教育

"少年智则国智，少年富则国富，少年强则国强"，青年是祖国的未来，教育是国之大计。因此，课程思政建设特别重视对受教育者的职业理想及职业道德教育方面的引导和深化。课程思政强调科学性和思想性相统一的原则，每一门学科的教学中，教师既要保证课程的专业性，带领和引导学生生动地、活泼地、主动地学习，深入理解每一个专业的特点，这样有助于学生在学习中发现自己擅长并喜欢的专业。精准教学，从中学就逐渐增强学生的社会职业责任感，让学生在潜移默化中自觉养成遵纪守法、爱岗敬业、诚实守信、乐于奉献、平等公正，会创新、懂实践的职业品格和良好的行为习惯。

（一）职业理想和职业道德教育的相关概念

1. 职业理想的相关概念

理想超越现实，但是也源于现实，现实是理想的基础。理想高于现实，是现实的发展方向，同时理想的实现也依赖现实，以现实为基础；理想属于社会意识，是社会客观存在的反映，因而其受限制于社会存在，来自社会实践，社会实践的复杂性也决定了主体理想的多样性。职业理想是理想不可分割的一部分，也是很重要的内容，更是大学生的人生观、价值观不可或缺的内容。职业理想能够为行为主体发展起导向作用、调节作用、激励作用，高校大学生应牢牢把握这一点，树立正确理想，开启美好未来最关键的一扇门。

（1）职业理想的内涵

职业理想也可以称为事业理想，是个体对将来的职业、岗位、事业发展、最高成就的期许和追求。职业理想是一个人的气质、性格、文化修养和兴趣爱好的综合体现，也反映了其职业发展走向。它是人们对职业活动和职业成就的超前反映，其形成与主体的生活环境密切相关，同时也会随着社会发展不断完善和进步。职业劳动是个体实践活动的重要组成部分，而职业理想可以增加个体在职业劳动中的事业心和责任感，这也必然决定了职业理想的形成对个人理想、社会理想、道德理想和生活理想产生巨大的影响。职业理想是个人对于自己所从事的职业发展的追求和愿景，它具有以下几个方面的内涵。

职业目标：职业理想是个人对于自己未来职业发展的目标和规划。个人应该明确自己希望在职业生涯中取得什么样的成就和地位，以及达到什么样的职业目标。职业目标既可以是长期的，也可以是短期的，个人可以根据自己的实际情况和职业发展的需求来制定。

职业选择：职业理想也包括个人对于自己所从事的职业的选择。个人应该明确自己的兴趣、特长和能力，并结合社会需求和个人发展的前景来选择适合自己的职业。职业选择的合理性和正确性直接影响个人的职业发展和职业满意度。

职业意义：职业理想还包括个人对于自己所从事的职业的意义和价值的认识。个人应该明确自己所从事的职业对于社会的贡献和个人的成长有何意义，并通过自己的努力和奋斗来实现这种意义和价值。职业意义的认识可以激发个人的动力和激情，使其在职业生涯中更加积极和有动力地工作和发展。

职业发展规划：职业理想还包括个人对于自己职业发展的规划和安排。个人应该明确自己的职业发展路径和目标，并制定相应的计划和策略来实现。职业发展规划需要考虑个人的兴趣、能力和社会需求等因素，同时也需要不断调整和完善，以适应职业发展的变化和个人的成长。

（2）职业理想的特征

实践性、时代性、发展性和个体差异性是职业理想最显著的特点。

首先，职业理想具有实践性。实践是检验真理的唯一标准，这是亘古不变的。职业理想离不开实践，而实践是实现职业理想的最佳途径，在职业的实践过程中不断累积经验，不断进步，越来越靠近自己的职业理想。反之，没有实践的职业理想是不切实际的，是空想。

其次，职业理想具有时代性。职业理想是个人理想的一种，是特定社会的产物，这也就要求高校大学生职业理想的培育不应脱离中国社会历史的变迁以及时代的变革，职业理想的树立应该与时代发展紧紧相连，符合社会发展的需求。

再次，职业理想具有发展性。一个人在成长过程中，视野的不断拓宽会使其需求有所变化，职业理想也就随之不断发生变化。高校大学生从大一的懵懂到大四面临真正的职业选择，其心理历程也在变化中，正因如此，大学生的职业理想具有很强的可塑性，受到各种各样的主观条件的影响而不断发展和变化。

最后，职业理想具有个体差异性。此外，大学生职业理想必然受到其他因素的影响，不论是家庭因素、环境因素，还是他们本身的人生观、世界观、价值观等因素，都导致各自的职业理想呈现不同的状态。

2.职业道德教育的相关概念

（1）职业道德的概念

职业道德是道德的类型之一，不同于道德的是职业道德更具体，它是人们在职业活动中应该遵循的、体现一定职业特征的职业行为和规范，是个体在工作中应当秉承的一种思想观念、待人接物的一种态度。良好的职业修养是一个优秀员工必备的素质，是人们对这份职业的尊重和信仰。

①职业道德的形成与发展

职业道德是指在特定职业中应遵循的道德规范和价值观念。它是职业发展过程中逐渐形成和发展起来的，可以分为三个阶段。

第一阶段：道德规范的形成。

在职业道德的发展过程中，最初的阶段是道德规范的形成时期。这个阶段通常出现在一个特定职业开始形成的初期。在这个阶段，职业道德还比较模糊，缺乏统一的规范和准则。职业从业者往往根据自身的经验和道德观念来判断和行动。这个阶段的职业道德倾向于个体化和灵活性，缺乏普遍性和一致性。

第二阶段：职业道德准则的确立。

随着特定职业的发展和成熟，职业道德逐渐形成了一些普遍适用的准则和规范。这个阶段的职业道德更加明确和规范化，有助于维护职业的公信力和社会地位。在这个阶段，职业组织和协会的建立起到了重要的作用。它们通过制定职业准则和规范，对从业者的行为进行约束和引导。同时从业者也逐渐认识到职业道德的重要性，开始自觉遵守职业准则和规范。

第三阶段：职业道德的发展和完善。

随着社会的不断变化和职业的不断发展，职业道德也在不断演变和完善。

这个阶段的职业道德更加注重专业性和责任感，要求职业从业者具备更高的道德素养和职业技能。职业组织和协会也会根据社会需求和职业发展的趋势，不断修订和完善职业准则和规范。同时，从业者也要不断学习和提升自己的职业能力和道德水平，以适应职业发展的要求。

总体来说，职业道德的形成与发展是一个逐渐演化的过程。从道德规范的形成到职业道德准则的确立，再到职业道德的发展和完善，这三个阶段相互关联、相互影响。职业道德的形成和发展不仅需要职业组织和协会的制定和推动，也需要从业者的自觉遵守和不断提升。只有在不断完善职业道德的过程中，才能促进职业的健康发展和社会的和谐进步。

②职业道德的内涵

职业道德是指在特定职业中应遵循的道德规范和价值观念。它是职业发展过程中逐渐形成和发展起来的，包含以下三个方面的内涵。

第一方面：职业责任与职业义务。

职业道德的第一个方面是职业责任与职业义务。从业者在从事特定职业的过程中，需要承担起一定的职业责任和义务。这些责任和义务是基于职业的特殊性和社会的期待而产生的。例如，医生的职业责任是维护患者的健康，律师的职业义务是维护正义和法律公正。从业者应该以道德为准绳，尽职尽责地履行职业责任和义务，为所从事行业和社会作出积极贡献。

第二方面：职业道德准则与规范。

职业道德的第二个方面是职业道德准则与规范。职业道德准则是职业组织和协会制定的对从业者行为的规范和要求。这些准则根据职业的特点和社会的需求而定，旨在引导从业者正确行事，维护职业的公信力和社会的利益。例如，记者的职业道德准则要求他们要尊重事实真相，尊重隐私权；教师的职业道德准则要求他们要关爱学生，传播正确的知识和价值观。从业者应该自觉遵守职业道德准则和规范，以良好的道德行为树立自己的职业形象。

第三方面：职业诚信与职业道德风险管理。

职业道德的第三个方面是职业诚信与职业道德风险管理。从业者在从事职业活动时，需要保持诚信和避免职业道德风险。职业诚信是指从业者在职业活动中保持诚实、正直和可信赖的品质。职业道德风险是指从业者可能面临的道德困境和诱惑，例如贿赂、欺诈等。职业从业者应该具备良好的职业道德风险意识，能够识别和应对职业道德风险，避免诱惑和违法违规行为，保持职业的诚信和责任。

总体来说，职业道德的内涵包括职业责任与职业义务、职业道德准则与规范以及职业诚信与职业道德风险管理。从业者应该在职业发展过程中认识和遵守这些内涵，以良好的职业道德行为为所从事行业和社会作出贡献。

③职业道德的基本特征

职业道德是指在特定职业领域内，从业者应遵循的道德准则和规范，它具有以下基本特征。

专业性：职业道德是特定职业内部的道德规范和价值观念，与特定职业的专业知识和技能密切相关。不同职业的道德要求会因其专业特点和职责而有所不同。例如，医生的职业道德要求他们以患者的健康为首要目标，保护患者的隐私和尊严；律师的职业道德要求他们忠实于客户，维护正义和公正；教师的职业道德要求他们关注学生的个体发展，传播真理和知识。职业道德的专业性使得从业者能够在特定领域内发挥专长，提供高质量的服务。

社会性：职业道德不仅仅关乎个体的行为，更关乎从业者与社会的关系。它是社会对特定职业行为的期望和要求，旨在维护职业的公信力和社会的利益。职业道德要求从业者不仅要遵循法律法规，还要超越法律的最低标准，以更高的道德标准来约束自己的行为。从业者的行为不仅会对个人和职业造成影响，还会对整个社会产生影响。因此，职业道德具有社会性，要求从业者在职业生涯中时刻保持对社会的责任感，为社会作出积极贡献。

道德性和自律性：职业道德是基于道德原则和价值观念的，要求从业者以道德为准绳，遵循道德规范和准则。它强调从业者应该具备良好的道德品质，如诚实、正直、责任感等。从业者应该始终坚持正确的道德价值观，不受金钱、权力等诱惑，坚守职业操守。职业道德也要求从业者具备自我管理和自我约束的能力，能够在职业活动中遵守职业道德要求。从业者应该自觉约束自己的行为，不断提升自己的道德素养和职业能力，以更好地服务社会和他人。

综上所述，职业道德的基本特征包括专业性、社会性、道德性和自律性。

这些特征使得从业者能够在特定领域内发挥专长，同时保持良好的道德操守，为社会和他人提供高质量的服务。

（2）职业道德教育的概念

职业道德教育是指教育者把职业道德观念与职业的特点、职业的要求有机结合起来，再使个体有目的、有计划、有组织地接受培养和教育，养成良好的职业道德修养的过程。职业道德教育是受教育者在职业路上的必修课，有助于其自身的职业发展。职业道德教育本质上也是一种道德教育，但又不同于道德教育，除了道德教育的历史性、时代性、继承性、阶级性这些共性，职业道德教育还有自身的个性和特殊性。

第一，职业道德教育是一种教学实践活动、教育教学行为。实践是社会关系的本质和基础，职业道德教育提倡教学实践，重视课堂教学、理论教学的同时，也重视社会实践教育。在职业道德教育过程中，充分营造特定情景和氛围，令受教育者身临其境，加强受教育者对职业道德的理解和掌握，综合运用多种教学方法，培养其形成良好的职业道德习惯，强化其职业道德意识。

第二，职业道德教育的主要内容是职业道德。专业的教育人员将专业知识理论教授给受教育者，并对他们展开专业的实际课堂训练，受教育者通过对专业理论知识的理解、掌握，形成一定的职业道德基础，初步建立正确的职业道德观，这种观念则在无形中引导着受教育者的职业行为，使其更好、更快地适应工作，实现自我价值的同时也为社会主义建设贡献了自己的力量。

第三，职业道德教育的受众非常广泛。职业道德教育的方式、场所是多元化的，这也就决定了它的受众群体广泛。由于社会发展学习，许多高校设置了职业道德教育课程来展开对在校学生关于相关知识体系的学习；无业的社会人员则可以通过一些培训机构或者购买相关课程来学习；至于岗位上的实际工作者、从业者，所在单位会提供工作培训，给予相关的岗位学习机会。综上，职业道德教育可以说是惠及全社会。本书要探讨的主体是高等院校学生职业道德教育，因此这项教育活动的受众就是高等院校在校学生。

（3）新时代背景下职业道德教育的新要求

职业道德教育具有很强的社会性和时代性，因为它本身就是一种有利于全社会的教学实践活动。在新时代背景下，职业道德教育更注重时代性和个性的双重发展。

第一，职业道德教育的受众范围越大越好，除了从业者之外，准从业者、未来的从业者都要涉及。从常规习惯来看，人们总会认为职业道德只是针对从业者，忽略了教学的长效性。等到人们真正走上工作岗位时再进行职业道德教育，为时已晚，因为一般情况下，到了工作年龄的人，他的世界观、人生观和价值观已经成型，再进行职业道德教育将收效甚微。所以，教育要趁早，职业道德教育亦如此。如此一来，对在校学生开展职业教育才是从根本上推广社会职业道德的有效途径，职业道德教育受众中应当也必须包括准从业者和未来的从业者。

第二，各行各业应当进行行业内的职业道德教育。社会上的工作岗位千千万万，工作性质和工作内容各不相同，而职业道德教育可以对不同行业根据其工作内容、结合行业特点来开展职业道德教育活动，达成有效提高工作效率的目的。如对银行工作人员进行银行从业道德教育，对律师进行律师职业道德教育，对教师进行教师道德教育等。

第三，职业道德教育要突出实践性。理论教育是为了更好地实践，而实践是检验真理的唯一标准，职业道德教育的效果最终要体现在实际工作中，因此实践是职业道德教育开展的必要部分，只有到实践中去，才能在实际工作中学会应用课堂上获得的理论知识和专业技术技能。

（二）国际商务课程思政与职业理想

立德树人是高校的立身之本，课程思政则是立德树人的重要基础。习近平总书记强调，要坚持显性教育与隐性教育相统一，挖掘其他课程和教学方式中蕴含的思想政治教育资源，实现全员全程全方位育人。

1. 国际商务课程思政融入职业理想的必要性

对于每一个人来说，都应当有自己的职业理想，对自己今后如何发展有着明晰的规划与安排，在职业理想的指引下，将个人的智慧力量汇聚到一个节点上从而不断实现突破，让职业理想的激励与引导作用充分释放出来。职业理想教育按内容划分，主要是由职业道德与职业理想两个方面的教育构成。青年学生对职业的认识是浅薄的，需要正确的职业理想教育以帮助他们树立理性的择业观，这是青年学生就业前的必修课，良好的职业道德教育可以有效减少青年学生在择业时走弯路，而且还能对以后的职业生涯中的自觉遵守职业道德规范起到引导作用。国际商务专业学生的职业道德教育更是必要的，实践证明，良好的职业道德教育可以让国际商务专业的毕业生在人生道路上和他们的职业生涯中有很强的职业道德感，让他们在人生路上更加顺风顺水。国际商务课程思政建设过程中，职业理想的教育是重要的、必修的一课。

全球化浪潮席卷而来，阅历尚少、没有经历社会风吹雨打的青年的心智是不成熟的，面对多元文化和意识形态的冲击，青年没有坚定的政治和道德信仰，很容易摇摆不定，迷失自我。国际商务课程思政教学应加强对大学生思想道德、政治观念方面的引导和教育，将大学生个人的成长与单位、社会的发展紧密结合起来，使其认识到个人的利益与单位利益、社会利益的一致性，才能真正地从思想根源上转变职业价值观，实现个人的就业稳定和职业的可持续发展。国际商务专业教师在教授专业知识和培养学生技能的同时，应当拓展深入到大学生职业生涯规划课程的思政元素中，注重引导学生建构职业理想。此外，学生的职业态度也不能忽略，应加强训练和培养。职业精神也是教育的重要部分，良好的职业精神可以提高个人的责任感，可以激发对工作的积极性和创新精神。国际商务专业的教师应把专业技能知识与思政元素有机结合，推动国际商务学生职业生涯规划与课程思政协同前行、相得益彰，构筑育人大格局。

职业理想教育是人类不可或缺的一门课程，它的意义在于能促使个体进行自我思考，深入探索自我价值，对职业的未来发展有一定的了解，展开对未来的思考和追求，从而提前做好个人的未来整体规划。有规划就有动力，有动力就会努力向目标靠近。国际商务课程思政的核心属性其实是意识形态性，因为其本质还是思想层面的教育，是为国家的思想、意识的深化打下基础。显然，马克思主义是国际商务课程思政的指导思想。意识形态教育是职业理想发展教育最为鲜明的特点，正确的理想信念对于个体来说是人生的路灯，培养职业道德素养良好的人更是职业教育的核心。国际商务专业的学生应该具备以下两点：树立坚定正确的理想信念、养成良好的职业道德素养，健康、全面、和谐地发展。事实告诉我们，马克思主义中国化、走中国特色社会主义道路才是正确的方向，我国的高等教育必须牢牢抓住这一点，形成社会主义化的教育，帮助建立完全符合我国意识形态明确要求的职业生涯整体发展教育理论。职业理想教育的重担课程思政务必扛起来，引导学生扣好人生最重要的纽扣，全方位帮助学生树立理性的职业理想，培养学生爱岗敬业、志存高远的品质，为新时代伟大事业奋斗。

2. 职业理想融入国际商务课程思政的路径

"为实现中华民族伟大复兴中国梦而奋斗"的时代主题不能被忽略，国际商务课程应该牢牢把握这一点，以社会主义核心价值观为引领，不断拓展教学内容、创新教学手段，让学生轻松学习，深度挖掘他们的职业理想，有效融合国际商务课程思政与职业理想，精心引导和栽培。

（1）将职业理想融入国际商务课程思政教学大纲设计中

在国际商务课程的教学中，强调理想信念教育与国际商务课程思政的课程模块及其内容有机融合，潜移默化地渗透到学生身上。通过案例分析、小组讨论、观看视频等多样化的手段，激发学生的思想觉悟。

①帮助学生增强自信，明确发展方向，树立人生理想

有些学生进入大学后对学业产生懈怠心理，热衷于躺平，对未来不思考、不作为。上相应课程前，应当把学生的上进心、对自我和社会的责任感唤醒，可以设置一些问题，例如"我的梦想是什么？""我是怎么规划自己的未来的？""我在大学想要达成的目标是什么？"等，让大家思考作答，也可以进行小组讨论，并分享一些优秀校友努力奋斗实现人生价值的事例，激发学生对自己进行反思，对未来产生畅想，继而树立目标，努力实现，成为更好的自己。

②引导学生将个人价值与社会价值进行结合

学生通过对自己的性格、兴趣、能力、价值观进行探索，从而将其与职业、职场进行最优匹配。可是，学生往往是从主观的认识作出职业选择，因为他们对于社会的认知是浅显的，国家整体上对人才资源的合理配置政策、社会发展对大学生的要求，他们往往没有特别关注。如此一来，学生很容易形成狭隘的个人主义价值观，此时可以引入案例，让学生正视自己的个人条件，对自己的想法作出正确调整，形成积极的职业理想。

③引导学生制定职业规划，激发学生就业热情

在全球经济共同体的大背景下，学生进行职业生涯规划还必须站在社会大环境的高度，要加深对当代世界形势、国情和社会环境的认识。教学中，提倡将所学知识与社会经济发展需要有机结合，引导学生关注国家发展需要，提升他们的眼界和思想境界。对于国际商务专业的学生来说，应从分析国际贸易发展现状及未来发展趋势入手，判断未来国际商务专业毕业生的就业环境。如此，国际商务专业的学生对国际商务工作环境的认识会更加深刻，有利于其进一步投入国际商务管理的课程中，对未来的规划有更清晰、更客观的认识。

④引导大学生将个人利益与国家利益相统一

引导学生处理好个人、集体与他人的利益关系，帮助学生认识价值判断和价值选择的最高标准是人民群众的根本利益，这些在涉及职业决策的教学中都是必不可少的。举一些典型的事迹，例如钱学森、华罗庚、邓稼先等人放弃国外优厚待遇选择为祖国作贡献的事迹，说明在职业生涯决策中始终要把个人利益与国家利益和社会利益保持一致。

（2）培养学生良好的职业素养

要培养良好的职业素养，需要建立正确的职业观念，注重职业道德的培养，不断提升职业能力，保持良好的职业形象和职业人格。这些方面的努力和培养将有助于个人在职业生涯中取得成功，并为社会和他人提供更好的服务。

首先，树立正确的职业观念。职业观念是对待工作的态度和价值观念，它直接影响着个人在职业生涯中的表现和发展。一个良好的职业观念应该包括对工作的热爱和责任感，对职业道德的认同和遵循，对个人发展的追求和自我提升的意识。要培养正确的职业观念，可以通过学习和了解不同职业的特点和要求，与有经验的职业人士交流和学习，参加相关的职业培训和学习活动，以及积极参与职业实践和实习，来逐渐形成对职业的正确认知和态度。

其次，注重职业道德的培养。职业道德是从业者应该遵循的道德准则和规范，它是从业者行为的基本规范，也是维护职业公信力和社会利益的重要保证。要注重职业道德的培养，可以通过学习相关的职业道德规范和准则，了解职业道德的重要性和意义，以及学习优秀的职业榜样和典型案例。此外，还可以通过参与职业道德教育和培训活动，加强自我反思和自我约束，培养

学生遵循职业道德的意识和行为习惯。

再次，不断提升职业能力。职业能力是一个人在特定职业领域内所具备的知识、技能和素质，它是职业成功的关键。要提升职业能力，可以通过学习和掌握相关的专业知识和技能，不断更新和扩展学生的知识和技能体系。同时，要注重实践和经验的积累，通过实际工作和项目实践，不断提高学生的实际操作能力和解决问题能力。此外，要关注职业发展的趋势和需求，及时进行职业规划，不断学习和适应新的职业要求和挑战，保持职业竞争力。

最后，保持良好的职业形象和职业人格。职业形象和职业人格是个人在职业领域内的外在表现和内在品质，它们对个人职业发展和职业成功都起着重要的作用。要保持良好的职业形象，可以从仪表仪容、言谈举止、沟通技巧和人际关系等方面入手，注重自身形象和形象管理，在职业场合中给人以专业、自信和可信赖的印象。同时，要注重培养和塑造积极向上的职业人格，如诚实守信、勤奋敬业、团队合作、乐观进取等，成为值得他人信任和尊重的专业人士。

（3）让职场榜样带出愿景，潜移默化中强化职业精神

可以选择合适的职场榜样，学习他们的成功经验，与他们进行交流和互动，并将他们的职业精神融入工作中。通过这些努力和实践，可以逐渐培养和强化学生的职业精神，实现职业发展和个人成长。

首先，选择合适的职场榜样。职场榜样是那些在职业道路上取得卓越成就的人，他们的成功经验和职业精神可以给予学生启发和指引。选择合适的职场榜样可以参考以下几点：他们是否在自己的领域取得了突出的成绩；他们是否具备良好的职业道德和职业素养；他们是否能够激励身边的人，带出愿景和激发职业精神。通过学习职场榜样的成功经验和职业作风，可以逐渐培养和强化学生的职业精神。

其次，学习职场榜样的成功经验。职场榜样之所以能够取得成功，往往是因为他们具备了一些独特的优势和能力。可以通过学习职场榜样的成功经验，了解他们是如何克服困难和挑战的，是如何处理职业发展和职业道德的关系的。同时，还可以学习他们的职业态度和工作方法，如他们如何保持高效率、如何处理工作与生活的平衡、如何与人相处等。通过学习和借鉴职场

榜样的成功经验，可以逐渐形成学生的职业愿景和职业精神。

再次，与职场榜样进行交流和互动。与职场榜样进行交流和互动可以更深入地了解他们的职业观念和职业精神，从而更好地学习和借鉴他们的成功经验。可以通过参加行业内的活动和会议，与职场榜样面对面交流；也可以通过社交媒体和网络平台，与职场榜样进行在线交流。在交流和互动中，可以提问和请教职场榜样，了解他们在职业道路上的心得和经验，从而进一步强化学生的职业精神。

最后，将职场榜样的职业精神融入工作中。职场榜样的职业精神往往体现在他们对工作的热情和责任感，以及对职业道德和职业发展的追求。可以通过将职场榜样的职业精神融入工作中，来潜移默化地强化学生的职业精神。例如，可以以职场榜样为目标，提高学生对工作的热情和责任感；可以更加注重职业道德，从而树立良好的职业形象；可以积极参与职业发展的学习和实践，不断提升学生的职业能力。通过将职场榜样的职业精神融入自己的工作中，可以逐渐强化学生的职业精神，实现个人的职业目标和价值。

（三）职业道德教育融入国际商务课程思政的实施路径

职业道德教育融入国际商务课程思政的实施路径包括设立专门课程、整合内容、案例教学和实践教学、引入专家和实践人员以及建立评价体系等多个方面，通过综合措施的实施，可以有效地将职业道德教育融入国际商务课程中，提高学生的职业道德素养。具体而言，将职业道德教育融入国际商务课程思政的实施路径可以分为三个阶段。

1. 前期准备阶段

在实施职业道德教育融入国际商务课程思政之前，需要进行充分的前期准备工作。这一阶段的目标是确立教育目标、设计课程框架，并对教师进行培训，以确保后续的实施工作能够有序进行。

（1）确定教育目标

首先，需要明确教育目标。职业道德教育的目标是培养学生具备良好的职业道德素养，能够遵守法律法规，诚实守信，关注社会责任等。在国际商务课程中，职业道德教育的目标应该与国际商务领域的特点相结合，培养学生具备跨文化沟通能力、全球视野和社会责任意识。

（2）设计课程框架

在确定教育目标后，需要设计职业道德教育的课程框架。这包括确定教学内容、教学方法和教材选择等。在国际商务课程中，可以包括职业道德的基本概念、法律法规和道德规范、企业社会责任等内容。教学方法可以采用案例教学、讨论与互动、角色扮演等方式，以培养学生的道德判断能力和解决问题的能力。此外，选择适合的教材也是关键，可以结合国内外的经典案例和教材进行教学，以丰富学生的知识和视野。

（3）教师培训

为了能够有效地教授职业道德内容，教师需要接受相关的培训。培训内容可以包括职业道德教育的理论知识、案例分析和教学方法等。同时，教师还需要具备良好的职业道德素养，成为学生的榜样。因此，培训还应注重教师个人修养和道德观念的培养。

2. 中期实施阶段

在前期准备工作完成后，进入中期实施阶段。在这一阶段，需要根据课程框架和教学方法，通过具体的教学活动和实践，将职业道德教育融入国际商务课程思政。

（1）教学方法

在国际商务课程中，可以采用多种教学方法来进行职业道德教育。首先，可以通过案例教学，让学生了解职业道德在国际商务中的应用和影响。教师可以选取一些真实的案例，引导学生分析案例中的道德问题，讨论不同的解决方案和其背后的道德考量。其次，通过讨论与互动，可以引导学生思考和交流，促进他们对职业道德的理解和思考。教师可以提出一些道德困境或问题，组织学生进行讨论和辩论，培养他们的道德判断和决策能力。此外，通过角色扮演，可以让学生亲身体验职业道德的实践。教师可以设计一些角色扮演的情境，让学生扮演不同的角色，面对不同的道德问题，锻炼他们的道德选择和行为表达能力。

（2）实例分析

在教学过程中，可以结合实际案例和行业经验，引导学生进行案例分析和讨论。例如，可以分析某企业在国际贸易中遇到的道德问题，让学生思考不同的解决方案和其背后的道德考量。通过实例分析，可以让学生更加深入地了解职业道德，培养他们的问题解决能力和道德意识。

（3）企业合作

与企业合作是将职业道德教育融入国际商务课程思政的重要途径之一。通过与企业的合作，可以组织学生进行实地考察和企业实习。学生可以通过观察和参与企业的经营活动，了解企业在职业道德方面的实践和挑战。同时，鼓励学生提出建议和改进方案，促进企业的道德发展。通过与企业的交流和互动，学生可以更好地理解职业道德的重要性，并将其应用到实际工作中。

3. 后期评估阶段

在中期实施阶段完成后，需要进行后期评估，以评价教育效果，并进行相应的教学改进。这一阶段的目标是制定评价标准、选择评价方式，并通过评估结果来改进教学和提高教育质量。

（1）评价标准

制定评价标准是后期评估的首要任务。评价标准应该与教育目标相一致，明确职业道德教育的评价指标，可以包括学生的道德判断能力、决策能力、团队合作能力、跨文化沟通能力等方面。评价标准应该具有客观性、科学性和实用性，以确保评估结果的准确性和有效性。

（2）评价方式

在选择评价方式时，可以采用多样化的评价方式，以全面评价学生的职业道德素养和综合能力。例如，可以组织学生进行个人报告，让他们对职业道德问题进行深入思考和表达。此外，可以组织小组讨论和团队项目，以评估学生的团队合作和协作能力。同时，书面作业也是一种常见的评价方式，通过作业的完成情况，评估学生对职业道德的理解和应用能力。

（3）教学改进

根据评估结果，教师应及时调整课程内容和教学方法，不断改进教学效果。同时，与学生和企业进行沟通和交流，了解他们的反馈和需求，进一步完善职业道德教育的实施。教学改进是一个循环的过程，通过评估和调整，不断提高教学质量和教育效果。

第四章　国际商务课程思政建设的
现状及存在的问题

当前，我国高等院校在课程思政的建设方面取得了一些成绩，课程思政也逐步被师生所接受。然而，并不是所有的院校、专业课教师及国际商务专业学生都完全接受课程思政这一教育理念。究其原因，主要有：部分高等院校课程思政的管理制度不完善，国际商务专业课教师教育理论水平有待提高，部分大学生对知识传授与价值引领的认知不清晰等。基于此，需要对国际商务课程思政建设的发展状况进行分析，并且通过学习借鉴一些课程思政建设的成功案例，分析国际商务课程思政建设中出现的问题以及产生问题的原因，从而有效推动高等院校课程思政建设。

第一节　国际商务专业课程思政的现状分析

为了深入贯彻党中央的教育方针，落实立德树人理念，增强国际商务专业课程和思政课的协同效应，就需要对现阶段国际商务专业课程思政建设现状、存在问题进行深入了解，确定课程思政改革的重点和难点，从而实现国际商务课程思政内涵式发展，最终发挥国际商务专业课程思政建设育人效果。目前对于国际商务课程思政的研究主要围绕着课程思政的内涵、理论、问题及实现路径等若干核心问题展开。

（一）国际商务专业课程思政建设的成绩

在国际商务专业课程思政建设方面，部分高等院校采用了一系列措施，取得了一定的成果。

1. 课堂教学

教师们注重将课程思政与国际商务实践相结合，通过实践教学、案例分析等方式，提高学生的实践能力和综合素质。例如，教师们会安排学生进行实地考察、实践操作，学生可以通过参观企业、参加商务活动等方式，了解国际商务的实际运作情况，掌握商务实践技能。同时，教师们还会使用案例分析的方式，让学生通过分析实际案例，了解国际商务中的风险和挑战，培养学生的判断和决策能力。

2. 课程设计

教师们注重课程设计的思政导向，通过课程的设计，引导学生树立正确的世界观、人生观和价值观。例如，教师们会安排社会责任方面的教育，让学生了解企业社会责任的重要性，培养学生的社会责任感和公民意识。同时，教师们还会设置国际化课程，让学生了解国际商务的发展趋势和国际商务环境，培养学生的国际化视野。

3. 创新教学

教师们注重创新教学方法，通过多元化的教学方式，提高学生的学习兴趣和掌握能力。例如，教师们会使用信息技术手段，如网络课件、多媒体教学等，让学生更加深入地了解国际商务的基本知识和发展趋势。同时，教师们还会采用学生主动参与的教学方法，如讨论、研究、报告等，提高学生的学习热情和自主学习能力。

4. 学生实践

教师们注重学生实践能力的培养，通过各种形式的实践活动，提高学生的实践能力和综合素质。例如，教师们会组织学生参加各种商务活动，如商务会议、商务考察、国际商展等，让学生亲身体验商务实践，提高学生的实践能力。同时，教师们还会安排学生进行商务模拟，让学生通过模拟商务活动，锻炼商务实践能力和团队合作能力。

（二）国际商务专业课程思政建设的不足

尽管国际商务专业课程思政建设已经得到了重视，也取得一些成绩，但仍然存在一些问题。

1. 课程思政元素与国际商务专业课程的结合不足

在一些高校中，对课程思政建设不是很重视，导致课程思政元素与专业课程没有明显的联系。在国际商务专业中，由于专业课程涵盖的范围广泛，教师往往难以将课程思政元素与专业课程内容结合起来，使其更具有实际意义和指导性。因此，学生往往难以理解国际商务专业课程思政的重要性和实际意义，对国际商务专业课程思政的学习和理解产生抵触情绪。

2. 课程思政对国际商务专业课程的指导不足

在传统的教学模式中，国际商务专业课程与课程思政之间缺乏有效的衔接。这导致课程思政对国际商务专业课程的指导不足，无法帮助学生理解并应用课程思政中的理论知识和实践经验。这种情况下，学生难以将课程思政的理论知识和实践经验与国际商务专业课程相结合，从而影响到其对国际商务专业的理解和实践能力的提升。

3. 课程思政的方法与国际商务专业教育的需求不匹配

课程思政通常采用的是传统的讲授和阐述方式，而国际商务专业教育需要更多的实践和案例分析。因此，在课程思政与国际商务专业课程的结合中，教师需要采取更加接近实际的教学方法，以帮助学生更好地理解和应用课程思政中的理论知识和实践经验。

4. 学生对课程思政的学习态度和兴趣不高

在现实教育中，部分高校学生对课程思政存在误解，导致学生对国际商务专业课程思政的学习态度和兴趣不高。加之课程思政的内容较为抽象和理论化，这使得学生难以对其产生积极的学习态度和兴趣，从而影响到其对课程思政的认识和理解，在一定程度上限制了课程思政元素与国际商务专业课程的深度融合，从而抑制了课程思政作用的发挥。

总体而言，国际商务专业课程思政建设的现状并不理想。一方面，一些高校缺乏国际商务专业课程思政建设的意识。在高校中，部分国际商务专业教师和学生对课程思政建设的意义和重要性认识不足，缺乏对国际商务专业课程思政建设的重视和支持。另一方面，一些高校国际商务专业课程思政建设存在缺陷。部分高校存在国际商务专业课程思政建设内容过于单一、缺乏实践性，教师思想政治素养不够等问题，使得国际商务专业课程思政建设难以起到应有的作用。此外，一些高校国际商务专业课程思政建设还面临着教师队伍建设、课程评估体系建设等方面的困难。只有通过不断改进和创新，才能更好地实现思政课程与国际商务专业课程的有机结合，为国际商务专业学生的全面发展和成长提供更加全面的支持和帮助。

第二节　高校课程思政建设案例选择及建设情况研究

近年来，在课程思政建设的实践过程中，有许多高校能够主动积极去寻求课程思政的建设方法，并且这些高校能够结合自身的发展特点去创造一个新的学习教育方式，从而进一步发挥课堂教学的重要作用。本节通过选取一些高校不同类型的课程作为研究案例，研究其在课程推进过程中能够借鉴的一些经验，以便探寻高校课程思政建设的对策建议。

一、高校课程思政建设案例分析

在推进课程思政教学改革中许多高校形成了自己的特色，以复旦大学、上海师范大学、北京联合大学、河北经贸大学为例，分析研究高校课程思政建设过程的特点和经验。

首先，复旦大学作为一所综合类大学，课程思政建设中工科类专业的代表课程是"有机化学"，这所高校的主讲教师将我国古代有机物质的提取和制作的方法与当代以屠呦呦为代表的中国科学家对有机化学学科的贡献相结合融入课堂教学中。主要是用真实的、具体的爱国精神去感化学生，这个过程并不局限于有机化学，而是从有机化学中跳脱出来，通过从"有机化学"课程中去发现一些具有感染力和说服力的思想政治教育资源，引领学生去热爱科学，并且能够主动承担起推动科学进步、保护人类健康的神圣使命。

其次，上海师范大学作为一所师范特色高校，其"文化遗产保护与开发"是课程思政建设中人文社会科学类的代表课程，它主要是以"传承、创新、自信"为课程建设的核心价值观，认真落实三维目标，并且将教学大纲的 18 周中的每一周都进行了三维目标的设定并且层层落实，将学生创新意识与文化自信的培养作为主要目标。教师们在讲授"非物质文化遗产保护的意义及面临的问题"这一知识点时，主要是希望能够通过采取"引入 + 启发 + 延伸"的教学方法，从南北方人的饮食文化差异的角度引领大家对文化的认识和赞同，从而让学生们知道非物质文化遗产保护的重要性。

再次，北京联合大学在推进课程思政建设过程中进行了积极的探索。学校的教师通过把艺术与生活结合在一起，从而去激发学生对思想、生活、艺术三者关系的思考，让学生认识到想要把表演学好，不仅仅要学习表演技巧，而且还要提升自身德育素质，实现综合素质的全面提高。为了提升专业课教师的思政知识储备，提升个人素养，学校举办了课程思政教学设计大赛、创新教师培养方式等多种形式的活动，从而使更多教师能够参与到课程思政建设过程中来，肩负起德育育人的初心和使命。除此之外，该校还将课程思政的具体要求写入课程教学大纲，通过教学大纲将课程思政建设深化于心，真正落实下来。

最后，河北经贸大学通过抓住主题教育的良好时机，举办了以"担当新使命 开启新征程"为主题的音乐党课，其主要目的在于通过对含有红色元素的音乐作品进行更深层的分析和挖掘，能够让学生身临其境地体会到，那个时代的烈士们抛头颅、洒热血的英勇精神，从而坚定学生拥护党、忠于党的决心，同时也让学生珍惜当前所拥有的一切，为祖国的建设贡献一份自己的力量。

此外，高校对课程思政继续进行更深入的探索，使试点课程的内容和形式不断丰富，将课程思政建设落实到每一个师生，使课程思政更好地贴近学生真实生活，在学懂、弄通、做实上下功夫。

二、从高校课程思政建设案例中汲取经验

高校在课程思政建设过程中，通过不断丰富课程的呈现形式，让其充分发挥榜样的力量，能够最大限度地激发学生的学习兴趣，更好地把课程思政的内容展现出来，做到不僵化、不生硬、接地气，使学生在提高专业素养的同时，能够吸取榜样的优秀品质，从而促进其全面发展。

（一）充分发挥教师的主体作用

1.教师的主体作用的意义和基础

教师是教育事业中最重要的主体，其主体作用的充分发挥对于教育事业的发展具有重要意义。教师是学生的引路人，是学生成长中的重要导师，是学生的知识传授者和价值观引领者。教师的主体作用是指教师在教育教学过程中充分发挥自身的主动性、创造性和责任感，以引导学生全面发展，促进学生的素质提高和人格完善。教师是教育教学活动的核心，决定着教育质量的高低。只有充分发挥教师的主体作用，才能够实现教育事业的良性循环和可持续发展。

教师发挥主体作用的基础在于教师的专业素养和教育观念的更新。教师的专业素养包括教学知识和教育技能的掌握、教学经验的积累、教育研究和自我反思的能力等。只有具备扎实的专业素养，教师才能够在教育教学活动中熟练运用相关知识和技能，更好地满足学生的学习需求。同时，教育观念的更新也是发挥教师主体作用的基础。随着时代的发展和社会的进步，教育观念也在不断变化和更新。教师需要不断学习和思考，及时更新自己的教育观念，以适应社会的变化和学生的需求。

2.充分发挥教师主体作用的途径和措施

第一，需要改进传统的教学模式，推行以学生为中心的教学理念。教师应该积极引导学生参与课堂教学活动，激发学生的学习兴趣和主动性。教师可以通过采用启发式教学、合作学习等教学方法，引导学生进行探究和实践，培养学生的创造思维和解决问题的能力。此外，教师还应该注重培养学生的自主学习能力，通过开展自主学习活动和提供学习资源，培养学生的学习动

机和学习策略，使学生能够主动参与学习，发挥自己的主体作用。

第二，教师还需要加强自身的专业素养和教育研究。教师应该不断学习和更新教学知识和教育理论，提高自己的教学水平和能力。教师可以通过参加专业培训、教育研讨会等活动，了解最新的教育理念和教学方法，与同行进行交流和分享。同时，教师还应该积极参与教育研究，通过教育实践和反思，探索教育教学中的问题和解决方案，推动教育教学的改革和创新。

3. 营造良好的教育环境和氛围，发挥教师的主体作用

要充分发挥教师的主体作用，还需要有一个良好的教育环境和氛围，支持教师的专业水平的提升和教育教学的改革创新。学校应该加强对教师的培训和管理，提供良好的教育资源和教育设施，为教师的教学工作提供支持和保障。同时，学校还应该鼓励教师参与教育研究和教学改革，为教师提供研究和创新的平台和机会，激发教师的创造力和积极性。此外，学校还应该加强与家长和社会的合作，形成家校共育的良好局面，共同关注学生的成长。

政府和社会也应该加强对教师的支持和关心，为教师的职业发展提供保障和支持。政府应该加大教育投入，提高教师的待遇和福利，提供更好的教育资源和教育条件，为教师的教学工作提供保障。社会应该加强对教师的尊重和赞扬，树立良好的教师形象，为教师的职业发展提供舞台和机会。只有政府、学校和社会共同努力，才能够充分发挥教师的主体作用，推动教育事业的发展。

教师的主体作用的充分发挥对于教育事业的发展具有重要意义。教师发挥主体作用的基础在于教师的专业素养和教育观念的更新。要充分发挥教师的主体作用，需要改进传统的教学模式，推行以学生为中心的教学理念，加强自身的专业素养和教育研究。同时，还需要有一个良好的教育环境和氛围，支持教师的专业发展和教育教学的改革创新。政府、学校和社会应该共同努力，为教师的主体作用的充分发挥提供支持和保障。只有这样，才能够实现教育事业的良性循环和可持续发展。

（二）注重课程内容的育人性

教育的目标是培养学生全面发展，而课程作为教育的重要组成部分，对

于学生的发展起着至关重要的作用。注重课程内容的育人性，即通过合理选择和设计教学内容，培养学生的思维能力、品德素养和创新能力，使他们在学习的过程中得到全面的发展和成长。本书从课程内容的育人性的重要作用、实现课程内容育人性的方法和策略以及课程内容育人性的评价等方面进行探讨。

1. 课程内容的育人性的重要作用

第一，注重课程内容的育人性有助于培养学生的思维能力。教育的目标之一是培养学生的思维能力，而课程内容作为教学的核心，直接关系到学生的思维发展。通过合理选择和设计课程内容，可以激发学生的思考和探究欲望，培养他们的分析、判断和解决问题的能力。例如，在数学课上，可以引入一些生活中的实际问题，让学生通过数学的知识和方法进行求解，从而培养他们的数学思维能力。

第二，注重课程内容的育人性可以培养学生的品德素养。课程内容不仅仅是知识的传授，更应该注重培养学生的道德和价值观念。通过选择和设计具有道德教育意义的课程内容，可以引导学生形成正确的价值观念和道德品质。例如，在语文课上，可以选取一些具有深刻人生哲理的文学作品，通过阅读和讨论，引导学生思考人生的意义和价值，培养他们的道德情操和人文精神。

2. 实现课程内容育人性的方法和策略

首先，要注重跨学科的整合。不同学科之间存在着密切的联系，通过将不同学科的知识和技能进行整合，可以提供更丰富和有意义的学习体验。例如，在历史课上，可以结合地理、文学等学科的内容，让学生更全面地了解历史事件的背景和影响，培养他们的综合思维能力。

其次，要注重问题导向的教学。问题导向的教学是一种以问题为核心的教学方法，通过提出问题激发学生的学习兴趣和主动性，引导他们进行自主学习和探究。例如，在实验课上，可以提出一个实际问题，让学生通过实验和观察来解决问题，从而培养他们的科学探究能力和创新思维能力。

最后，要注重情感教育的渗透。情感教育是培养学生情感态度和情绪管理能力的教育方式，注重课程内容中的情感因素，可以培养学生的情感品质和社会情感。例如，在艺术课上，可以通过欣赏和表演艺术作品，引发学生对美的情感体验，培养他们的审美情趣和情感表达能力。

3. 课程内容育人性的评价

评价是课程内容育人性的重要环节，通过科学有效的评价可以了解学生的学习效果和发展情况。在评价课程内容育人性时，应该注重综合评价和多元化评价。综合评价是综合考虑学生的知识、思维、情感和品德等方面的发展情况，通过多种评价方式和工具进行评价。多元化评价是指采用多种评价手段和方法，包括作业、测试、项目、观察等，以全面了解学生的学习情况和发展水平。

此外，评价课程内容育人性还需要注重过程评价和结果评价的结合。过程评价是对学生学习过程中的表现和参与程度进行评价，结果评价是对学生学习成果和能力发展的评价。通过结合过程评价和结果评价，可以更全面地了解学生的学习过程和学习成果，从而为进一步改进课程内容提供有针对性的建议和措施。

注重课程内容的育人性对于学生的全面发展具有重要意义。通过合理选择和设计教学内容，可以培养学生的思维能力、品德素养和创新能力。实现课程内容的育人性需要采取跨学科整合、问题导向教学和情感教育的方法和策略。评价课程内容育人性应注重综合评价和多元化评价的结合。同时结合过程评价和结果评价，可以全面了解学生的学习过程和学习成果。通过注重课程内容的育人性，可以为学生的全面发展和成长提供有效的支持和指导。

（三）增强课程实践性

课程思政建设是高校教育中至关重要的一部分，旨在通过课程设置和教学方法，培养学生的思想道德素养和创新能力。然而，传统的课堂教学往往偏重理论知识的灌输，缺乏实践性和体验性，难以激发学生的学习兴趣和主动性。因此，本书从三个方面探讨课程思政建设中实践性的重要性，包括实践项目的设计、教学方法的创新和学生参与的促进。通过这些探讨，可以为课程思政建设的实践性提供一些有益的思考和建议。

1. 实践项目的设计

课程思政建设应该注重实践项目的设计，通过实践项目的设计和实施，让学生能够将所学的思政知识应用于实际生活中。实践项目可以是社会实践、实地考察、实习等，通过参与这些项目，学生可以深入了解社会问题，提出解决方案，并将其应用于实践中。实践项目还可以培养学生的实际操作能力和解决问题的能力，提高他们的综合素质。因此，课程思政建设应该注重实践项目的设计，为学生提供丰富的实践机会。

2. 实践教学方法的创新

课程思政建设还应该注重教学方法的创新，通过采用多种教学方法，激发学生的学习兴趣和主动性。传统的课堂教学往往以教师为中心，学生被动接受知识，难以激发学生的思考和创新能力。因此，教师可以采用问题导向的学习方法，引导学生主动思考和解决问题；可以采用案例分析的方法，让学生通过分析实际案例来理解和应用思政知识；可以采用讨论和辩论的方法，激发学生的思辨能力和表达能力。通过这些教学方法的创新，可以增强课程的实践性和体验性，提高学生的思想道德素养和创新能力。

3. 学生积极参与实践教学

学生的参与是课程思政建设实践性的重要保证。学生参与可以通过课堂讨论、小组活动、实践项目等形式实现。学生参与可以激发他们的学习兴趣和主动性，提高他们的思辨能力和创新能力。课堂讨论可以让学生积极参与讨论，发表自己的观点，提高他们的思维能力和表达能力；小组活动可以培养学生的团队合作能力和创新能力，通过小组项目的设计和实施，让学生在实践中学习和成长；实践项目可以让学生亲身参与社会实践，提高他们的实际操作能力和解决问题的能力。因此，学生的参与是课程思政建设实践性的重要保证。

课程思政建设应该注重课程的实践性，通过实践项目的设计、教学方法的创新和学生的参与，培养学生的实际操作能力和解决问题的能力，提高他们的思想道德素养和创新能力。教育界应该重视课程思政建设中的实践性，为学生提供丰富的实践机会和创新的教学方法。通过这些努力，可以培养出更多具有高度思想道德素养和创新能力的优秀人才，为社会的发展作出贡献。

（四）引入新的教学方法

随着时代的发展和社会的进步，高等教育的任务不仅是传授专业知识，更是培养学生的思想道德素养和社会责任感。为了更好地实现课程思政的目标，引入新的教学方法是非常必要的。传统的教学方法以讲授为主，学生被动接受知识，缺乏互动和思辨的机会。而现代教学方法强调学生的主体地位，注重培养学生的创新思维和批判精神，从而更好地实现课程思政的目标。

1. 新的教学方法的内容和特点

引入新的教学方法主要包括以下几个方面的内容和特点。首先，注重激发学生的学习兴趣。通过设计生动有趣的教学内容和形式，激发学生的学习兴趣，提高学习的主动性和积极性。其次，注重培养学生的创新思维和批判精神。通过启发式教学、问题导向教学等方法，引导学生通过思考和实践来解决问题，培养学生的创新思维和批判精神。再次，注重培养学生的合作能力和实践能力。通过小组合作学习、实践教学等方式，培养学生的合作能力和实践能力，使他们能够在实际工作中灵活运用所学知识。最后，注重培养学生的社会责任感。通过社会实践、志愿者活动等方式，引导学生关注社会问题，培养他们的社会责任感和公民意识。

2. 新的教学方法的实施和效果评估

为了引入新的教学方法，需要从教师和学生两方面进行努力。教师需要更新教学理念，提高教学能力，掌握新的教学方法，并将其应用于课程思政的教学中。学生需要主动参与学习，积极思考和实践，发挥自己的主体作用。在教学实施的过程中，可以通过教学观察、学生评价等方式对教学效果进行评估。评估结果可以反馈给教师，帮助他们改进教学方法，提高教学质量。

引入新的教学方法对于课程思政建设具有重要的意义。通过新的教学方法，可以更好地实现课程思政的目标，培养学生的思想道德素养和社会责任感。同时，引入新的教学方法也需要教师和学生的共同努力，只有教师和学生积极参与，才能取得良好的教学效果。

（五）加强课程评估体系建设

随着高等教育的发展和改革，课程思政建设在高校教育中扮演着越来越重要的角色。为了确保课程思政的质量和效果，完善评估体系是非常必要的。传统的评估方法以考试成绩为主，忽略了对学生思想道德素质的全面评价。而现代评估体系应该注重对学生思政能力和素养的评估，以更好地促进课程思政的发展和实施。

1. 完善评估体系的内容和特点

完善评估体系应该包括以下几个方面的内容和特点。首先，注重全面评价学生的思政能力和素养。除了传统的考试成绩，还应该考查学生的思辨能力、创新能力、社会责任感等方面的表现。其次，注重多元评价方法的应用。可以采用问卷调查、小组讨论、案例分析等方式，收集学生的意见和反馈，以及教师的评价，形成多维度的评估结果。最后，注重评估结果的反馈和利用。评估结果应该及时反馈给教师，帮助他们改进教学方法和内容，提高课程思政的质量和效果。

2. 完善评估体系的实施和效果评估

为了完善评估体系，需要从教师和学生两方面进行努力。教师需要更新评估理念，了解和掌握多元评估方法，将其应用于课程思政的评估中。学生需要积极参与评估活动，提供真实和有效的反馈意见。在评估实施的过程中，可以通过学生评价、教师观察等方式对评估效果进行评估。评估结果可以反馈给教师和学生，帮助他们改进教学和学习方法，促进课程思政建设的发展。

完善评估体系对于课程思政建设具有重要的意义。通过完善评估体系，可以更全面地评价学生的思政能力和素养，提高课程思政的质量和效果。同时，完善评估体系也需要教师和学生的共同努力，只有教师和学生积极参与，才能取得良好的评估效果，促进课程思政建设的不断发展和完善。

第三节 国际商务课程思政建设中存在的问题

新时代下，思想政治教育的布局已由"传统思想政治理论课程发展到以课程思政为新增点的'大思政'格局"。国际商务课程思政涉及多个层面，包括高校层面、专业课教师层面、大学生层面等。总体而言，我们在国际商务课程思政的建设中取得了初步成效，但是仍然存在着"形式大于内容，结构大于功能"的问题，主要表现在以下几个方面。

一、国际商务课程思政教育授课方式缺乏创新性

课程思政是一项系统性工程，旨在使国际商务课程担负起德育育人职责。但是，部分高校管理层面，只做了表面工作却没有实际行动，在缺乏考核要求的背景下，缺乏课程思政探索动力。从国际商务专业课教师与思政课教师的视角考虑，教师所运用的方法比较老化没有创新，甚至很多时候是直接套用，形式僵化，难以取得新的成效。调动国际商务课程的育人积极性主要通过会议、讲座等形式，进行思想上的感化和经验分享。另外，还通过开展第二课堂活动激发师生的积极性，但是在具体的实施过程中，很多国际商务课程的第二课堂都只是一个形式，单纯为了应付任务，根本没有实际效果。此外，国际商务课程各教育主体不合作和软对立的状态常常存在。所以，国际商务课程思政教育授课方式缺乏创新性是国际商务课程思政建设过程中重要的问题。

究其原因，主要是部分高等院校不重视课程思政建设，导致课程思政的管理制度不健全。所以，在课程思政建设中，高等院校首先要完善管理制度。但是，就当前的情况来看，部分高等院校只是将课程思政作为课程改革和教育教学的一个任务落实到各个二级学院分散推进，而没有从实际的教育高度对高等院校育人工作做一个整体性的规划和统筹设计，从而出现了不知"由谁来领导"的问题。高等院校党委领导下的其他行政部门和组织在一定程度上虽然也具有主体资格，但是，在高等院校课程思政管理主体系统中，他们只能处于次要部分。因此，高等院校需将"课程思政建设摆在关乎党的建设、

党的事业兴衰成败、国家前途命运的高度",建立党委领导的管理制度。

二、国际商务专业课程与思想政治教育融合程度有待提升

首先,对国际商务专业课程的思想政治教育功能认识不全面,没有树立好"全课程育人"的教学理念。在国际商务课程思政教学改革过程中存在一系列的问题,一些学生和教师认为国际商务专业课程与思政课程各自具有明确的分工,应该各司其职,将二者分离开来。这一做法主要是因为当前高校长期形成的育人格局,在课程分配方面都默认国际商务专业课程负责智育,思政课程负责德育,二者之间互不干扰,从某个方面强调了思政课程的高校思想政治教育的主渠道作用,而把国际商务课堂所承载的思想政治教育的功能忽视了。

其次,国际商务专业课程思政人才培养体系与德育育人目标偏离。高校的教育工作一直都围绕人才培养展开,不同专业对于人才培养的具体要求不同,但培养德智体美劳全面发展的人是各个专业的总目标。然而,从现在的状况来分析,国际商务专业课程制定的人才培养体系中存在一些问题,例如在实施中忽视了促进学生全面发展的总目标,削弱了课程的思想政治教育功能,仅仅只是将思想政治教育当作一门课的任务来完成。在教学目标的落实上,没有突出价值引领的目标,只是强调专业知识传授与专业技能培养,导致课程育人目标比较窄,造成知识、能力与价值三维目标的分割,使专业人才培养体系只停留在表面,没有落实到行动,这与国际商务课程思政的建设目标背道而驰。

最后,对国际商务专业课程所蕴含的思政资源运用不够准确。在国际商务课程思政教学中,课程思政实效性的重要前提是思想政治教育资源的有效利用。但就目前情况来分析,部分高校由于在改革方面没有创新意识,思政资源运用不够准确,从而使国际商务课程思政教学深受传统教学方法的影响。部分院校只是把思想政治教育元素放到国际商务专业课教学中,采用"照本宣科""照猫画虎"的灌输式课堂教学模式,只注重理论知识传授,而忽视了实践教学,没有把理论与实际联系在一起。课堂上没有活跃的氛围,只是采用学生集体回答的形式,学生之间没有互动,只是把第二课堂照搬进来,没

有自己的教学特色，学生在学习过程中缺乏自主性。国际商务课程思政的教学内容太过于抽象化，没有把专业课程背景与学生生活实际联系起来，选取的教学案例不仅老化无趣，还缺少现实意义。对现代信息技术了解不清楚导致运用不够熟练，没有发挥互联网在线教学便捷的功能优势。

三、部分教师的育人意识和能力不强

课程思政作为思想政治理论课改革和课程育人的新理念，在全国范围内展开推进。《高等学校课程思政建设指导纲要》指出："全面推进课程思政建设，教师是关键。要推动广大教师进一步强化育人意识，找准育人角度，提升育人能力，确保课程思政建设落地落实、见功见效。"然而，国际商务课程思政在建设的过程中，部分专业课教师存在教育学生的观念错位、教育学生的能力有待加强、没有找准育人的侧重点等问题，从而导致课程思政的效果不明显。因此，为了课程思政的改革更加有实效性，国际商务专业课教师应当在育人观念、育人能力和育人角度方面多做工作。目前，国际商务专业课程教师的育人意识和能力有一些问题，具体表现在以下几个方面。

第一，部分教师育人的意识能力不强，对课程思政理念的理解有所欠缺。部分教师忽视了教学过程中思想价值的引导，误认为一个学生的价值塑造和德行的培养等是思政专业教师的主要工作，而其他专业的老师只需要教好学生知识和培养学生能力就可以了。还有部分教师误认为自己所传授的知识只是需要突出自己的专业，不需要有立德树人和价值引领的效果。正是由于这些认识和教育习惯，在一定程度上造成了国际商务课程思政"孤岛化""表层化"等问题。也因此，有些国际商务专业课教师对课程思政不够了解，没有理解"师者，传道受业解惑也"的真正含义，忽视了课程思政对立德树人的重要价值。总而言之，课程思政教学理念和实践活动并没有深入每一位国际商务专业课教师的心中，因此，国际商务专业课教师的育人观念应该要有所提高。

第二，部分高校的国际商务课程思政教师缺乏系统的培训。当前高校教师招聘过程中大家都比较看重其专业的知识能力，而对教师是否具备在课程教学中开展思想政治教育的能力没有要求，导致教师在专业教学过程中开展课程思政的积极性逐渐降低。为了提高教育质量，有必要对这些国际商务教师进行系统的课程思政培训。培训内容可以包括思政理论知识的学习、教学方法的培训、实践经验的分享和交叉学科的培训等。培训方式可以采取集中培训、研讨会、在线学习等形式。通过这样的培训，可以提高国际商务课程思政教师的教学水平，为学生提供更优质的教育。

第三，国际商务专业教师从事课程思政的经验比较少，育人能力还有待提高。部分国际商务专业课教师在思想政治理论掌握方面是没有优势的，因此，在课程思政教学实践中往往难以做到得心应手。另外，受专业知识优先的教学观念的影响，国际商务专业课教师习惯于把教学重点放在专业技术领域上，忽视以价值塑造引导专业知识学习，导致了思想政治教育与专业知识培育不能并肩同行的结果，偏离了高校立德树人的初心。

四、学生对国际商务课程中引入思政元素难以理解

国际商务课程是现代商务教育的重要组成部分，旨在培养学生的国际商务意识和跨文化交际能力。随着时代的发展，社会对大学生的综合素质要求越来越高，不仅需要具备专业知识和技能，还需要具备正确的价值观和思想道德素养。因此，引入思政元素成了国际商务课程改革的一项重要举措。然而，学生对于国际商务课程中引入思政元素难以理解的问题也是存在的。主要表现在以下几个方面。

首先，学生对思政元素的概念理解不清。学生在接触国际商务课程之前，可能没有系统学习过相关的思政课程或政治理论知识。因此，他们对于思政元素的概念和内涵缺乏清晰的认识。他们可能对思政元素的含义和作用存在模糊和片面的理解。思政元素通常涉及一些抽象的概念和理论，例如社会主义核心价值观、政治信仰等。对于学生来说，这些概念可能比较难以直观理解和应用。他们可能觉得这些概念离自己的实际生活和学习较远，难以与国际商务课程联系起来。学生在学习国际商务课程时，往往更关注商业经济领域的知识和技能，而对于思政元素的重要性和作用不够重视。他们可能

认为思政元素与国际商务课程无关，或者只是附带的一部分，不需要过多关注和理解。

其次，学生对于思政元素与国际商务课程的关系理解不准确。有些学生将思政元素仅仅局限于政治思想、政治学科等方面，而忽略了思政元素的跨学科性质。实际上，思政元素是综合运用哲学、政治学、经济学、法学、社会学等多学科知识和思想方法来分析和解决具体问题的一种综合能力。部分学生将国际商务课程仅仅视为经济学科的一部分，忽略了该课程与政治、法律、伦理等方面的关联。国际商务课程涉及国际经济合作、贸易法律、商业伦理等多个方面，思政元素在其中起到了重要的指导作用。部分学生对思政元素在国际商务课程中的具体应用和案例缺乏了解，导致他们难以将其与实际问题联系起来。在教学中，可以通过引入实际案例、行业报告、企业访谈等形式，帮助学生理解思政元素在国际商务中的具体应用。

再次，学生对于思政元素的实际运用难以理解。学生在学习思政元素时，往往只停留在理论层面，缺乏实际案例的引导。思政元素的实际运用需要结合具体的案例和实践，通过实际问题的分析和解决，才能更好地理解和应用思政元素。思政元素的实际运用需要学生将理论与实践相结合，但目前教学往往存在理论与实践割裂的问题。学生接收到的思政教育更多是理论知识的传授，缺乏实践环节的引导，导致学生难以将所学的思政元素应用到实际问题中。学生对于实际问题的认知不足，往往将思政元素与现实问题割裂开来，难以将其应用到实际场景中。学生需要通过实际问题的分析和解决，提高对实际问题的认知和理解，才能更好地运用思政元素。

最后，学生对于思政元素的深层次内涵理解不足。学生对于思政元素的理解往往停留在表面，只注重对其表面概念和定义的记忆，而忽视了其深层次的内涵。这可能是由于教学过程中注重知识灌输，而缺乏对思政元素内涵的解读和讲解。学生对于思政元素的概念理解模糊不清，往往只停留在表面的概念理解，而无法深入探讨其深层次的内涵。例如，对于"社会主义核心价值观"的理解，学生可能只知道它包括爱国、敬业、诚信等几个方面，但缺乏对于这些价值观的深层次含义的理解。学生缺乏思辨能力，无法深入思考思政元素背后的意义和价值，往往只是停留在表面的接受和记忆，而无法进行深层次的思考和分析。这可能与学生的思维方式和思维习惯有关，也与教学方法和环境有关。

第四节　国际商务课程思政建设的路径探索

当前，国际商务课程思政建设出现了一些较难的问题需要我们去解决，这些问题主要是在高校管理、课程、教师和学生这四个方面，虽然这些问题较难，但是我们分析解决这些问题，能够帮助我们不断优化课程思政的改革体系，让它形成一种动力，进一步提升育人的效果。国际商务课程思政建设涉及课程较多，因此，我们需要提前对这些课程有一个较为全面的计划，同时针对每一个教学活动有一个独特的应对措施。

一、如何建立行之有效的管理机制

首先，需要树立课程思政理念，提升课程思政意识。因为课程思政理念在高等院校中还没有全面宣传与践行，导致一些高校教育主体处于课程思政教学理念的了解阶段，教学效果在各个高校中的发展都不同。国际商务课程思政要思考课程思政由谁来作领导核心，怎么去领导，以及怎样使被领导的人主动去接收和认真学习并且把课程思政的核心理念贯彻好，要把学校的独特点与试点高校的优秀经验结合在一起，这些都是树立和发挥课程思政理念、指导课程思政建设所要面临的比较复杂的问题。基本理念能够更加有效地传递给国际商务专业学生的核心在于教育的主导人把课程思政理念与课堂、教材贯彻为一体。一个好的理念是指引实际行动的方向，要想把课程思政的效果体现出来就要有一个核心理念，所以，我们在开始管理高校的时候就要掌握课程思政的主导权，为后面的工作做好准备，在过程中全方面贯彻课程思政的核心理念。

其次，在建设课程思政理念的基础上，应该怎样将课程思政入脑入心。如何制订合适的人才培养方案并组织国际商务专业课程建设和改革，如何提高教育教学质量，怎样才能更好发挥其作用，这些问题都是需要我们去解决的。推动国际商务课程思政建设需要高校领导核心有明确的地位，把课程思政落实到各级管理主体，并在各个院系中搭建了解信息的桥梁，帮助各院系共同去创新，做好各类课程的育人协助工作。从目前状况来看，高校思想政治教育任务大家大多默认为马克思主义学院或哲学社会科学这些学科的主要工作，而其他院系和部门只需要按要求完成工作就可以了，当我们把课程思政落实到实际院系主体中时，可能会出现一些抵触心理，容易致使"置若罔闻"的问题出现，这不仅影响专业课程的思政效果，也影响了各学院交流学习。因此，要想国际商务课程思政能够有效传递，形成一股团结的力量，这对各级管理主体的组织和操作能力的要求是非常高的，同时也考查着各级管理主体之间的协作能力，考验着各级管理主体对育人工作有没有坚定的决心。

最后，国际商务课程思政的高校管理层面还应该考虑如何制订一个完善的计划，实现课程思政的评价工作。国际商务课程思政需要宏观评价和微观评价的共同运用得出一个结果，宏观评价是对推进课程思政建设的整体的评价，微观评价是对课程思政的实施主体的评价。国际商务课程思政的评价主体包括课程、教师和学生三个方面，还包括课程开发与设计的实际情况、教师课程教学的育才意识和才能、学生思想与价值观念的影响效果等，这些都需要进行评价才能给出改进的建议和引导的方向。若把课程思政宏观与微观的效果表现出来，就需要做不少的工作，也需要采取比较有成效的评定方法，需认真分析评定的内容，保证评定的可靠性。国际商务课程思政管理层面的一个中心环节是要有好的循环，评定结果和问题反馈要真实可靠。

二、如何构建全课程思政教学体系

国际商务课程思政建设的突破点是课程。怎么建立一个全课程育人体系，怎么发挥国际商务课程思政教育功能，在于课程思政在课程改革的重要环节要把国际商务课程的思政资源深入地挖掘出来。构建课程思政全课程教学体系需要全面考虑教学目标、教学内容、教学方法、教学资源和评价体系等方面的因素。

在教学目标方面，应当明确培养学生的政治素养、社会责任感、道德品质和创新能力。首先，培养学生的政治素养。政治素养是指学生具备正确的政治思想、政治理论和政治实践能力，能够理解和分析国家的政治制度、政策与决策，了解国家的发展战略和政治形势。其次，培养学生的社会责任感。社会责任感是指学生对社会问题有较高的敏感度，能够关注社会热点和公共利益，具备批判性思维和社会参与能力，能够积极参与社会实践和公益活动。再次，培养学生的道德品质。道德品质是指学生具备正确的道德观念、道德情感和道德行为，能够树立正确的价值观，遵守社会道德规范，具备良好的品行和人际关系。最后，培养学生的创新能力。创新能力是指学生具备独立思考、解决问题和创新实践能力，能够运用所学知识和技能解决实际问题，具备创新精神和创业意识。通过设定这些教学目标，可以引导教师在教学过程中有针对性地选择教学内容和教学方法，以实现教学目标的达成。

在教学内容方面，应当涵盖政治、经济、文化、社会等多个领域的知识，并与学生的专业课程相结合。首先，政治思想理论。学生应当学习马克思主义的基本原理和思想方法，了解中国特色社会主义理论体系，了解中国共产党的历史和党的理论建设，以及国际政治和国际关系的基本理论。其次，经济学和管理学。学生应当学习基本的经济学理论和管理学原理，了解市场经济的基本规律，学习企业管理和组织管理的基本知识，培养良好的财务素养和管理能力。再次，文化和社会科学。学生应当学习中国传统文化和世界文化的基本知识，了解中国的历史、文化、艺术和哲学，学习社会学、心理学、法学等社会科学的基本理论，培养广泛的人文素养和社会科学素养。最后，专业课程的思政教育。思政课程应当与学生的专业课程相结合，通过选取与专业相关的案例和问题，引导学生将思政理论与专业实践相结合，提高学生的综合素质和专业能力。通过确定这些教学内容，可以使思政课程既具有理论性和学科性，又具有实践性和应用性，更好地满足学生的学习需求。

在教学方法、教学资源和评价体系方面，应当灵活运用多种教学方法，储备优质的教学资源，建立科学有效的评价体系。教学方法方面，思政课程的教学方法应当灵活多样，包括讲授、讨论、研讨、案例分析、实践教学等多种形式。通过多种教学方法的运用，可以激发学生的学习兴趣，提高教学质量。教师应当根据学生的特点和教学目标选择适合的教学方法，并注意激发学生参与和互动的热情。

教学资源方面，构建思政全课程教学体系需要储备一批优质的教学资源，包括教材、课件、教学案例、教学视频等。这些教学资源应当具有权威性和实用性，能够满足学生的学习需求。教师可以通过教学资源的选择和开发，支持和丰富教学内容，提高教学质量。评价体系方面，构建思政全课程教学体系需要建立科学有效的评价体系，对学生的思政素质和综合能力进行评估。评价方法可以包括考试、论文、课堂表现、实践报告等多种形式，以全面客观地评价学生的学习成果。评价体系应当与教学目标相匹配，能够促进学生的积极参与和深入思考，激发学生的学习动力。通过综合运用合适的教学方法、丰富的教学资源和科学的评价体系，可以不断改进和优化教学过程，提高思政课程的教学质量和教学效果。

三、如何发挥好教师这一关键主体的作用

教师是国际商务课程思政改革的关键。当前，国际商务课程思政教师队伍所要解决的主要问题是转变传统教学的观念，不断提高思政水平，提升共同协作能力。

首先，提高教师专业素养。教师是教育教学工作的关键主体，其专业素养的提高对于发挥好教师这一关键主体的作用至关重要。首先，教师应具备扎实的学科知识和教学技能。他们应不断学习和更新自己的知识，与时俱进，提高自己的学科水平。其次，教师应具备良好的教育教学理念和方法。他们应关注学生的全面发展，注重培养学生的创新思维和实践能力，采用多样化的教学方法，激发学生的学习兴趣和积极性。同时，教师还应注重自身的职业发展和专业成长，参加教育培训和学术研讨，不断提升自己的教育教学水平。

其次，建立良好的师生关系。教师发挥好关键主体的作用，还需要建立良好的师生关系。教师应关心学生的成长和发展，尊重学生的个性，建立起平等、互信、尊重的师生关系。教师应积极倾听学生的意见和建议，关注学

生的需求和困惑，给予他们关心和支持。同时，教师还应注重对学生进行个别化的教育，根据学生的特点和需求，制订个性化的学习计划和教育方案，帮助他们充分发展潜能，实现自我价值。通过建立良好的师生关系，教师能够更好地了解学生的需求和问题，提供有效的教育教学服务，发挥好关键主体的作用。

最后，激发学生的学习潜能。教师发挥好关键主体的作用，还需要激发学生的学习潜能。教师应注重培养学生的学习兴趣和动力，通过激发他们的主动性和创造性，推动学生积极参与到学习中去。教师应根据学生的学习特点和需求，采用多样化的教学方法和手段，使学生能够主动参与课堂活动，积极思考和探索，培养他们的创新思维和实践能力。教师还应及时给予学生正面的鼓励和肯定，帮助他们建立自信心，激发他们的学习潜能。通过激发学生的学习潜能，教师能够更好地引导学生的学习，发挥好关键主体的作用。

要发挥好教师这一关键主体的作用，教师应提高自身的专业素养，建立良好的师生关系，激发学生的学习潜能。只有在教师专业素养不断提高的基础上，才能更好地指导学生的学习；只有在良好的师生关系的支持下，才能更好地理解学生的需求和问题；只有通过激发学生的学习潜能，才能更好地引导学生的学习。这样，教师才能真正发挥好关键主体的作用，为学生的全面发展和个人成长提供有效的教育教学服务。

四、如何将课程思政成效落实到学生

国际商务课程思政改革的成效要落实到学生，帮助学生成为德智两全的有用之人。分析每个学生成长背景的独特性，把握好学生思想的独特性是推进国际商务课程思政建设的一个出发方向。

首先，培养学生正确的世界观、人生观和价值观。将课程思政的成效落实到学生，需要培养学生正确的世界观、人生观和价值观。教师在课堂教学中应注重思政要素的渗透，通过案例分析、讨论、互动等方式，引导学生对社会现象进行深入思考和分析，帮助他们形成自己的世界观、人生观和价值观。教师可以引导学生思考人生的意义和价值，让他们明确自己的目标和追求，培养积极向上的人生态度。同时，教师还应引导学生树立正确的价值观，培养他们的社会责任感和公民意识，关注他人的需求和利益，发展良好的道德品质和社会行为规范。通过培养学生正确的世界观、人生观和价值观，将课程思政的成效真正落实到学生身上。

其次，提升学生的思辨能力和创新精神。将课程思政的成效落实到学生，还需要提升学生的思辨能力和创新精神。教师可以通过选取有争议性的话题、问题或案例，引导学生进行思辨性的讨论和辩论，培养他们的分析、判断和评价能力。同时，教师还应鼓励学生提出自己的观点和见解，激发他们的创新思维和创造力。教师可以引导学生进行独立思考和探究，培养他们的问题意识和解决问题的能力，鼓励他们勇于创新和尝试，培养他们的创新精神和实践能力。通过提升学生的思辨能力和创新精神，将课程思政的成效真正落实到学生身上。

最后，激发学生的社会参与和服务意识。将课程思政的成效落实到学生，还需要激发学生的社会参与和服务意识。教师可以组织学生参加社会实践活动，让他们亲身感受社会的现状和问题，并通过反思和讨论，引导他们思考如何通过自己的努力来改变和解决社会问题。教师还可以组织学生开展社区服务、志愿者活动等，让他们实践思政的理念和要求，培养他们的社会责任感和公民意识。通过激发学生的社会参与感和服务意识，将课程思政的成效真正落实到学生身上。

通过这些方式，可以真正将课程思政的成果转化为学生的思想品质和行为表现，使他们成为具有良好思政素养的社会主义建设者和接班人。教师在实施课程思政时，应注重培养学生的主体性和创造性，为他们提供充分的思考和实践的机会，帮助他们全面发展和成长。

第五章　国际商务课程思政建设的实施路径

第一节　建立多元主体共同参与的全员育人机制

立德树人的主客体因素是构建全员育人机制的重中之重，其主要内容是在高校内部建立统一领导、多元参与、多位一体、齐抓共管的国际商务课程思政育人工作机制。这一机制具有方向性、整合性和主体性等特征。在立德树人的实践过程中，多元主体在共同的育人目标中，发挥了同心同向、协同发力的重要作用。新型的师生关系要求教育者和受教育者都要发挥自主意识和主体性，在这种模式下，教育者与被教育者之间不断进行着思想、情感、知识的交流与互动，成为立德树人系统化运行的动力和核心。

一、明确全员育人的范畴与责任

第一，要明确全员育人的范畴。根据立德树人运行机制的主体内容进行界定，全员育人的主体范畴主要是施行和主导机制的机构与人员。即在整个立德树人过程中起着核心作用的，是有目标的、有意识的和有主动教育功能的团体或个体。教育者不仅包括高校领导者，还有立德树人的实施者、施教者、管理者。这些人都是运行机制的主体和主导因素。教育者又被分为广义上的教育者和狭义上的教育者。广义的教育者不仅仅是高校内部教育者，还包含家长以及热爱教育事业的社会人士、团体和机构等在内的个人和群体。狭义的教育者则主要是指领导、组织、实施国际商务课程思政教育的组织机构和人员，从事思想政治理论课和哲学社会科学课教学的教师、专业课教师。

第二，坚持"同心同向"的育人责任观念。如果学生思想政治教育还被错误地认为是政工干部的责任、辅导员的"专利"，如果有的教师还停留在"只管学生学问事，其他概莫论短长"这一层面，如果教书育人、管理育人、服务育人仍处于缺失状态，那么国际商务课程思政中立德树人任务就难以实现。因此，思想政治理论课教师、专业课教师、教育管理者都要纳入思想政治教育的主体范畴，涉及人员在立德树人这一根本任务中要始终同心同向、协同合力，而不是各自为政、分散用力。因此，为了实现立德树人的目标，需要改变以往某一教育主体"单打独斗"的局面，改变某一教育路径"孤掌难鸣"的现状，改变全员育人的"时空分割前后不衔接、左右难共振"的长期痛点。

第三，构建多层级协同育人的机制。全员育人的主体范畴应是实施和主导机制的机构和人员。因此，要想实现这一机制，就要从组织机构层级协同和人员队伍整合构建来寻找构建路径的突破口。在组织机构层级协同方面，建立上下级多层协同、齐抓共管的机制。首先，做好不同主体和层级间的分工协同、有机统一的管理工作。其次，搭建好跨部门、跨院系、跨学科的思想政治工作平台。促进不同管理主体层级之间产生互相影响、交互作用，形成整体联动和多层级协同育人的体制机制。而在人力资源管理方面，在宏观上要求人员队伍充分发挥课堂、科研、实践、文化、网络、心理、管理、服务、资助、组织等方面的育人功能，完善国际商务育人体系；在微观上要实现这些领域内部各组织之间的相互协同与共同发展，打破思想政治理论课和专业课"各自为政"的现状，从而实现思想政治理论课与非思想政治理论学科间的互相联动、人员的沟通、渠道的互通、资源的共享，从而产生融通效应。

二、激发学生的自主意识和自主性

自主性就是主体在作用于客体的过程中所显现的"主人"意识。即自主性是具有独立思维判断能力和自主意识能力，不受外界和环境的影响而改变，并具有持续性学习自觉的特性。因此，自主性是人的内置力量的显现，也就是人的自主意识的外化。诚然，一个具有独立自主性的人必须是具备主动性、主体性和创造性等要素的。

首先，构造学生的独立人格。大学生的内在品质即政治素质、思想素质和高尚的道德品质，是他们个人通过对社会以及世界的观察、思考、领悟、训练和自觉运用、自我内省，从而内化为其自身的一种内在力量。在多元化的社会条件下，当代大学生要通过提升自身的人文素养，把客观必然性决定的各种规律以及由此形成的各种法律、法规和道德规范内化为自身生存的内在要素，以获得真正的"自由"。因此，应该遵循大学生的教育规律和学生成长规律，牢固确立大学生在教学教育中的核心地位，积极构建科学的课程思政课程体系和教材体系，在前者的基础上不断批判继承和发展创新教育教学方式，以潜移默化的方式将社会主义核心价值观深入学生心中，提升其道德认识。

其次，不断激发学生的内在需求。不可否认，人的最高级别的需要就是人的自我实现和自我发展，这一结论在马克思关于人的需要的"三级阶梯"式的理论中就有所体现。因此，教育的目的不仅在于传授和输送某种表面上的、具体的知识与技能，还要从内心深处激发学生得天独厚的自我创造意识和潜力，以此更好地塑造自我生命意义与价值的观念。新时代的学生需求是多种多样且变化不一的，具有多元化的特征和趋势。并且随着生产力水平和经济的不断发展以及个人的不同发展阶段，其需求是不断发展和变化的。就此而言，在满足学生不断学习求知的基础上，还要在文化娱乐和信息交流等设施上采用更具针对性和立竿见影效果的举措来提供条件，进行规范和引导。

最后，探索对话式的互动教学方式。教学方式以问题式为主，课堂上注重师生的情景对话以此增进双方沟通，采用多种教学方式，比如对话式、启发式、参与式等，引导激励学生主动参与课堂互动，自己分析和辩解问题，能够自己独立思考和判断，改变以往教学过程"师—生"单向流动的模式，解决以往教学模式中"我说你听"和单方面"说教"的问题。这种教育教学模式以教师为主导，以学生为主体，然后将二者结合起来，实现从"以教师为中心"向"以学生为中心"的转变，从填鸭式、灌输式教育向启发式、引导式教育转变。消除了师生的思想顾虑和话语"裂谷"，推动教师与学生的思想和情感达到同一层面，引发共识，让学生更深刻地理解理论知识。教师能够做到动之以情、晓之以理。

三、构建教学相长、休戚与共的师生关系

教育者与受教育者秉持着立德树人的原则底线，始终坚持最基本的"人"的因素。教育者与受教育者之间传统的"主-客"关系变为"主-主"关系，从主客二分主体性走向主体间性，朝着双方目标互相构成、语境共同筑建和情感达到最高的统一而共同努力。

（一）努力实现师生目标同构、相互促进

通过对教育者与受教育者要素关系的探索，应用视觉美学中的同构现象原理，寻找教育者与受教育者共同的元素并利用同构方法实现自我发展的目标同构。教育实践赋予了国家、学校、教师以教育主体地位，也赋予教育者之于受教育者具有权威性和优先性，受教育者被培养和被形塑则有了必要性和合理性。在此教育理论实践下，虽然教育者与受教育者在此模式下处于不同的地位，不管是学生自身的发展，还是教师道德的要求和教师职业的发展方向，都是与栽培受教育者的目标方向是一样的。具体体现在：教师的职业发展道路与培育学生成为大有可为的人的方向是一致的。教育是一项培育人的职业，一个在教育道路上获得巨大成就的老师，其培育人的工作在他们的生命价值中占有主导性作用，他们愿意牺牲自己的利益，心甘情愿地为帮助他人进步而作出自我牺牲，把育人作为生活中快乐的源泉。由此，教师必须秉持为人师表、甘为人梯的教育理念。这种育人理念贯穿于教师的整个职业发展过程之中，不仅体现在个人业务的职业发展方面，也体现在教学育人的事业发展方面，这种育人理念与学生成长成才的目标是一致的。大学生的自主意识和主体性对他们的人生发展方向具有重要的核心作用。所以，在建立和实现人生目标的过程中，应当积极搭建师生发展的共同体。处于共同体中的学生与老师应当是互相尊重、平等交流的，在思想、行为、学业、教学、心理、情感等方面遇到问题时，二者应当采取互相交流沟通的方式，一同制

订目标实施方案，共同寻找解决问题的措施，不断在实践中进行自我反思，找到最优的解决方法，从而促进学生与教师的共同发展。教育者要把自身职业发展与大学生自身发展放在同一战线，探寻促使个人发展的方法措施，实现教师职业发展与学生成长成才的目标共同实现。诚然，因为目标的一致性，这将促使师生在日常教育、管理服务活动中相互交往而形成一种对话式交流模式，这种交流的理性意味着，在人类间存在着共同的东西，存在彼此理解的可能性，存在着在有关人生的目的和意义等价值观的问题上达成共识的可能性，存在着互相宽容和求大同存小异的可能性。意味着双方情感的"敞开"与"接纳"，因而双方的误会、冲突、矛盾也会减少，以此促进双方彼此尊重、共同发展。对于新时代的高校来说，培育一批具有担当民族复兴大任、关注国家生死存亡、具有社会责任的时代新人是他们构造立德树人体系的主要实践目标。由此，要站在实现中华民族伟大复兴中国梦的理论层面来理解当前高校师生发展与成长目标的一致性，以中国梦的伟大目标凝聚师生共识，体现出"青年学生是中华民族伟大复兴中国梦的主力军，教师则是打造这支'梦之队'的筑梦人"。

（二）努力实现师生语境同构、话语共享

教育者与受教育者之间只有话语共享，才能进行灵魂深处的交流。因为学生对于教育者所传授的思想政治理论和专业知识技能的接受程度以及能否接受，不仅考验教育者的授课能力，也体现出教育对象的认同和接受能力的大小。课堂的教学不能被简化为一个人向另一个人"灌输"思想的行为，它需要师生之间话语交换。所以，要改变教师作为教育教学活动的主导者、具有绝对话语权的传统教学模式，需要积极构建生态课堂的教学方式，营造学生具有话语权的课堂教学氛围，把教师一人的课堂转换为师生双方互相交流的课堂，培育师生真诚互动的话语生态环境，促进师生共享课堂话语权，实现师生高效互动。

"语境即言语环境，语境同构是指教育者与受教育者处于同一语境环境中，使教育者的语言交际方式、表达方式契合受教育者的期望和习惯，增强教育的说服力。教育者要与受教育者达到语境的同构，需要了解新时代大学生的表达习惯、喜爱偏好和语言风格，在话语中嵌入更加真切的情感，传播出具有温度且具内涵的话语。在传授系统理论的过程中，激发学生感情。一方面，提高教师的语言表达技巧。教学艺术实质上是语言艺术。教学教育活动都是通过语言这一手段来给学生传授知识理论与技能。因此，要求教育者对于不同的语境应用不同的语言策略及措施来建构自己不同的身份，在实践中不断创新自己的语言表达方式，对于大学生就要用他们喜欢、感兴趣的话语来展开教学活动，掌握"官方话语与民间话语相通、政治话语与学术话语相辅"的表述方法，以此来消除师生之间的心理隔阂，以语境同构的方式来拉近双方交流的距离。另一方面，构造有共同话题的教育教学语境。在课堂教学或日常思想政治教育工作中，话题是任何一个语境创设所必需的中介，也是一个相对稳定的因素，话题的选择、呈现和修缮对于语境效果的达成十分重要，师生双方通过对话题的分析和调控，实现语境效果的优化。

教师要针对不同学科语言知识设置不同的语境，根据人与自我、人与社会、人与自然等语境来灵活设置教学教育的主题，并注重不同学科知识应用恰当的语境来有效衔接与运用，为学科育人创设话题与语境。要积极寻找接近我们生活的时事政治、热门话题，来提高学生学习的兴趣。教师在用通俗易懂的语言来解答现实问题的基础上，要学会调动学生的积极性，活跃课堂互动氛围，设计一些学生关注的话题，进而延伸到课堂主题上，使学生更能体悟理论知识。

（三）努力实现师生心理契约缔结、情感共鸣

师生主体之间只有达成相互理解和共鸣，才能实现情感互通。在基于理解形成的情感领域中，主体只有把认知内化于心，师生之间才会产生互相激励的效应。教师对学生的期望要建立在被学生认同和接受的基础上。结合高校人才培养规划目标，遵循学生的心理变化规律的特殊性，然后以知觉、许诺和信任为基础来搭建双方的责任感，在教师的引导和勉励下，推进教师与学生心理契约的缔结。这样既可以提高学生独立学习的能力，又可以增强师生关系融合。教师要把学生看作有独立思想的个体，并且尊重学生所想，而学生要尊师重教以及遵守课堂纪律。师生之间要学会换位思考以及互相关注

对方的心理期望，应用师生之间的共同期望来促进对方心理契约的形成，在此基础上，由已经达成的心理契约升华为双方的情感共鸣，进一步激发师生之间的激励效应。

第二节　构建国际商务课程思政教学体系

在遵循国际商务课程设计理念的原则下，高校教师需要对国际商务课程思政的课程目标、课程内容、课程手段、评测体系这四个课程要素进行系统设计（Tyler，1949）。教师必须根据系统论的思想规律，注重要素与要素之间的关联，在此基础上来完成国际商务课程思政的育人目标、整体框架以及四个要素的设计重点。国际商务教师应根据国际商务专业的特殊性，充分了解社会和学生需求，规划教学目标、编制与修订思政教材与资源库、探讨思政组成要素、规划思政教学活动及评价系统，展开对教学系统的搭建和战略研究，进而改变以前教学以"知识＋技能＋能力"目标为主而忽略商业伦理道德熏陶的不良现象，整改教师以散乱的、随机发挥的、没有规划的、不负责任的商业教学现状，积极寻找在教学中能够系统地、有计划地、融入式地渗透思政元素的教育策略和方法，促使思政教学与国际商务教学并向而行。

习近平总书记在学校思想政治理论课教师座谈会上强调，挖掘其他课程和教学方式中蕴含的思想政治教育资源，实现全员全程全方位育人。哲学社会科学具有鲜明的知识性、学术性和意识形态性，是为研究各种社会现象、人类思想活动和揭示人类社会发展规律而设立的。它既是思想政治教育的重要载体，又是国际商务课程思政教育教学改革必不可少的支柱，不仅蕴含着丰富的思想政治教育资源，为国际商务课程的教育教学提供了有力的支撑，也深远地影响着育人功能的发挥和育才实效的提升。所以挖掘并充分利用哲学社会科学所蕴含的思想政治教育资源，最大限度发挥哲学社会科学所有课程的育人功能，实现其效用最大化，切实提升育人实效，使国际商务课程与思想政治理论课相互配合、同向同行，形成从"思政课程"到"课程思政"的协同效应，实现其价值体系和知识体系的有机融合，对提升思想政治教育质量具有重要意义。

一、立足"大思政"格局开发国际商务课程思政教材

高校应结合社会发展状况和学生发展规律来重新修订和编写国际商务课程思政教材，来培养适合商务发展的实用型人才。习近平总书记指出，学科体系建设上不去，教材体系就上不去；反过来，教材体系上不去，学科体系就没有后劲。孙有中（2020）强调教材编写者可以在外语教材中加入跨文化比较、价值观思辨、用外语表达中华优秀传统文化、体验式语言学习等内容，以此培养学生的道德文化素养。他的主张对国际商务课程思政教材编写具有巨大的参考价值。现有教材的编写和修订应当遵循国际和国内经济发展的规律以及现实社会的需求原则。当前，在高校党委抓顶层设计、党政齐抓共管和院校层层推进的"大思政"格局下，国际商务课程教材建设要深入研究"教什么""怎样教"的问题，与学生面对的"学什么""怎样学"的问题相对应，正确发力以确保育人实效。

以"马工程"引导国际商务课程思政教材编写。创新教材编写是"马工程"教材体系建设的核心理念之一，它为哲学社会科学适应新时代的繁荣发展提供了有力支撑。具体而言，一要创新解读马克思主义经典理论。坚持实事求是、一切从实际出发应是运用马克思主义经典理论解释一切问题的基本的原则。在国际商务课程思政教材的编写过程之中，要结合社会发展、深入实践和历史前进的实际情况，使哲学社会科学适应时代的要求；要坚持与时俱进的原则，紧跟时代步伐，使其思想性和时代性展现出更好的统一。二要创新反映马克思主义中国化最新理论成果。马克思主义理论是进行一系列相关活动的基础，而马克思主义理论的最新理论成果是对其创新的体现。国际商务课程思政教材除了要重点解读马克思主义基本理论之外，也要对中国化马克思主义理论成果进行阐释，二者相互兼顾，有机融合共同推动习近平新时代中国特色社会主义思想进课程、进教材的步伐。三要创新吸收各学科学术研究的新成果。随着学科交叉深入、信息化与全球化的发展，国际商务课程思政教材体系的内容应更加丰富、更加生动，其编写不能仅仅集中在马克

思主义理论，而是要综合运用各学科，取其长，弃其短，创新性转化，创造性发展。

深化马克思主义融入国际商务课程思政教材建设。有效结合"大思政"的工作格局，在教材建设之中不仅要深刻领会教材的基本作用，也要辩证认识教材的属性与教材建设的重要性，充分利用教材资源，不脱离教材也不完全依赖教材，正确把握教材与教学之间的关系，在教学上利用好教材这把利刃，最大限度地发挥其效用。为此，一要增强教材内容的理论性与立体性。国际商务课程思政教材内容要从马克思主义的整体性和政治性出发，就应该对马克思主义理论进行深入研究，使马克思主义理论在教材中得到更好的诠释，提升教材理论性使其有理可依，提升教材实用性使其可有效转变。同时，要促进国际商务课程思政教材体系的立体化。国际商务课程思政教材的适用对象十分丰富，所以首先在教材编写上应建立一个立体化的教材体系，然后再针对不同学历程度、不同专业的学生进行优化，注重解决以往在教材中出现的内容交叉重复、衔接不当的问题，使每一门课程都有其存在的独特价值，都能对学生的思想产生深远影响。二要优化教材设计的可读性与实践性。在当前网络信息发达的时代下，学生获得知识的来源已不再局限于教材，因此国际商务课程思政教材只有贴近生活、贴近实际、贴近学生才能展现出其独特的吸引力。所以国际商务课程思政教材应进一步增强其可读性，使其更加适应大学生的阅读习惯。在教材写作风格与排版设计上也应更加简明生动，更加地适应学生的发展需求，进而增强教材对学生的吸引力。同时，要增强国际商务课程思政教材的实践性。在教学过程中，要直面学生中普遍出现的现实问题和焦点难点问题，为学生们解答思想上的困惑，帮助学生们成长和发展。

推进国际商务课程思政教材体系向教学体系的转化。国际商务课程思政教材体系向教学体系的转化，是实现课堂效果最大化的有效途径，是增强国际商务课程思政教学效果的现实需要，只有做好转化工作才能使学生在接受知识的过程中更积极、使课堂氛围更活跃，才更能真实地使国际商务课程思政教材"活起来"。为此，一要突出国际商务课程思政教材的"有理性"。国际商务课程思政教材体系向教学体系转化的有理性，是指在实践的过程中防止教材的理论性被教学削弱，步入"去理论化"和"理论教学肤浅化、表面化"的误区之中，偏离教材理论的指导，降低国际商务课程思政教材的理论性。要保障好国际商务课程思政教材体系向教学体系"有理化"转化的实现，我们应该在国际商务课程思政教材设计中就做好教材的理论性设计，同时也应该注重在理论知识的展示中突出体现理论的独特魅力，使其理论既不脱离教材又不缺乏创新。二要突出国际商务课程思政教材的"明理性"。"明理"是国际商务课程思政教材体系转化的最终目的，"明理"的过程就要求我们在教材编写的过程中一方面要用通俗易懂的方式来促使学生能够更好地接受道理、明白道理，使学生对教材中的大道理有一定的理解和见解；另一方面可以运用"对话""讨论""案例分析"等学生们喜欢的方式激发学生对理论学习的兴趣，使学生由被动学习转向主动学习，提高学生理论学习的效果，促进学生对理论更深层次的理解，进而提升学生的理论境界。三要注重"有理"向"明理"的转化。对理论的转化是国际商务课程思政教育实现从"有理"到"明理"的重要桥梁，要使理论能够生动具体地被表达出来，就必须真正实现理论的转化，使其从"有理"向"明理"转化。在教材设计的过程之中除了要注重内容上的理论性，更要增强教材的适用性，不能脱离实际理论和现实生活，要兼顾理论性与适用性，在理论的基础上实事求是地做好理论的解读工作，使其更加容易被学生所接受和理解，更有效地走进学生内心，成为学生自己的知识。

二、探索"效果导向"的课堂教学创新

课堂教学是高校培养人才的主要途径，对人才培养具有重要意义和深远影响。课堂教学质量是教育教学质量的重要体现之一，而教育教学质量直接关系到人才的培养质量。国际商务课程思政育人育才要感染学生，只有运用青年喜爱并接受的话语和活动方式，被学生认可和接受，才有可能进一步使其理解和接受话语背后传递的价值观念。当前，在国际商务课程思政课堂中融入思想政治教育内容时，未能实现思政课堂与思政资源有机融合，二者也并未被有效结合，在一定程度上存在着"理论与现实脱节"的问题，理论中缺乏现实，现实中缺乏理论，结果就是"言者谆谆，听者藐藐"，未能有效发

挥育人功能，也未能落实育人实效。面对内涵式发展的新形势，哲学社会科学教育教学必须转变发展思路来应对国际商务课程思政课堂中客观存在的新问题，充分发挥其育人功能，注重效果导向，恰当地改变教学途径以适应课堂变化和学生心理，推进教育教学改革，切实提升国际商务课程思政课堂育人育才的实际效果。

探索传统媒体与新兴媒体在国际商务课程思政课堂教学中的深度融合。传统媒体和新兴媒体在国际商务课程思政课堂教学中的深度融合，可以为学生提供更加丰富和多样化的学习资源，提升思想教育和知识传播的效果。整合传统媒体和新兴媒体资源。传统媒体如电视、广播、报纸等，以其广泛的覆盖面和权威性，可以为学生提供国际商务领域的实时动态和经典案例。而新兴媒体如微信公众号、短视频平台等，则具有互动性强、信息传播速度快的特点，可以为学生提供更加个性化和多样化的学习资源。教师可以整合这些资源，设计教学活动，让学生通过传统媒体和新兴媒体获取信息、交流思想，提升学习效果。引导学生批判性思考，增强媒体素养。在国际商务课程思政课堂教学中，教师可以引导学生批判性思考媒体报道的真实性和客观性，培养学生对媒体信息的辨别能力和思考能力。通过讨论和分析不同媒体的立场和观点，学生可以更好地理解国际商务中的信息传播和舆论影响，增强媒体素养。利用新兴媒体进行学生互动和合作。新兴媒体具有互动性强的特点，可以为学生提供更多的参与和合作机会。教师可以利用微信群、在线讨论平台等工具，组织学生之间的讨论和交流，促进学生之间的合作学习和知识分享。同时，教师可以通过学生的自主创作和分享，形成良好的学习氛围，提升学生的主动学习能力和团队合作能力。利用传统媒体和新兴媒体开展国际商务实践活动。传统媒体和新兴媒体可以为学生提供展示和宣传的平台。教师可以设计国际商务实践项目，让学生通过传统媒体和新兴媒体展示他们的成果和经验，增强学生的实际操作能力和创新能力。同时，教师还可以邀请相关媒体人士或企业代表进行交流和指导，提高学生的国际商务素养。

促进优秀传统文化在国际商务课程思政课堂教学中的创造性转化和发展。优秀传统文化作为中华民族宝贵的精神财富，具有丰富内涵和独特魅力，对于提升学生的思想道德素质和国际商务能力具有重要意义。在国际商务课程思政课堂教学中，促进优秀传统文化的创造性转化和发展，引导学生深入了解优秀传统文化的内涵和价值。通过讲授相关知识和案例，使学生对中国传统文化有更加全面的认识和理解，让他们深入体会到优秀传统文化的深邃内涵、博大精深以及与国际商务的紧密联系。结合实际案例，探讨优秀传统文化在国际商务中的应用。通过引导学生分析和研究实际案例，让他们发现优秀传统文化在国际商务中的智慧和价值，并探讨如何将其应用于国际商务实践中，提升企业的竞争力和影响力。鼓励学生进行创新性思考和实践，将优秀传统文化与国际商务相结合。通过启发学生的创造性思维，鼓励他们将优秀传统文化与国际商务进行有机融合，提出创新的商业模式和经营理念，为企业的国际化发展注入新的活力和动力。组织丰富多样的文化交流活动，加强学生对优秀传统文化的亲身体验。通过组织学生参观文化遗址、参加传统艺术表演、举办文化交流活动等方式，让学生亲身感受优秀传统文化的独特魅力和深厚底蕴，增强他们对传统文化的认同感和自豪感。

三、发挥国际商务"第二课堂"课程思政作用

除了注重课程建设之外，要多开展非教学型实践活动，让学生深刻感受和领会携手并肩、团结互助精神，促使学生增强责任感与使命感。非教学型实践活动是指除日常课程外如读书会、讲座、校园活动、主题团日活动等，是当前国际商务课程思政教育实践活动的重要组成部分，也是实践活动教育目标的关键组成部分。非教学型实践活动的实践主体是广大学生，在研究、学习、探索的过程中学生通过各类实践平台的相关配套活动，切身体验，主动对标，反思总结自身存在的问题。活动激发学生教育主体意识，增强学生主观能动性，培养学生自我教育思维，促使学生主动实践。

国际商务课程思政"第二课堂"的开展形式多种多样，跨越的时空范围广阔，实现了课堂教学所达不到的内涵、外延和教育深度与广度。要推进国际商务课程思政教育成果切实达成，必须要合理利用"第二课堂"，依照人才培养目标进行规划、开展社会实践活动；在讲授理论知识的基础上，要有目的、有计划地带领学生利用课余时间参与到社会政治、经济、文化生活的教

育实践活动中去。社会实践对国际商务课程思政教育效果能够起到明显的增强作用，早在新中国教育体系初建时期，党和国家就明确强调实践活动关乎人才培养，是切实育人育才的重要途径，对教育具有重大意义。近年来，实践类课程在国际商务课程思政的课程设置中所占的比重逐步增加，除了社会实践课程外还包括专业实验实践课程以及创新创业实践课程。国际商务课程思政专业实验实践课程的核心在于将所学专业理论知识应用于其具体对应的实践活动中，在实践中加深对所学知识的理解，培养和提升学生发现问题、解决问题的能力，促使学生学以致用并养成用专业知识做专业的事的良好习惯。而国际商务课程思政创新创业实践课程的侧重点则有所不同，其核心重在培养学生的创新意识、创新精神、创业能力，在实践课程中帮助学生开拓思维和激发想象力，引导学生从问题本身出发，参与沟通、交流和互动，善于思考、敢于发言，培养学生独特的创造意识，进而强化创新精神、提升创业能力。社会实践课程涵盖范围广，相关实践项目较多，在实践中不仅能够了解世情国情民情，对于劳动教育方面也能起到一定的作用，既能够锻炼体魄、领会劳动精神，又能提升思想意识、增长才干。

国际商务课程思政"第二课堂"能够有意识地突出理论的引领作用，是对第一课堂进行补充和强化，将所学到的知识外化于行动中，在实践中得到践行和检验，促使国际商务课程思政实现系统化、立体化发展。多样化的国际商务课程思政社会实践活动丰富了教学形式和教学内容，同时将思想政治理论课从长期以来孤立育人的现实困境中剥离出来，使思政课与国际商务专业课相互不囿于原有的简单的知识传授，挣脱传统教育的束缚，以更加丰富的内容形式、变化多样的教学方式使国际商务课程思政在育人过程中更有力度地提高教育实效。

四、创新国际商务课程思政教学方法和模式

（一）创新国际商务课程思政教学方法

国际商务专业课程思政的主要教学重点要以教案的形式彰显出来，教案

是教师课堂教学的主要依据，这就要求在写教案的过程中要体现出它的可操作性和有效性。要想提高教学方案的可操作性重点就要从教学方法上入手，例如通过对教学环节别出心裁的设计以及找准课程思政与课程内容的契合点，走出呆板式的教学。遵循学生的身心发展原理，将课程导入、情景设计、小组活动等教学模式融入国际商务课堂之中，进而给学生营造一种优良的课堂学习环境。同时也要做好线上与线下相结合的教育工作，利用学生感兴趣的方式，开展多姿多彩的社会实践活动和"第二课堂"活动。可以融合新媒体与新技术，任课教师应该根据学生学习发展的规律性，创新融入方式，通过微博、抖音等新媒体，分享和学习学生感兴趣并与教学有关的内容，活跃思政课程的气氛，让思政课程内容活起来，焕发新的生机，以此调动学生的学习热情，进而促进学生自主学习和探索未知。

1. 体验学习：促进职业道德与理想信念内化

国际商务专业课教师的外在价值需要在教育教学中实现，而内在价值需要在自身体验中内化，将外在价值转化为自身内在价值，从而使外在的知识信念具有个人意义，逐渐内化为个人的职业理想信念，升华为专业精神。体验式学习能激活专业课教师的整体意识，增强其自主性、创造性。要实现专业课教师职业价值内化，应该注重体验式学习。要结合国际商务专业课教师对自身成长经历和工作生活经验的反思体验，其他优秀教师成为行业榜样发挥领导带头作用的反思体验，教育对象接受教育、领悟教育产生行为反馈的反思体验，和同事同行、专家学者进行探讨交流，以及对与专家学者之间的交流对话进行总结和反思，还有通过阅读理论文献来反思自己的教育实践。每位国际商务专业课教师都有自己的个性特点和独特的教学方法，要从个人优势和长处出发，巧妙地将专业课内容与学科专业知识结合，潜移默化地实现国际课程思政教育，调动起学生的兴趣，激发起学生的灵感，维系好学生对知识的热烈追求。

2. 案例教学：实现知识性与价值性统一融合

案例教学是指在国际商务专业课教师的引导下，通过对案例的讨论与研究，提出问题、分析问题和解决问题，从而培养学生对问题的思考和解决能力的一项教学活动过程。以案例分析引出解决之道，既传授知识，又重视培养能力和素质。案例为学生提供了丰富的替代性经验，拓宽了学生的眼界，增长了学生的见识；通过在真实、复杂的教育情境下对教学问题的思考与解决，强化学生对教育理论及其蕴含的深层的价值观的认识，促使学生建立正确的价值观体系。国际商务专业课教师通过案例精心地设计与组织课堂教学，帮助学生更好地认识理论知识和运用理论技术，让学生明白在意识形态上正确指导的重要性，有助于深化学生的专业认同与职业理想，提升教学效果，提高教学质量。同时，研究并进行国际商务课程思政教学案例库建设，使国际商务课程思政教育内容有现实的载体，能够更好地发挥其育人功能。选取贴近基础教育一线和社会热点的典型案例进行深度剖析，既可以帮助学生拉近与社会的距离，又可以提高学生对学习的兴趣，增强学生的自豪感、使命感和社会责任感。由于学生群体庞大，每个人都有自己的个性特点，获取知识信息的基础差异也较大，所以专业课教师在针对某一教学内容进行教学时，应结合学情分析，根据学生接受知识的能力开展分层教学。国际商务课程思政内容也需要以分层递进的方式融入学科教学，再从不同角度剖析思政内容或者以不同深度挖掘思政内涵，使学生在分层教学中始终能够接触到不同类型的课程思政教学案例，更好地接受思政知识，让学生感受和领悟从不同角度剖析的课程思政内容所带来的教学魅力。

3. 实践教学：涵养实践智慧与塑造实践品格

课堂讲授法依然是当前国际商务课程思政采用最多的方法，不过即使讲授很生动，但教学效果依然有限，知识和价值只能在认知层面达到转变或者认同，在行为方面的表现却有所欠缺。要提升国际商务课程思政教学的效果，就需要让学生在行为层面有所表现，所以国际商务课程思政在教学过程中不能忽视引导学生的参与、体验和实践，应该选择合理且适用的教学方法。国际商务课程思政建设强调"知行合一"，构建理论与实践相结合的协同育人的课程体系，以"培养实践性知识、涵养实践智慧、铸就实践品格"为课程总目标，以国际商务专业课教师为指导、学生为主体，通过高度集中的注意力的投入、创造性的实践活动和有目的的现场体验，实施问题探讨、深度体验和批判反思三者相结合的课程教学途径与方式，最终达成"知行合一、学思践悟、转识成智"的课程目的。以实践育人的意义维度分析教学，即"由外向内的深度体验、由知到行的实践行动、从小及大的价值形成"三个维度，把握好其具有的"智性、实用理性与主体悟性"三个特征，同时在教学过程中凸显学生主体，最终向实现立德树人根本任务迈进。

4. 互动教学：沟通、借鉴与合作共同发展

不同的专业有着各自不同的特点，但是这不意味着各个专业学科之间互不相关、毫无联系。人文社科与理工科之间存在着不同方面，对世界进行了解的方式不同，但是都对改造世界和推动世界发展进步产生了巨大的作用。同样的教学内容，不同学科的表达形式截然不同、各有所长，国际商务专业课教师要以学生喜闻乐见的教育方式传授知识与价值。教师教学的过程中注意与学生增加互动，学生则更乐于接受和认同；交流的过程中着重提供学生参与学习的机会，则有利于国际商务课程思政教育教学的广泛传播，会极大地提升教学育人的效果。各学科都有自己的专业特点，各学科教师也都有自身的个性特点和教学方式，因此，在增加与学生互动交流的同时，也要增加各专业学科教师之间交流协作的机会。国际商务课程思政需要众多教师共同参与，虽然所授科目类别不同，但是育人的理念是相一致的，都是本着以人为本的教育出发点完成立德树人的根本任务和使命，实现育人育才的最终目标，所以各专业学科教师要打破专业知识的壁垒与不同学科之间的隔阂，相互交流、沟通，互相借鉴好的教学经验，吸收不同学科的教学方法，启发新的智慧，创新教学方法与途径，在探讨学习中建立起不同学科之间优势互补的教育格局，推进国际商务课程思政建设教育体系改革，推进其育人育才的历程。国际商务专业课教师理论水平和道德素养的提升可能会使国际商务课程思政建设产生质的飞跃，会将国际商务课程思政推向更高的发展阶段。因此要提升各专业学科教师的专业知识水平以及综合能力，为学生提供"更上一层楼"的教学，为国际商务课程思政添上有力的一笔，为其建设锦上添花。

（二）创新国际商务课程思政课堂的教学形式

创新国际商务课程思政课堂的教学形式应该结合导入与引发思考、实践与体验以及合作与互动等环节。通过这些教学形式，可以激发学生的兴趣与思考，加强实践与体验，培养合作与互动能力。同时，教师也应根据学生的

不同需求和特点，灵活运用不同的教学方法和工具，以提高教学效果和学生的学习质量。

形式一：导入与引发思考。创新国际商务课程思政课堂的教学形式首先需要进行有效导入，以引发学生的思考和兴趣。导入的目的是吸引学生的注意力，让他们对课程内容产生浓厚的兴趣，并为后续的学习作好准备。教师可以选择一些与国际商务创新相关的经典案例，如亚马逊的发展、苹果公司的创新等，然后与学生一起分析案例中的关键问题和成功要素。通过案例分析，学生可以了解到国际商务创新的实际运作和发展模式，同时也能够培养他们分析和解决问题的能力。通过播放相关的视频和展示图片，可以直观地展现国际商务的发展现状和前沿技术。例如，教师可以播放一些国际商务领域的新闻报道、企业宣传片或者科技展示视频，以激发学生对国际商务创新的兴趣。教师可以提出一些具有启发性的问题，引导学生思考与国际商务创新相关的议题。例如，教师可以问学生：你认为国际商务创新对企业的竞争力有何影响？你认为在国际商务领域中，哪些创新模式更具有前景？通过讨论这些问题，可以激发学生的思考和参与，培养他们的创新思维和分析能力。

形式二：实践与体验。创新国际商务课程思政课堂的教学形式还应该注重实践与体验的环节。通过实践与体验，学生可以亲身参与到国际商务创新的实际操作中，加深对课程内容的理解和掌握。教师可以组织学生参与国际商务创新的模拟经营活动，例如模拟国际贸易谈判、模拟跨境电商运营等。通过这些活动，学生可以扮演不同的角色，体验国际商务创新的实际运作，并在实践中提高解决问题的能力。教师可以组织学生进行国际商务创新相关的实地考察，例如参观跨境电商企业、国际贸易展览等。通过实地考察，学生可以亲身感受国际商务的实际环境和运作方式，加深对课程内容的理解和认识。教师可以引导学生参与国际商务创新相关的项目实践，例如组织学生参与国际商务竞赛、创业比赛等。通过项目实践，学生可以将所学知识应用到实际的项目中，提高创新能力和实践能力。

形式三：合作与互动。创新国际商务课程思政课堂的教学形式还需要注重合作与互动。合作与互动可以促进学生之间的交流与合作，培养他们的团队合作精神和沟通能力。教师可以将学生分成小组，让他们就国际商务创新的相关议题展开讨论，并要求每个小组分享他们的观点和结论。通过小组讨论与分享，学生可以互相交流和借鉴，培养他们的团队合作精神和表达能力。教师可以要求学生进行国际商务创新相关的报告和演讲，让他们有机会展示自己的研究成果和观点。通过报告与演讲，学生可以提高自己的表达能力和演讲技巧，同时也可以加深对课程内容的理解和记忆。教师可以设计一些角色扮演游戏环节，让学生在模拟的情境中进行合作与互动。例如，教师可以设计一个国际贸易谈判的角色扮演游戏，让学生扮演不同的角色，通过合作与协商来解决问题。通过这些活动，学生可以锻炼自己的合作能力和解决问题的能力。

第三节　提升国际商务专业教师课程思政能力

一、明确国际商务专业教师课程思政能力的内涵

能力是完成一项目标或者任务所体现出来的综合素质。通常情况下，能力可以分为一般能力与特殊能力。一般能力具有其特有的一般属性，主要包括认识行为和实践互动；而特殊能力往往只适应于特殊属性，主要包括某种具体活动的实际行为。课程思政的主要目标是将思想政治教育内容有机地融入教学活动中，并通过适当的方式表现出课程的价值引领功能，从而让学生的思想政治素养在实践活动中得到逐步提升。由此可见，课程思政实质上是一种教学实践活动，是教师通过科学合理组织课程内容以实现教学目标的专业性活动。所以，国际商务课程思政能力即是一种教学能力，是教师通过直接或间接的多种方式，将道德规范、思想观念、政治立场等思想政治教育内容有机地融入课程教学与实践活动之中，从而实现知识传授、能力培养与价值引领同频共振的重要目的。国际商务教师课程思政能力的内涵十分广泛，涉及政治理论素养、国际视野和全球意识、科学态度和方法、价值引领和情感教育、创新精神和实践能力、管理能力和团队合作精神等多个方面。

（一）政治理论素养和遵纪守法意识

政治理论素养是指教师具备明确的社会主义核心价值观，坚持马克思主义立场观点方法，具备扎实的马克思主义理论基础和政治素养。教师应该了解国家的法律法规和教育法律法规，遵守学校规章制度，以及对国际商务教师职业道德规范的理解和遵循。教师应具备扎实的马克思主义理论基础，熟悉和掌握国际商务领域的相关政治理论，例如国际关系理论、国际贸易理论等。教师应具备明确的社会主义核心价值观，理解并践行社会主义核心价值观，引导学生树立正确的政治观念和价值观，培养学生的社会责任感和公民意识。教师应了解国家的法律法规和教育法律法规，遵守学校规章制度，积极践行社会主义法治精神，引导学生遵纪守法，树立正确的法律意识和法治观念。

（二）国际视野和全球意识

国际商务专业教师应具备国际视野和全球意识，了解国际政治、经济、文化等领域的基本知识，对国际商务的发展趋势和国际贸易规则有深入的了解。教师应具备全球化思维，了解国际商务的全球性特征和发展趋势，能够引导学生关注国际事务，了解不同国家和地区的经济、文化和商务环境。教师应具备跨文化交流和合作的意识和能力，了解不同国家和地区的商务文化差异，培养学生的跨文化交际能力和跨国合作能力。教师应了解国际贸易规则和国际商务的法律制度，引导学生遵守国际贸易规则以及正确的国际商务行为准则。

（三）科学态度和方法

国际商务专业教师应具备科学的态度和方法，善于运用科学方法进行教学设计和教育研究，注重实证研究和数据分析。教师应具备科学的思维方式，注重逻辑思维和分析问题的能力，善于运用科学方法解决问题。教师应根据学科特点和学生需求，运用科学方法进行教学设计，设计合理的教学活动和评价方式，提高教学效果。教师应积极参与教育研究，注重实证研究和数据分析，提高教育教学的科学性和有效性。

（四）价值引领和情感教育

国际商务专业教师应具备价值引领和情感教育能力，引导学生树立正确的人生观、价值观，注重培养学生的爱国情怀、社会责任感和国际友好意识。教师应引导学生树立正确的人生观和价值观，培养学生的社会责任感和公民意识，引导学生积极面对人生挑战和困境。教师应培养学生的爱国情怀，引导学生热爱自己的国家和民族，关注国家发展，为国家的繁荣和进步贡献力量。教师应培养学生的社会责任感，引导学生关注社会问题和公共利益，培养学生的社会公民意识和社会参与能力。

（五）创新精神和实践能力

国际商务专业教师应具备创新精神和实践能力，能够将创新理念融入教学实践，培养学生的创新思维和实践能力。教师应具备创新意识，关注国际商务的新动态和新趋势，引导学生关注创新创业，培养学生的创新思维和创业精神。教师应注重培养学生的实践能力，引导学生参与实际商务活动，学以致用，提高学生的实际应用能力和解决问题的能力。

（六）管理能力和团队合作精神

国际商务专业教师应具备良好的组织和管理能力，能够协调教学工作和团队合作，促进学生的全面发展。教师应具备组织和管理教学工作的能力，合理安排教学进程和资源，提高教学效率和质量。教师应注重团队合作，与同事积极协作，共同完成教学任务。为提高教学效果，教师应关注学生的全面发展，注重培养学生的团队合作精神和领导能力，引导学生积极参与课外活动和社会实践，提高学生的综合素质。

二、提升国际商务专业教师课程思政的意识自觉

在国际商务课程思政建设过程中，专业课教师要"躬身入局，置身事内，

知行合一，身心合一"。教师职业本身具有特殊性，一方面需要能力和经验，另一方面更需要有崇高理想和坚定信念，在提升自身能力基础上，再教育学生。专业课教师是国际商务课程思政建设中的教育主体，是课堂教学的首要责任人，在推进国际商务课程思政建设进程中应当起到打头阵的重要作用。同时，专业课教师也是国际商务课程思政教育教学改革实践的执行者，专业课教师课程思政能力的强弱直接影响到课堂教学质量、教学效果以及能否达到立德树人的教学目标。因此，要保障国际商务课程思政的稳步推进，就需要对全体教师尤其是专业课教师提出更高要求。提升国际商务专业课教师课程思政的自觉意识需要教师不断提升自身素质，加强对思政教育的理解和研究，同时改进教学方法，将思政教育融入课堂教学，设计富有思政意义的课程内容。通过这些措施，国际商务专业教师能够更好地引导学生形成正确的思想和价值观，为他们的未来发展奠定坚实的基础。

（一）认同课程思政价值，强化育人自觉意识

国际商务课程要具备课程思政的功能，国际商务专业课教师肩负课程思政的职责，国际商务专业课教师是课程思政教育教学改革落到实处的关键所在。教师群体是实现优质教学的核心，在实际教育教学活动过程中，教师应该考虑学生不同的家庭背景、学习能力、自身技能和对学习的兴趣，进行有针对性的指导，提供不同层次的支持，提高学生学习的效率。国际商务专业课教师对于价值认同需要有明确的自我认知，要在不断汲取接受新理论知识的同时端正自己的价值观念。同时，作为国际商务专业课教师，需要养成良好的学习习惯，与时俱进，及时更新并丰富教学数据库，以保证教学内容的精准度和时效性。而且，国际商务专业教师也必须正视课程思政的重要性，这也是专业课教师的基本素质之一。在思想意识上，专业课教师需要明确认识到国际商务课程思政建设的价值，不断提升自我认知水平，坚定心中的信仰，并摒弃过去的落后偏见。通过深入学习马克思主义，才能真正懂得马克思主义并信仰它，转变"价值中立"思想，明确自己对马克思主义的价值认同，进而将正确的价值观念传达给学生，帮助他们树立正确的世界观、人生观和价值观。国际商务专业课教师要自觉践行社会主义核心价值观，定期参

与学习培训，组织共同学习党的最新决议、理论、观点和政策，加强理论熏陶，激发对于本专业知识理论的内在价值的全新认知，从而产生育人使命感和责任感，全面提高政治觉悟。

自觉增强责任感和荣誉感，强化育人育心、立德树人的职业要求，时刻抓紧对学生进行价值引领这根准绳，国际商务专业课教师是否具有自主自觉的"育人意识"和深厚理论支撑的"育人能力"是思政课程与专业课程能否实现"同向同行，协同育人"的重要资源保障。国际商务专业课教师不仅要注重学科知识的传授，更要深入了解国家发展战略，将其融入教学中去，使学生具备服务于国家发展的能力和意识；国际商务专业课教师要对马克思主义、中国共产党、中国特色社会主义抱有坚定的政治认同；同时，国际商务专业课教师还应当怀有对国家和民族、党和人民的忠诚之情，对教育事业的无限热爱，以及积极投身教育事业的政治情怀；国际商务专业课教师还必须对马克思主义、共产主义远大理想以及中华民族伟大复兴秉持崇高的政治信仰。由此，对于国际商务课程思政主体而言，有高度的政治立场、有深度的政治认同、有温度的政治情怀、有向度的政治信仰是专业课教师的基本政治素养。

国际商务专业课教师应在日常教学实践中不断融入育人意识，发挥其自身独特的课程思政教学方式与风格去感染和影响学生。作为国际商务专业课的教师，需要明确专业所包含的育人、育心的价值要素，并积极运用理性分析的方法，带领学生深刻理解思想政治方面的知识。此外，课堂也应该以科学理论为支撑，引导学生学习和成长。除此之外，作为教师还应该积极参与政治理论的学习，不断提高自己的思想素养，以及提供使学生受益的教育。当然，课堂授课仅仅是重要的一部分。教师也应该在实践活动中以身作则，起到引导学生的作用。教师还可以学习其他专业课的课程思政建设成果，不断更新自己的思想理念，并在交流中获得更多的灵感。

（二）提升专业素质能力，增强理论学习自觉

提高国际商务专业课教师的课程思政能力对于提升课堂教学质量及效果，以及提升立德树人成效具有至关重要的作用。因此，必须加强国际商务

专业课教师的能力，发挥他们的引导作用，引领学生成长。国际商务专业课教师在求学期间对马克思主义理论大都接受过系统学习，对其方法论在本专业领域内的应用应该有也必须有较为深刻的体会。国际商务专业课教师融合本专业课程的理论知识和实践，也可以延伸运用自然辩证法和唯物主义进行科学论证。从辩证唯物主义延伸至历史唯物主义，进而到科学社会主义。唯物辩证法是自然发展的一般规律，国际商务专业课教师所要提升的正是理论思维能力，也是对辩证思维、科学思维能力的提升。国际商务专业课教师应熟练将国际商务课程的相关研究与辩证思维能力结合起来，最终以研究过程和成果诠释马克思主义世界观和方法论。国际商务专业课教师应带领学生在进行专业学习和实践中积极运用马克思主义世界观和方法论。由于高校课程安排，思政课一般在前两年完成课堂学习，后两年大部分时间用于对专业课程的研究，国际商务专业课教师则应在此期间履行育人职责，在讲好专业课程的同时对学生的思想道德学习进行合理强化，以保证学生在未来不仅在业务能力方面表现突出，在价值观念、道德品质方面也有较高的素养，不会做出违背职业道德和公民义务的行为。因此，提升国际商务专业课教师的马克思主义基础理论素养，达到与时俱进的专业水平是实现高校人才培养目标的重要保证。

提升专业拓展能力。首先要学习新知识。可以通过阅读专业书籍、参加培训班、听取专家讲座等方式来学习新知识。此外，还可以通过与同行交流、参加学术会议等途径来获取最新的专业信息。除了学习新知识，还应深入研究专业领域。可以选择一个特定的领域进行深入研究，掌握其中的核心理论和最新发展动态。通过深入研究，可以提高自己在该领域的专业能力，并能够更好地应对专业问题。参与实践项目是提升专业拓展能力的重要途径。通过参与实践项目，可以将所学的理论知识应用到实际工作中，锻炼自己解决问题和处理复杂事件的能力。同时，还可以通过实践项目与其他专业人士合作，学习他们的经验和技巧，提高自己的专业能力。积累专业人脉是提升专业拓展能力的重要手段。可以通过与同行交流、参加行业协会、加入专业社交平台等方式来积累专业人脉。通过与其他专业人士的交流和合作，可以学习到更多的专业知识和经验。

增强理论学习意识自觉。首先要制订学习计划。可以根据自己的工作和学习情况，合理安排学习时间和学习内容。制订学习计划可以帮助我们有条不紊地进行学习，提高学习效率。除了制订学习计划，还要优化学习方法。学习方法的好坏直接影响学习效果。可以通过多种途径来优化学习方法，比如参加学习方法培训、阅读学习方法书籍、向他人请教等。同时，还要灵活运用不同的学习方法，根据学习内容的不同选择适合的学习方法。理论学习和实践经验是相辅相成的。只有将理论知识与实践经验相结合，才能更好地应用所学的知识。在学习过程中，要注重理论与实践的结合，通过实际工作中的问题和挑战来检验和应用所学的知识。培养学习兴趣是增强理论学习意识自觉的重要方法。只有对所学的知识和领域充满兴趣，才能有持续的学习动力。可以通过多种途径来培养学习兴趣，比如参加学术会议、与同行交流、阅读相关书籍和文章等。

（三）规范教师职业行为，升华言传身教自觉

人才培养关键因素之一是专业课教师的知识素养和道德修养。百年大计，教育为本。教师是"立教之本，兴教之源"，承载着向学生传授知识、办好高质量教育的重任。作为教育者，应让自己先接受相应教育，努力成为先进文化的传播者、党执政的坚定支持者。教育者必须先了解自己的学问和信仰，才能更好地履行职责，成为学生理论知识的指导者和引路人。国际商务专业教师的教学态度、与学生的交流方式以及言行举止都会在潜移默化中影响学生。通过开展国际商务课程思政，可以坚定专业教师的理想信念，完善价值观念。教师这一职业更具特殊性，应从自身做起，率先垂范，做到"学为人师，行为世范"，才会真正起到言传身教的效果，为学生树立榜样。当然仅仅依靠教师的言传身教还不够，因为学生只能通过听、看和感受来学习，这并不能完全达到国际商务课程思政的目标。还需要让学生自己去主动体验和实践，这样才能有效地实现从认识到情感再到行动的转变。

规范教师德行建设是提高教师素质的关键。教师是学生的榜样和引路人，他们的言行举止直接影响着学生的价值观和行为习惯。因此，教师必须具备良好的职业道德和行为习惯，做到言行一致，言传身教。首先，教师应具备

正确的职业道德观。教师是教书育人的重要角色，他们应该以学生的成长为己任，尊重学生的个性和发展需求，不以自我为中心，不带有偏见和歧视，公正对待每一个学生。其次，教师要具备高尚的师德情操。教师应该热爱教育事业，把教书育人视为自己的使命，尽心尽力地为学生提供优质教育资源，关心学生的成长和发展，关注学生的身心健康，帮助他们树立正确的价值观和人生观。此外，教师还应具备扎实的专业知识和教育技能，不断提升自己的教育教学水平，为学生提供优质的教育服务。

言传身教是教师德行建设的重要途径。教师的言行举止直接影响着学生的思想观念和行为习惯。通过言传身教，教师可以为学生树立良好的榜样，引导他们形成正确的价值观和行为习惯。首先，教师要注重言语的规范和文明。教师在与学生交流时，要用文明、礼貌的语言，不使用粗俗、侮辱性的言辞，不以讽刺、挖苦学生为乐。其次，教师要注重穿着的得体和整洁。教师是学生的榜样，他们的仪表和穿着直接影响着学生的形象和行为习惯。教师应不穿着暴露、庸俗的服装，不穿着过于随意和不整洁的服装。此外，教师还要注重行为的规范和礼仪。教师在课堂上要遵守纪律，不擅自离开课堂，不随意打电话，不吃零食，不在课堂上玩手机等。教师还要注重与学生的交往方式和态度，用平等、尊重的态度对待学生，不对学生进行体罚和侮辱。

为了规范教师德行建设、升华言传身教行为，我们可以从以下几个方面入手。首先，加强教师德育培训。学校和教育部门可以组织教师参加德育培训班，提升教师的职业道德和行为习惯。培训班可以邀请专家学者讲解教师的职业道德和行为规范，引导教师树立正确的教育观念和价值观。其次，建立健全教师德行考核机制。学校可以制定教师德行考核标准，通过定期考核和评价，激励教师提高自身的德行素质。对于表现优秀的教师，可以给予表扬和奖励；对于表现不佳的教师，可以进行相应的惩戒和辅导。再次，加强对教师的监督和管理。学校可以建立教师监督评估机制，对教师的言行举止进行监督和评估，发现问题及时进行纠正和指导。最后，加强家校合作，共同培养学生的良好行为习惯。学校和家庭应加强沟通，形成合力，共同关注学生的德育教育，共同培养学生的良好行为习惯。

三、完善国际商务专业课教师课程思政能力培训

对于提升国际商务专业课教师课程思政能力，校本培训是至关重要和不可或缺的方式。学校要积极寻找国际商务专业课教师在课程思政建设中存在的问题，优化校本培训的各个方面，提升教师课程思政的能力以达到课程思政教育改革的目标和要求。课程思政能力培训可以根据不同专业课程的特点进行差异化培训，就国际商务专业课教师队伍专业性强和学科跨度大的特点来说，培训可以根据人员特点科学系统进行，做到点面结合，不但要找到通用性的国际商务专业课教师课程思政能力培训方法，而且要抓住培训的主要矛盾，运用多样化的方式提升国际商务专业课教师课程思政能力，提高培训效率。完善国际商务专业课教师课程思政能力培训需要从培训内容、培训方法、培训机制和培训评估等方面进行改进和完善。只有通过不断地改进和创新，才能够提高国际商务专业课教师的课程思政能力，更好地为培养国际商务人才作出贡献。

首先，完善培训内容。目前的国际商务专业课教师课程思政能力培训主要围绕思政理论知识的学习和教学方法的培养展开，这是非常重要的一部分。但是，教师所面临的问题和挑战是多样化的，需要更加全面的培训内容来帮助他们应对。因此，培训内容应该不仅包括思政理论知识的学习、教学方法的培养，还应该涵盖国际商务领域的前沿知识和技能的培养，如国际贸易政策、国际市场分析、跨文化交际等。这样一来，国际商务教师就能够更好地理解和把握国际商务的发展趋势，提供更加全面和实用的教学内容。

其次，完善培训方法。目前的国际商务专业课教师课程思政能力培训主要以传统的面授方式进行，这种方式在一定程度上存在教学资源的浪费和学习效果不佳等问题。为了更好地提高培训的效果，可以结合信息化技术，采用在线教学平台进行培训。通过在线教学平台，可以实现教学资源的共享和互动交流，提供更加灵活和便捷的学习方式。同时，还可以通过在线评估和测评系统，对学员的学习情况进行监测和评估，及时进行反馈和调整。这样一来，不仅能够增强培训效果，还能够更好地满足学员的学习需求。

再次，完善培训机制。目前的国际商务专业课教师课程思政能力培训主

要以短期培训为主，培训时间通常较短，培训内容较为单一，培训效果也相对有限。为了提高培训的效果，可以建立起长期培训机制。长期培训机制可以通过定期组织专题研讨、学术交流和实践活动等形式，对国际商务专业课教师的思政能力进行持续和深入的培养。同时，还可以通过建立师资库和教学资源库，为国际商务专业课教师提供更加系统和全面的培训资源。这样一来，不仅能够提高培训的效果，还能够促进国际商务专业课教师的专业发展和学术提升。

最后，加强培训评估和质量监控。培训评估和质量监控是保证培训效果的重要手段。目前的国际商务专业课教师课程思政能力培训在评估和监控方面存在一定的不足。为了更好地提高培训的质量，可以建立起完善的评估和监控机制。评估可以通过学员满意度调查、教学效果评估、教师培训成果评估等方式进行，以了解培训的效果和学员的反馈。监控可以通过定期听课、集体备课、教学检查等方式进行，以确保培训内容的质量和教学效果的达标。这样一来，不仅能够及时发现和解决问题，还能够提高培训的质量和效果。

四、健全国际商务专业课教师课程思政交流平台

健全国际商务专业课教师课程思政交流平台是当前高等教育教师队伍建设的重要任务之一。国际商务专业课教师课程思政交流平台的建设，旨在加强教师的思想政治教育，提高教师的思政能力和课程教学水平，推动高校思政工作的深入开展。在当前全球化背景下，国际商务专业课教师的思政教育任务和责任更加重大，需要教师们在国际商务教学中注重培养学生的思政能力，增强学生的国际视野和国际竞争力。因此，加强国际商务专业课教师课程思政交流平台的建设对于提高教师的思政能力和课程教学水平具有重要意义。健全国际商务专业课教师课程思政交流平台可以促进教师之间的交流与合作，提升教师的专业素养和教学水平，推动高等教育教师队伍建设的全面发展。

为了健全国际商务专业课教师课程思政交流平台，需要采取多种措施。首先，建立一个专门的组织机构负责平台的运营管理，明确任务和职责，确

保平台的顺利运行。健全国际商务专业课教师课程思政交流平台是一个复杂而系统的工程，需要有明确的路径和步骤来进行建设。健全国际商务专业课教师课程思政交流平台需要从以下几个方面进行突破。

第一步，明确目标和任务。建设一个健全的国际商务专业课教师课程思政交流平台的首要任务是明确平台的目标和任务。这需要对国际商务专业课教师的思政需求和教学现状进行深入调研和分析，了解教师在课程思政方面存在的问题和挑战。同时，还需要明确平台的发展目标和任务，确定平台的主要功能和服务内容。例如，平台可以提供思政教育培训、教学资源共享、教师交流合作等服务，以满足教师的需求和促进他们的专业成长。

第二步，建立组织机构和管理体系。健全国际商务专业课教师课程思政交流平台需要建立一个专门的组织机构和管理体系来负责平台的运营和管理。该组织机构可以由教育部门、高校和相关学术研究机构共同组成，以确保平台的多方参与和专业性。在组织机构的基础上，还需要明确任务和职责，确保平台的顺利运行。例如，可以设立平台管理部门，负责平台的日常运营和管理；设立专门的培训部门，负责教师思政培训的组织和实施；设立资源库管理部门，负责教学资源的收集、整理和分享等。

第三步，建立教学资源库。建立一个教学资源库是健全国际商务专业课教师课程思政交流平台的重要举措。资源库可以收集整理相关教材、课件、案例等教学资源，为教师提供丰富的教学资源和参考资料。资源库可以通过建立在线平台或者电子文档的形式进行管理和分享，以方便教师的使用和交流。在建立资源库时，需要确保资源的质量和可靠性，同时也需要保护知识产权和版权。

第四步，加强教师交流与合作。加强教师交流与合作是健全国际商务专业课教师课程思政交流平台的重要举措之一。可以通过组织定期的教师交流会议、合作研究项目和学术期刊的出版等方式，搭建一个互相学习和分享的平台，促进教师的专业成长和教学水平的提高。此外，还可以邀请国内外的专家学者进行讲座和研讨，为教师们提供学习和交流机会。

五、建立国际商务专业课教师课程思政集体教研制度

教师在高校教育中占主导地位，完善和健全课程思政育人机制，教师的作用不言而喻。不仅要注重提升国际商务专业课教师的思政能力，而且更要注重不同学科教师之间的团结协作，使教师之间彼此分享教学的间接经验，强化各学科专业的育人业务能力。集体教研制度在促进国际商务专业课教师与思政课教师的协同合作中至关重要，健全这一制度是毋庸置疑的。在以往的高校教育体系中，国际商务专业课教师与思政课教师关联性较差，在教学育人的过程中交流较少。但由于高校思想政治教育工作的深入，教育不断着眼于专业课中的思政内容，这也要求国际商务专业课教师进一步和深层次地理解思想政治教育，在其他专业课中更加清晰明了地认识和把握相关的思政内容，进而把这种思政元素融入自己专业课的教学活动中，使非思政课的教师系统地将教育实践中的价值引领和知识传授、智育与德育、认知与行为统合起来。要促进国际商务专业课教师更深刻地学习和掌握思想政治教育内容，就应该充分发挥思政课教师的作用。推动思政课教师丰富的思政教学经验传播，建立国际商务专业课教师与思政课教师集体教研制度，通过思政课教师的专业理论素养，推动国际商务专业课教师全方面、多层次地学习思想政治教育理论知识，感知思政理念。在集体教研制度中加强国际商务专业课教师与思政课教师之间的协同合作，国际商务专业课教师在学习思政课教师经验时要理性认识，切忌盲从，要充分发挥思政课教师经验的作用。

集体教研是不同专业课程教师之间进行课程思政教学合作的一种有效形式。集体教研可以在教学活动中融合不同教师的知识与技能，使教师的课程思政教学水平和质量得到显著提升。集体教研不但可以是一个专业教师备自己的一节课，而且还可以是不同专业教师之间备同一门课。不同课程间的同课异构在国际商务课程思政育人机制构建中至关重要。在同课异构方式中，首先由一位教师提前进行备课，接着各专业教师共同进行观看，然后所有教师发表自己的看法，不断充实课件以及优化教学方式，推动国际商务专业课教学不断向课程思政教学发展，从而形成各专业课教师共同认可的备课和教学方式。在这一过程中，不但可以完成国际商务专业课向国际商务课程思政

方向转变和实现同课异构，而且能加强教师之间的团结协作。

构建教研共同体。集体备课机制就需要不断健全，而这一机制的完善就需要发挥"同课异构，协同共研"这一理念的核心作用。集体备课会的"同课异构，协同共研"指的是针对同一门课程的同一个主题（或同一个章节的同一内容），由不一样的教师展示不同的教学设计、教学方法、教学活动、教学风格和教学环境等，从而在交流互动、教学互鉴中提升教师的教学能力，实现课堂教学的预期目标，提升教学效果。实际上，一般意义上的集体备课机制难以适应教研共同体的要求，因为一方面教研共同体为教师讲好思政课提供资源和指导，另外一方面是为教师研究能力、教学能力、合作能力的提升提供服务。所以，建立"同课异构，协同共研"集体备课机制对构建思政课教研共同体意义重大，以下措施能很好地促进这一机制的建立。

第一，建立专家指导机制，引导集体备课的"同课"的方向。对于思政课而言教材编撰是统一的，教学目标和要求是确定的。因此，设置专家指导环节对正确把控集体备课的方向、夯实课程思政教研的政治性发挥着巨大作用。学校侧重建设集体备课会的专家指导环节，使专家积极指导教学设计、教学重难点、教学方法等。

第二，为教学的展示搭建平台，更加有效推进同课异构方式。"异构"与"同课"是相互联系不可分割的。"异构"方式的产生绝不是偶然，它由多方面的因素作用产生，"异构"方式的推广侧重集百家之长不做一刀切。在教育教学活动中强调"异构"的作用，对于"参与＋评选"的方式应该积极推广，推动教学备课的更好开展。学校确定教学展示教师时，要做到择优，对于参选教师进行选拔，确定符合教学设计要求的人选。在确定展示教师时，主题契合度、内容创新度、理论阐释度、实际操作度等教学设计评价内容都会成为确定展示人员的依据，这些工作使最终教学设计的展示更具启发性、科学性和推广性。展示人员在展示自己的教学时要符合教学设计，思路清晰，为教学发展提供强大动力。

第三，建立自由信息交流平台，凝聚集体备课的共识。这样的平台能够更好地促进各个主体平等自由地各抒己见，使国际商务思政课教研符合现实情况，充分发挥教研协同的作用。如何推动自由交流的环节开展，以下三点给出了答案：首先要保证教师的自由交流有良好的氛围环境。教师可以自由请求交流发言，可以根据专家指导和教学展示发表自己的看法，也可以分享自己在教学教育活动中使用的方式方法。其次是对于交流发言要有相关的要求，既要做到让教师能交流发言又要提高交流发言时间的利用效率，要求教师发言做到精练，也要要求教师发言有条不紊，提高发言的质量。最后是记录储存交流发言内容，保留交流发言中的精华。

第四，为教师向专家提问提供机会，请专家不断解答教研活动中的共同问题。目前来看，一方面知识结构更新是教师遇到的问题之一，另外一方面学科信仰、教学行为等也是他们所面临的困惑，只有专家站出来解答教师遇到的知识结构方面的困惑，他们才更能坚定信念，提升教学质量。学校为教师提供专家答疑时，这三方面的措施必不可少：首先是将教师疑问统一记录，接着一并交给专家答疑；其次是鼓励专家在答疑同时也为教师提出宝贵意见，帮助教师提升能力；最后是教师要积极向答疑专家提问，请专家解答自己在知识结构和其他方面的困惑。

六、以激励机制发挥国际商务课程思政示范引领效力

（一）满足国际商务专业课教师在物质与精神上的需求

建立健全正向激励制度，有利于推动国际商务课程思政育人机制构建，也有利于充分调动工作者工作的积极性和创造性。对国际商务专业课教师来说，不但要做到知识传授和价值培养，而且要扮演着教育的实践者角色和教育教学政策、理念执行者角色。由此来看，国际商务专业课教师对教学方针政策的理解更别具一格。因此，在国际商务课程思政育人机制构建时，教师的认识和见解也很重要。物质决定意识，意识是物质的反映，人对客观世界的认识反映在人的大脑意识中，而这种意识恰恰支配人的行为。为了充分调动教师在国际商务课程改革中的能动性并且建言献策，就需要为教师提供奖励，充分发挥教师在机制构建中的作用，使其积极参与国际商务课程思政育人机制构建。

区分激励的精神性和物质性是使用奖励机制的前提。在国际商务专业课教师看来，精神性的激励相比于物质性的奖励更胜一筹，当然二者相辅相成、不可分割，因为精神性的激励引导知识分子这个特殊群体的意识方向，激励机制的物质层面是为了满足教师的生存发展需要。由于这些原因，构建激励机制就需要拥有完备的条件和保障，使国际商务教师在进行教学与课程改革工作时全心全意、毫无倦怠。另外，提高高校领导与教师之间的信任感，贯彻尊师重教、尊贤爱物的理念，使教师能够在高校中实现自我价值，这是国际商务专业课教师的精神需要。而物质性的激励机制也是不可缺少的，目前大部分的高校教师物质生活得到了基本保障，可是相比于其他群体这些待遇仍然需要提高。为了改变这种状况，相关部门需要进一步提高高校教师工资和其他方面的保障，建立完善的工资待遇考核体系，将国际商务专业课教师在课程思政育人机制构建中作出的贡献（提出的意见和建议、进行的相关理论研究和实践调研成果等）作为考核评价的指标之一，让教师的物质生活和精神生活都得到保障，从而发挥教师在国际商务课程思政育人机制构建中的能动性。

（二）搭建人才发展平台，激发国际商务专业课教师创新发展能力

人才发展平台较满足教师精神需要和物质需要来说，它更能有效激发培养教师的创新能力，是国际商务课程思政育人机制构建的动力源泉，有利于国际商务专业课教师的前途发展。作为正向激励机制构成元素，推动人才平台的完善发展也很重要，不仅可以促进教师的发展而且能够加快课程思政育人机制的构建。

1.针对不同类型的国际商务专业课教师实施不同政策

教师的需求主要是精神性的和物质性的，其中教师前途发展的需要尤其突出，搭建人才发展平台看重未来，而未来包含众多变化的因素，这些因素激发教师内心对未来的憧憬。在国际商务课程思政育人机制构建过程中，搭建人才发展平台，需要区分教学型的国际商务专业课教师和科研型的国际商务专业课教师。这二者在国际商务课程思政育人机制构建中的要求具有差异性。对于教学型教师在学术研究等方面不应该过于严格，使他们在国际商务

课程思政育人教学工作中有充沛的精力，进而发挥自己的特长和作用。而科研型的教师不应该对其大量布置教学工作，让他们将更多精力放在对国际商务课程思政育人机制的理论研究上，找出解决国际商务课程思政育人机制构建中存在的理论与实践难题的方法，进一步提倡理论依据，为国际商务课程思政育人机制构建工作服务。就构建国际商务课程思政人才发展平台而言，既能发挥教师在国际商务课程思政育人教学中的作用，又能够不给教师带来不必要的竞争和不必要的工作压力，从而完善国际商务课程思政育人机制，提高育人教学的质量。

2. 为国际商务专业课教师提供更多提升能力的机会

随着高校教育不断推进，这就要求国际商务专业课教师在课程思政育人机制中进一步强化意识与能力。教师课程思政育人教学能力的提升，也满足了发展变化的国际商务课程思政育人的教育改革要求。对于教师能力提升而言，学校要选择一些教师来提升他们课程思政育人教学能力，具体方式可以是给教师提供攻读博士学位、做访问学者等的机会，不仅要提高教师综合素质，而且要通过一些方式让教师在国际商务课程思政育人教学中的能力得到提升。要创造教师能力提升和发展的条件，从而让教师在课程思政育人机制构建中积极使用新举措。通过这些方式，不仅能提升学校国际商务课程思政教师群体的教学质量，还能推动学校的国际商务课程思政教学管理发展模式的转变。

3. 增加教师对国际商务课程思政育人机制构建工作的参与度

在以往的学校管理意识上，教师主要参与教学活动，绝大多数时候教师都不参与其他工作，因此教师对学校的一些措施以及专业课的培养方案有疑惑，这也让教师不容易融入校园环境中。当建立健全国际商务课程思政育人机制时，为实现这一"瓶颈"的突破，可以增强教师在国际商务课程思政育人机制构建工作中的参与感，推动教师积极参与机制构建并发挥教师作用，努力为国际商务课程思政育人机制构建工作提供有益的建议。通过这样的方式，不但让教师体会到他们在国际商务课程思政育人机制构建中扮演着不可或缺的角色，而且还让教师审视自己在国际商务专业课教学中课程思政育人是否达到要求，从而使教师进一步在行动和审视中明白课程思政育人机制的具体含义，形成"正确认识—积极参与—促进发展"的良性课程思政育人机制发展模式。

（三）建立和完善公开透明的奖励制度

只有建立透明的奖励制度，才能保证奖励最终落实到集体或个人。在构建国际商务课程思政育人机制中的激励机制时，其奖励制度要清楚明了，不能遮遮掩掩，也不可模模糊糊，因此要求做到奖励对象评选制度和奖励落实过程公开透明。

1. 建立公开透明的奖励对象评选制度

在评选国际商务课程思政育人机制构建中具有突出表现的集体或者个人活动中，要让每个人知道评选机制，要保证评选的公平、公正、公开，杜绝徇私舞弊行为的发生。在评选奖励对象过程中，要考察奖励对象的参选人在国际商务课程思政育人机制构建工作中的具体表现，而不仅仅停留在书面文字记录考察上，还要把最终确定的奖励对象在国际商务课程思政育人机制构建中所作的贡献有序地记录下来，公开透明地发布奖励对象入选名单及其在国际商务课程思政育人机制构建工作中的具体事务，确定公布的时间，在公布的时间内如果存在问题就需要相关人员进行监督检查，保证评选过程的公正透明。奖励过程透明公开，让参与者在参与过程中理性认识自己的行为，促使参与者积极主动地参与国际商务课程思政育人机制构建工作，发挥他们的创新创造能力，进而推动国际商务课程思政育人机制的构建，真正达到育人目标。

2. 建立奖励落实过程公开制度

现在的很多奖励制度不完善，一方面奖励没有做到透明公开，另一方面奖励也没有实施到位。奖励过程透明公开就是为了奖励落到实处，防止在奖励实施过程中出现奖励没有落实的问题。大部分教育教学活动的主体人员对国际商务课程思政育人机制是缺乏了解的，为了激发高校管理者和教师主体在机制构建工作中的积极性和创造性，除了奖励在机制建设过程中有突出表现的主体，还要建立监督机制，让奖励对象真正受到奖励。综上看来，必须确保国际商务课程思政育人机制构建工作的透明公开并且建立、完善相关的机制，不但要对国际商务课程思政育人机制构建工作的奖励对象进行确定；而且要及时监督国际商务课程思政育人机制构建工作的实施，确保奖励对象收到全部奖励，避免奖励数量和质量失真，确定奖励全部完成后，再一次及时发布国际商务课程思政育人机制构建工作奖励的相关信息。通过这些措施使奖励对象真正享受到国际商务课程思政育人机制构建中的奖励，体现出相关部门注重国际商务课程思政育人机制构建工作，促使大部分的高校管理者以及教师群体积极参与到国际商务课程思政育人机制构建工作，从而实现国际商务课程思政育人机制构建工作的高质量发展。

第四节　构建科学多维的质量评价机制

要想建立国际商务课程思政育人机制，就必须提升高校参与建设的积极性，明晰建设责任主体、规范各层级管理制度，并且还要调动多方参与的能动性。构建国际商务课程思政协同育人的质量评估体制机制，确保国际商务课程思政育人机制的实施质量，把德育素养作为质量评价指标的基石，建立以专家、教师、学生等为主的多元评价机制以及多样化的教学质量评价标准体系，以此构建科学多维的质量评价机制。

一、把专家、教师与学生作为质量评价主体的构成要素

为确保国际商务课程思政育人机制质量评价的专业性和公正性，参与质量评价的成员应当具有广泛代表性，其质量评价组成人员应以专家、教师以及学生为主，提高质量评价的科学性。借鉴以往教学质量评价人员构成，可以把国际商务课程思政质量评价的组成人员分为专家组、教师组以及学生组三个部分。

（一）专家组成员对国际商务课程思政育人机制的质量评价是重点

在对国际商务课程思政育人机制质量进行评价时，应当设立专家队伍，

从不同高校抽取专业的教师，也可以从相关研究所挖掘有意向的人员，借此组成一个质量评价专家组，从不同角度对商务课程思政育人机制进行评价，寻找其中存在的问题，对其进行整改。专家组应定期审核质量评价机制，以国际商务课程思政育人机制构建进度为基础，合理对其进行质量评价，为国际商务课程思政育人机制的搭建和质量水平的保证打好基础。

（二）教师是国际商务课程思政育人机制构建的关键

教师在构建国际商务课程思政育人机制中起着关键性作用，所以要充分凸显教师在国际商务课程思政育人机制构建质量评价中的重要作用。教师作为课程思政育人的一线工作人员，自然更能了解方针政策的落实情况、规划的有效性以及学生的学习情况。毋庸置疑，设置教师评价队伍是非常有必要的，要想加强国际商务课程思政育人机制质量评价的全面细致性，就必须把教师对国际商务课程思政育人机制构建的认识、看法、体会以及育人教学的自我评价等作为信息整理分析的重点内容，也可以把它们当作设立质量评价参考标准的基础。

（三）重视学生对国际商务课程思政教学学习效果的反馈

学生学习情况的好坏是评判国际商务课程思政教学体制机制水平的基础。因此，学生在国际商务课程思政育人教学中的学习效果是评价机制构建质量的重要反馈。学生是国际商务课程思政育人教育教学改革中的受众主体，他们对改革的期望、自身的获得感以及体验感等要素对评判国际商务课程思政育人教学质量有着不可替代的作用。学生是教学的亲身体验者，自然对老师的教学方法以及教学水平等都有着切身的感受，了解也会更加深入，对教师教学质量以及高校实施的政策方案的有效性等有直观的体会，这可以直接体现教学质量水平的高低。因此，构建学生反馈系统是很有必要的，以此收集教学信息，从受众群体中测评国际商务课程思政育人机制构建的实施情况。同时启动教学质量监督与评估系统数据分析，促使各层级的评估主体在时空上有机联合，从而避免只凭评估系统就得到结论的错误方式，得出更加真实和科学合理的评论，以此为调整国际商务课程思政育人机制构建提供改进依据，通过不断提高育人体系实施的有效性，推进教学管理工作科学发展，最后达到提高国际商务课程思政质量水平的预期目标。

二、夯实国际商务课程思政的评价内容

泰勒的目标评价模式主要以目标为导向，通过观测学生的行为变化来评测教学目标的实施效果。在泰勒的评价理论中，评价过程就是评估教学目标完成程度的过程，教学评价是检测教学目标完成度的重要内容，是在遵循一定评价标准的原则上，采取一定方法策略对教学过程、教学结果进行评价的活动。教学评价是国际商务课程思政教学设计中不可缺少的环节，不仅教师可以根据真实有用的教学评价信息进行反思并对教学方案进行改进，对教学方法、策略等进行整改，还能够让学生及时了解自身发展的不足，进而加以弥补。因为以前的教学评价过于偏向教师对学生的评测，导致评价方式过于片面，评价内容也只以知识技能学习情况为主。

所以，为避免以前的不科学现象，国际商务课程思政教学评价既要考虑评价形式的多样性，也要重视内容评价的综合性。在泰勒目标评价模式中提出对学生的评价不要只关注分数或者只使用单向的评价模式，而是注重能够反映学生目前整体状态的剖面图。依据泰勒目标评价模式的理论基础，在国际商务课程思政教学评价对传统的教学评价基础上，对已经达成的实际教学目标实行综合性的评价，以此更好地反馈学生的学习情况。主要策略包含评价主体多样化、评价内容多元化。

（一）依据原则进行国际商务课程思政教学评价

为更好地开展国际商务课程思政教学，增强国际商务课程思政教学的效用性，国际商务课程思政教学评价的设计要遵循以下原则。

1. 客观性原则

在评测国际商务课程思政教学实施成果时，评价人员的态度以及评价采用的方式方法要遵循客观规律，从实际情况出发对取得的教学成果进行评价，避免在评价中以个人主观臆断为主。

2. 整体性原则

在评价的过程中，不仅要关注学生对理论知识和技能的理解程度，还要注重学生在思想道德修养等方面的发展。应用整体性的思维方式来看待学生的发展变化，及时将反馈的信息提供给教师，以此提高教师的国际商务课程思政教育教学能力和水平。

3. 发展性原则

教学评价只是激励师生、提高教学水平的一种方式，因此教学评价要用发展的眼光看待学生学习的变化，把增强教师教学水平和不断改善教学方式作为评价的目的之一，不断激发师生的能动性，提高教学质量。设置国际商务课程思政教学效果评价环节，不仅能够促使教师在国际商务课程思政教学设计过程中竭力获取思政元素并对学生形成有效指导，提高国际商务专业课教师课程思政教学设计水平，而且还有利于促进学生的综合性发展。

（二）国际商务课程思政教学评价主体多样化

教师在传统的教学评价过程中具有核心作用，而在国际商务课程思政教学评价设计过程中，教师评价和学生评价都具有重要作用。

1. 强调教师在评价过程中的主体作用

教师对学生的评价是反映学生学习成效的重要手段。教师评价可分为评价学生和教师自评。一是评价学生。教师在国际商务课程思政教学评价设计中，不仅要重点考查学生对国际商务知识与技能的理解程度，还要注重学生在国际商务课程思政素养方面的提升。二是教师自评。因为国际商务专业课程思政教学设计还处于未成熟阶段，还没有形成完整的流程系统，教师在开展国际商务课程思政教学设计时要在实践过程中不断反思并进行整改。

2. 发挥学生在评价过程中的重要作用

学生对国际商务课程思政理论知识与技能的掌握程度可以直接体现出教学质量的效果，学生评价可以分为学生自评和同伴互评两个方面。一是学生自评。即学生依据评价标准和自身实际学习情况，坚守客观原则，对自己进行评价，在这个过程中反思自身存在的问题并加以改正。二是同伴互评。顾名思义也就是由学习者对彼此完成的学习任务、团结合作与交流互动情况等方面进行互评，这也被称作同伴反馈、同伴评估和同伴评论等。

（三）国际商务课程思政教学评价内容多元化

1. 教师评价的内容多元化

首先，教师评价学生的内容多元化。在开展评价学生的过程中要秉持全面性的原则，不仅要评测学生对课程理论知识与技能的掌握程度，还要评价学生在思政素养方面的变化。可以从多个角度进行评价，一是课程知识与技能目标完成程度，主要包括学生学到的思政理论知识，具有的实际应用能力，能够把理论知识转化为实际操作的能力。二是思政育人目标达成情况，主要包括现阶段学生对国际商务课程相关联的时事政治的关注度、对习近平新时代中国特色社会主义思想的理解和落实能力、对当前国家宏观政策的解读程度等。三是学生的课堂参与感，主要包括学生在课堂教学中的学习情况、组内探讨中学生的个人临场发挥能力、团队合作的能力等。

其次，教师自评的内容多元化。教师自评是对国际商务课程思政教学设计完成效果展开评价，教师自评的内容应该多元化，包括教学目标的设定与实施、教学内容的设计与组织、教学方法的选择与运用、教学评价的方式与方法、教学环境的营造与管理、教师专业发展的规划与实施等方面。只有教师自评的内容多元化，才能更好地促进教师的专业发展和提高教学效果。

2. 学生评价的内容多元化

首先，学生自评的内容多元化。学生自评是学生根据自身实际发展情况对自己实行的评价。学生自评的内容应该多元化，不仅包括学习成绩，还应包括学习态度、学习方法、学习习惯、社交能力等方面的评价。学生通过自我评价和反思，可以更好地了解自己的优势和不足，从而提高自己的学习动力和自我管理能力。学校和教师也可以通过学生的自评内容，更好地指导学生的学习和成长。随着教育改革的不断深化，学生自评成为教育领域中的一个重要环节。

其次，同伴互评是一种在教育领域中广泛使用的评价方法，它通过让学生互相评价和反馈，促进学生之间的交流和合作，提高学习效果。同伴互评的内容多元化对学生的发展具有积极的影响。通过多元化的评价内容，学生可以全面了解自己的优势和不足，发现自己的潜力和改进的空间。同时，多元化的评价内容可以促进学生之间的交流和合作，培养他们的沟通能力和团队合作精神。教师在实施同伴互评时应注重评价内容的多样性，为学生提供多样化的发展机会，使他们能够全面发展并成为有能力、有担当的社会人才。同伴互评的内容可以是多样化的，包括学术表现、技能发展、个人品质等方面。

三、以德育成效作为质量评价机制的基准

以德育成效作为质量评价机制的基准，是一种重视培养学生品德和道德素养的教育理念，是考量高校是否有效完成立德树人根本任务的尺度。因此，在构建国际商务课程思政育人机制的质量评价系统中，其成效不只以学生对思想政治理论知识与技能的理解程度作为评测指标，更重要的是培养学生的品德和道德素养。通过德育的教育活动，学生可以了解和遵守社会公德、职业道德和家庭美德等，形成良好的价值观和道德观念。这样培养出来的人才不仅在专业领域具备一定的能力，还具备良好的道德品质和社会责任感，能够为社会发展作出贡献。基于此，国际商务课程思政质量评价机制的构建，也必须以对学生的德育成效作为评价的标准，从而保证国际商务课程思政目标的实现。

（一）国际商务以德育成效作为基准的重要意义

在构建国际商务课程思政教学质量的评价机制中，需要始终秉持以国际商务教学效果中的德育成效作为基石的原则，即在认知环节上以质量评价机制的主体作为评判标准。

1. 德育教育能够培养学生的道德品质

在国际商务领域，道德品质是一个人在商务活动中应该遵循的基本准则。通过德育教育，学生能够了解并遵守商务活动的道德规范，如诚信、公正、责任等，从而树立正确的商务道德观念和行为准则。这有助于学生在国际商务交流中遵循道德规范，树立良好的商业信誉和形象，提高国际商务交流的

效果。

2.德育教育能够培养学生的职业道德

在国际商务领域，职业道德是从事商务活动所必须具备的品质。通过德育教育，学生能够了解并遵守商务活动的职业道德要求，如保密、尊重知识产权、遵守商业合同等，从而形成正确的职业道德观念和行为准则。这有助于学生在国际商务活动中充分发挥自身优势，树立良好的职业形象和声誉，提高国际商务活动的效益。

3.德育教育能够培养学生的社会责任感

在国际商务领域，社会责任感是一个企业或个人应该具备的品质。通过德育教育，学生能够了解并关注社会问题，形成积极的社会责任观念和行为准则。这有助于学生在国际商务活动中充分考虑社会和环境的影响，作出符合社会和环境可持续发展的决策，提高国际商务活动的社会效益。

4.德育教育能够促进学生的综合素质提升

国际商务教学中注重培养学生的综合素质，包括知识、能力、品德等方面。德育教育作为国际商务教学的基石，能够培养学生的道德品质、职业道德和社会责任感，从而提高学生的综合素质。这有助于学生在国际商务领域中获得全面的素质，能够适应国际商务的发展需求，提高国际商务教学的效果。

综上所述，以德育作为国际商务教学的基石，对于培养具有良好行为习惯和道德品质的国际商务人才具有重要的意义。通过德育教育，使学生能够在国际商务领域中具备良好的道德素养和职业道德，树立良好的商业信誉和形象，提高国际商务交流的效果。因此，德育成效在国际商务教学评价中具有不可替代的重要作用。

（二）国际商务专业课程思政质量评价机制实施过程

在实施过程中，需要评价者具备一定的专业知识和评价能力，同时也需要教师和学生的积极配合和参与，以确保评价的准确性和有效性。此外，评价机制的实施应该是一个持续的过程，不断进行反馈和改进，以提高思政教育的质量和效果。

1. 设定评价目标

明确评价的目标，例如国际商务专业课程思政内容的贯彻落实情况、教师的教学方法和学生的学习成果等。确定国际商务课程思政评价目标可以帮助评价者更加明确地了解需要评价的方面，从而有针对性地收集和分析相关国际商务专业课程思政的数据。

2. 确定评价指标

根据评价目标，确定评价所需的具体指标。例如，关于国际商务课程思政内容的贯彻落实情况可以考虑教师在课堂教学中是否引入思政理论、是否与实际案例结合等；关于国际商务教师教学方法的有效性可以考虑教师的授课方式、教学资源的利用等；关于国际商务专业学生学习成果的评价可以考虑学生对思政理论的理解程度、分析问题和解决问题的能力等。评价指标的确定应该具备客观性、可测量性和可比性，便于数据收集和分析。

3. 数据收集

根据确定的评价指标，收集相关数据。数据收集可以通过多种方式进行，例如观察国际商务教师的课堂教学情况、收集学生的答卷和作业、组织学生讨论和实地考察等。数据的收集应该充分考虑到国际商务专业课程思政质量评价目标和评价指标的要求，确保数据的准确性和完整性。

4. 数据分析与评价

对收集到的数据进行分析和评价。可以采用统计分析方法，将数据进行整理、分类和比较，得出相应的结论和评价结果。同时，还可以结合学生的反馈意见和教师的自我评价，综合考虑各个方面的情况，进行全面的国际商务专业课程思政质量评价。

5. 结果反馈与改进

将评价结果反馈给相关的国际商务专业教师、学生和学校管理者。通过与教师和学生的沟通交流，让他们了解评价结果，发现问题并进行改进。同时，国际商务专业课程思政质量评价结果还可以为学校制定和完善相应的思政教育政策和措施提供参考依据。

综上，通过构建国际商务专业课程思政质量评价机制，可以全面地评价国际商务专业课程思政质量，发现问题并及时进行改进，提高思政教育的有效性和实效性。同时，评价结果还可以为学校和学院制定和完善国际商务专业课程思政教育的相关政策和措施提供参考依据。

四、国际商务课程思政的评价方法

国际商务课程思政质量的评价方法应注重知识与理论传授的质量评价方法、实践教学环节的质量评价方法、思想品德教育的质量评价方法和综合评价方法的运用。通过合理选择和实施这些评价方法，可以全面反映出课程的思政效果，促进学生的全面发展。

（一）知识与理论传授的质量评价方法

国际商务课程中，知识与理论传授是基础性的内容，对学生的思政教育起着重要的作用。因此，评价方法应注重对知识与理论的深入理解和掌握的评估。

1. 考试评测

通过传统的笔试形式，测试学生对国际商务相关知识的掌握情况，考查学生对理论的理解和应用能力。可以采用开放式和选择式的题型，以及案例分析等形式，促进学生综合能力的培养。

2. 论文写作

要求学生撰写有关国际商务的学术论文，评估学生对相关理论的理解和分析能力。通过学生的论文写作，可以了解学生对国际商务问题的认识和思考，以及对课程内容的理解深度。

3. 小组讨论和演讲

组织学生参与小组讨论和演讲，评估学生对国际商务理论的理解和运用能力。通过小组讨论和演讲的形式，学生深入探讨和交流自己的观点和思考，可以强化学生的表达和沟通能力。

（二）实践教学环节的质量评价方法

实践教学环节是国际商务课程中不可或缺的一部分，通过实践活动可以帮助学生将理论知识应用于实际情境中，并培养学生的实际操作能力和创新思维。

1. 实践报告

要求学生完成实践报告，详细记录实践活动的过程和结果，评估学生对实践活动的理解和应用能力。通过实践报告，可以了解学生对实践活动的思考和反思，以及在实践中的问题解决能力。

2. 实践考核

组织学生进行实践考核，评估学生在实践环节中的操作技能和创新能力。可以通过模拟实践、实地考察、角色扮演等形式，考查学生在实践活动中的应对能力和解决问题的能力。

3. 实践成果展示

通过学生展示实践成果，包括产品设计、市场调研、商务洽谈等，可以评估学生在实践环节中的创新和实际操作能力。也可以邀请专家、企业代表等进行评审，以提供专业意见和建议。

（三）思想品德教育的质量评价方法

国际商务课程中的思想品德教育是培养学生健康人格和道德品质的重要环节。因此，评价方法应注重对学生思想品德的培养和评估。

1. 个人自述

要求学生撰写个人自述，反思自己的思想和品德修养，评估学生对思政教育的理解和认识。通过个人自述，学生可以表达自己的思想和情感，提高自我认知和自我反思的能力。

2. 团队合作评估

通过对学生在团队合作中的表现评估，评估学生的合作意识和团队精神。可以通过团队报告、团队项目、团队讨论等形式，评估学生在团队合作中的积极参与和贡献。

3. 社会实践

组织学生参与社会实践活动，评估学生对社会问题的认识和社会责任感。可以通过社会调研、社会服务等形式，评估学生在社会实践中的表现和思想品德的培养情况。

（四）综合评价方法

为了全面评价国际商务课程思政质量，可以采用综合评价方法，综合考查学生的知识掌握情况、实践能力和思想品德的培养。

1. 综合考试

将知识与理论传授的考试成绩、实践教学环节的考核成绩和思想品德教育的评估成绩进行综合考核，综合评价学生的思政学习质量。

2. 综合报告

要求学生撰写综合报告，综合总结国际商务课程的学习成果和思政效果。通过综合报告，学生可以展示自己在知识、实践和思想品德方面的提高和成长。

3. 综合评定

根据学生在知识掌握、实践能力和思想品德方面的表现，综合评定学生的思政学习质量。可以采用综合评定表，综合考查学生在不同方面的表现和发展。

五、建立多元化课程思政育人质量评估指标体系

教学评价是指以教学目标为依据，通过一定的标准和手段，对教学活动及其结果给予价值上的判断，即对教学活动及其结果进行测量、分析和评定的过程。一般是对教师、对学生、对教学内容、对教学方法等进行评价，本节主要是对学生学习的效果进行评价。随着时代的不断变化，立德树人在新时代教学过程中逐渐凸显其根本性的重要作用，情感态度与价值观目标也成了国际商务专业课程教学课堂的重要目标之一，而教学评价标准是在教学目标的基础上进行制订的，因此学生学习效果的评价内容也必然包含情感价值方面。中华传统的优秀文化是国际商务课程思政主要的组成要素之一，理应作为评价的基础之一。除此之外，评价指标和形式也要体现综合性，不仅要对学生知识技术的理解程度进行评价，还要对学生品德的增长情况进行评价，

达到量与质、过程与结果、教师与学生评价相融合的水平。在制订各评价指标时，要在指标评价内容中体现中华传统文化，在评价的过程中要关注学生是否对中华传统文化有所理解和掌握。

国际商务课程思政的教学成效主要从学生思想和行为的转变上体现出来，还体现在学生对伦理道德和社会责任感的内化程度上。成效评价的主要内容包括评价主体多元、评价方式多元、评价工具多元以及过程性评价和终结性评价相结合。教师可通过学生作业完成情况、课中观察学生表现、发放问卷调查、访谈等多种方式，对课堂活动的有效性进行实时评价，也可以通过雨课堂、问卷星等工具请学生进行即时评价，增强学生在评价中的活跃度。把评价设计作为我们生活中的一个有机部分，实现以评为学的效果。国际商务课程思政育人机制建立工作包括多个方面，因此，对国际商务课程思政育人质量开展评价时，必须确立多个评估指标。建立多元化育人质量评估指标体系，是为了保证国际商务课程思政育人质量评估的专业性和公正性。结合对国际商务课程思政育人的主要内容考量，其育人质量评估指标体系主要内容有国际商务课程思政育人机制中的教学管理指标、基础建设程度指标以及德育效果指标三大评估指标。

（一）国际商务课程思政育人机制的教学管理指标

国际商务课程思政育人机制的教学管理状态直接体现出育人质量的水平。国际商务课程思政育人机制的教学管理是各个部分之间的团结协作，共同促进国际商务课程思政育人机制搭建的关键节点。因此，把国际商务课程思政育人机制的教学管理状态的好坏加入育人质量指标体系内是很有必要的，不仅是对国际商务课程思政育人机制中的教学管理的理性分析，而且也是对国际商务课程思政育人机制组成内容的精准把控。

要想从国际商务课程思政育人机制的教学管理状态的角度评测课程思政的育人质量，就要分清国际商务课程思政育人机制中教学管理的教学规划、教学方向、教学方式和策略等内容，把国际商务课程思政育人教学中的这些内容作为衡量教学管理状态的重要标尺，从而对国际商务课程思政育人机制教学管理状态作出精准的推断，并将这一准确性的推断作为国际商务课程思政育人质量评估体系中的主要依据。

（二）国际商务课程思政育人机制的基础建设程度指标

在国际商务课程思政育人机制建立过程中，为确保机制高效、高质量的建立和长久运行，就要把以国际商务课程思政育人机制需求的关键环节搭建好，例如高层管理制度、教师培训制度、激励制度、高校之间关于课程思政育人的交流渠道等，通过考量这些基础建设的完成情况，从中可以大概分析一所高校的课程思政育人水平。对国际商务课程思政育人机制的育人制度根基建设的审查，要以制度的完成情况、制度在国际商务课程思政育人教学过程中有没有起到有效作用等作为审查的重点，其中作用的内容主要包含对国际商务课程思政育人机制建立工作的合理规划、工作实施情况、各层级之间相互协调的关系等。而国际商务专业课教师的课程思政育人教学认知和质量对评测国际商务课程思政育人质量具有重要影响。因此，国际商务课程思政育人机制根基建设程度自然可以成为多元化课程思政育人质量评估体系的组成要素。

（三）国际商务课程思政育人中的德育效果指标

国际商务课程思政育人中的德育效果是衡量育人质量的重要指标。推行立德树人是构建国际商务课程思政育人机制的最根本任务，要把德育融入国际商务课程教学过程中，学校各部门之间团结协作、共同担起育人工作，从而实现"三全育人"。国际商务课程思政育人的德育成效主要依据学生在国际商务课程思政育人教学中的学习绩效来考量。其主要内容包括学生在国际商务课程思政育人教学中的学习成果映射出他们对课程学习的积极性、对思政理论教育的接纳程度、对社会主义核心价值观的了解深度以及是否具有正确的世界观、人生观和价值观等方面。评估德育效果时，必须把这些内容当作审查的重中之重。在考量国际商务课程思政育人的德育效果时，必须把国际商务专业课的课程思政德育成效作为评测的要点，与此同时更不能忽略评价思政课在国际商务课程思政育人中的核心作用。

第六章　国际商务课程思政建设的过程保障

第一节　顶层设计

一、国际商务课程思政顶层设计目标

关于课程思政的顶层设计目标，习近平总书记在全国高校思想政治工作会议上提出，要用好课堂教学这个主渠道……使各类课程与思想政治理论课同向同行，形成协同效应。由此拉开了课程思政改革的序幕。为了提高课程思政的有效性，需要改变传统的教育观念，在不增加新的教学资源的基础上，充分挖掘专业课程与通识课程的思政元素，然后融到课堂教学和实践环节中，构建全员、全程、全方位育人的格局，将专业知识学习与思想政治教育有机结合起来，从而帮助学生树立正确的世界观、人生观和价值观，达到立德树人的教育目标。

结合国际商务专业特点构建科学、合理的课程思政教学体系是课程思政改革的客观要求。我国高等教育的出发点和落脚点都是为国家培养德智体美劳全面发展的人才，这些人才终究会成为国家的建设者和接班人。而思想政治教育在高等院校人才培养过程中起着重要的作用，它可以帮助高校解决"培养什么样的人、如何培养人以及为谁培养人"这些问题。推进课程思政建设，就需要将思政元素融入专业课程教学中，在潜移默化中提高学生的课程思政能力，实现显性知识与隐性知识有效融合，这是推进高校课程思政改革创新的具体体现，也是构建高校"三全育人"大格局的战略举措。

课程思政不是简单增加思想政治课程，也不是对思想政治课程的改造，

而是一种全新的课程体系、教学方法以及教学和实践内容，是思想政治教育与专业课程深度融合的结果，是落实立德树人的重要举措，也是立德树人改革创新的新探索和新尝试。国际商务专业课程以跨国企业开展的国际商务活动作为主要研究对象，在宏观层面，主要研判对外商务活动的背景环境，在中观层面，分析企业进出国际市场的行为，而在微观层面，主要分析跨国企业具体的生产经营活动。国际商务专业课程与我国对外开放战略、企业跨国生产经营以及企业内部的组织发展密切相关，也是一个需要将企业管理理论和国际贸易理论相融合且重视实践环节的一门课程。为了应对变幻莫测的国际环境与贸易争端带来的挑战，实现我国经济高质量发展与重塑国际贸易格局，就迫切需要培养复合型人才。这些人才要具有强烈的爱国情怀、宽阔的国际视野和较强的专业能力。而国际商务专业课程思政建设的初衷就是为国家培养所需要的国际商务复合型人才。但是，目前国际商务专业课程思政建设过程中存在一些问题，集中体现在思政元素的挖掘、课程实际、师资队伍等方面存在欠缺，国际商务专业特色不突出，需要进一步拓展其广度和深度，以实现立德树人目标。

解决国际商务课程思政存在的问题需要促进国际商务专业课程和思政课的深度融合，最终形成协同效应。这就需要加强对国际商务专业课程思政建设重点与难点进行深入的探讨和分析，从而推动国际商务专业课程思政建设内涵式发展，以促成国际商务专业课程思政的立德树人目标。国际商务专业课程思政体系应围绕课程建设、教材建设、师资建设三个方面，以社会主义核心价值观为指引，培养学生用专业理论知识解决国际商务活动中实际问题的能力；充分发掘国际商务专业课程思政元素，将社会主义核心价值观教育和经济全球化等元素融入国际商务专业课堂教学中，注重对学生世界观、人生观和价值观的科学引导，确保国际商务专业人才培养的方向；培养学生的国家荣誉感和民族自豪感，帮助其树立正确的爱国主义价值观；让学生充分认识到改革开放的重要意义，理解国家政策制定的出发点和落脚点，以提高学生的爱国意识、法治意识、责任意识、国际意识。

二、国际商务课程思政顶层设计战略

随着全球化的加速，国际商务在全球范围内变得越来越重要。作为国际商务专业的学生，不仅仅要掌握商务知识和技能，而且要深刻理解思想政治教育的重要性和战略性，以适应全球化时代的挑战。国际商务课程思政通过思想、道德和法律等方面的教育，引导和激发学生积极向上的精神，培养正确的世界观、人生观和价值观，以及与时俱进的创新精神和责任感。国际商务课程思政的战略意义重大，通过不断提高国际商务学生的思想政治素养，使其在学习和工作中始终保持积极的创新精神和责任感，以更加高效的方式开展商业活动，为全球社会的发展作出积极贡献。

（一）培养民族文化自信

随着全球化的不断加速，民族文化自信已经成为当前时代中一个非常重要的话题。在这个多元化的世界中，民族文化自信不仅仅是对自己本身的认识，也是对于其他文化的正确理解和对于全球化的适应。因此，培养民族文化自信已经成为一个非常重要的任务。在此背景下，国际商务学生要面对各种文化的冲击和异化。思想政治教育可以帮助学生认识到自己的文化传统和价值观，增强文化自信心，以更加自信和开放的态度面对其他文化，从而更好地融入全球化的商业环境。

1. 了解自己的民族文化

了解自己的民族文化是培养民族文化自信的第一步。这个过程需要我们了解自己民族的历史、传统、文化、习俗、美食方面，以及在这些方面的特点和优势。可以从各种资料、书籍、电影、音乐、美食等方面来了解自己的民族文化，同时也可以通过与老一辈人的交流和互动来深入了解。

2. 与其他文化进行交流和接触

在全球化的背景下，文化之间的交流和融合已成为不可避免的趋势。与其他文化进行交流和接触可以帮助我们更好地了解其他文化的特点和优势，同时也可以促进文化的交流和融合。可以通过旅游、学习其他国家的语言、参加国际交流活动等方式来与其他文化进行接触和交流。

3. 树立自信心

要培养民族文化自信，我们需要树立自信心。自信心是一个人对自己的认知和信任，也是对自己所处的环境的信任。在培养民族文化自信的过程中，我们需要树立自信心，相信自己的民族文化是有特点和优势的，同时也要相信自己能够适应全球化的环境。

4. 参与民族文化活动

参与民族文化活动可以帮助我们更好地了解自己的民族文化，同时也可以促进文化的传承和发展。可以通过参加民族文化节、学习传统手工艺、学习传统文化等方式来参与民族文化活动。

5. 传承和发展民族文化

民族文化的传承和发展是培养民族文化自信的重要途径。通过传承和发展民族文化，我们可以更好地了解自己的民族文化，同时也可以促进文化的传承和发展。可以通过学习传统文化、学习传统手工艺、参与民族文化活动等方式来传承和发展民族文化。

总之，培养民族文化自信是一个长期而且复杂的过程，需要我们从多个方面入手。通过了解自己的民族文化、与其他文化进行接触和交流、树立自信心、参与民族文化活动以及传承和发展民族文化等方式，我们可以更好地培养民族文化自信，以更加自信和开放的态度面对其他文化，从而更好地融入全球化的背景中。

（二）培养全球视野和国际胸怀

在新时代，培养全球视野和国际胸怀已经成为一个非常重要的任务。随着世界各国之间的联系日益密切，人们也越来越需要具备全球视野和国际胸怀。这不仅是为了更好地融入国际社会，更是为了更好地了解和应对全球化带来的各种挑战和机遇。国际商务课程思政可以拓宽学生的视野，帮助他们更好地了解世界各地的商业环境和文化背景，以更加全面和多元化的视角看待商业问题。同时，国际商务课程思政也可以激发学生的国际胸怀和全球意识，让他们在国际商务领域中更加自信和具有竞争力。

首先，培养全球视野和国际胸怀的重要性在于它可以帮助我们更好地了解世界。全球视野是指我们应从全球的角度去看待事物，了解各个国家和地区的文化、经济、政治等方面。这样，我们就能够更好地了解全球的发展趋势和变化，更好地把握机会，应对挑战。而国际胸怀则是指我们应具备宽广的胸怀，能够接纳和理解不同文化、不同价值观、不同思维方式的人们。这样，我们就能够更好地在跨国交往中协调各方利益，促进和谐共处。

其次，培养全球视野和国际胸怀的重要性在于它可以帮助我们更好地融入国际社会。在当今全球化的时代，各国之间的联系越来越密切，跨国交往的机会也越来越多。在这样的背景下，具备全球视野和国际胸怀的人才更容易融入国际社会，更容易在跨国交往中获得成功。而那些没有培养这些能力的人则可能会因为文化差异、价值观不同等问题而面临交流障碍，难以融入国际社会。

最后，培养全球视野和国际胸怀的重要性在于它可以帮助我们更好地应对全球化带来的各种挑战和机遇。全球化带来了许多机遇，比如跨国贸易、跨国投资等，但同时也带来了许多挑战，比如文化冲突、环境问题等。具备全球视野和国际胸怀的人才更容易看到这些机遇和挑战，更容易找到解决问题的方法。而那些没有培养这些能力的人则可能会因为视野狭窄、思维方式单一等问题而无法应对这些挑战和机遇。

因此，培养全球视野和国际胸怀已经成为一个非常重要的任务。我们应该积极学习外语、了解不同国家和地区的文化和历史、参加国际交流活动、保持开放的心态等，从而培养出具备全球视野和国际胸怀的人才，使其更好地融入国际社会，应对全球化带来的各种挑战和机遇。

（三）培养创新精神和责任感

在全球化的商业环境中，创新和责任感成为国际商务从业者不可或缺的重要素质。思想政治教育可以帮助学生在学习和工作中始终保持积极的创新思维和责任感，以更加高效的方式开展商业活动。创新精神是指在思想、技术、管理等各方面不断创新，寻求新的突破和发展的精神。责任感是指对自己、对家庭、对社会、对国家承担起应尽的责任，作出应有的贡献。下面将分别从培养创新精神和培养责任感两个方面进行阐述。

1. 培养创新精神

创新是推动社会进步的重要力量。如今,技术的不断发展,社会的不断变化,市场的不断扩张,都需要我们不断创新。创新需要有一种敢于冒险、敢于突破的精神,需要不断尝试、不断总结和不断改进。

首先,要提高自身的专业技能。只有掌握了专业知识,才能够更好地进行创新。因此,我们需要不断学习、不断进修,提高自己的专业技能水平。只有具备了专业技能,才能够更好地应对各种困难和挑战。

其次,要学会思考和创造。创新需要我们有一种敢于冒险、敢于突破的精神,需要我们勇于尝试和创造。因此,我们需要学会思考,不断地寻找问题和挑战,寻找新的解决方案和方法。只有不断地创造,才能够推动社会的进步。

最后,要勇于尝试和改进。创新需要我们不断地尝试,需要我们勇于面对挫折和失败,勇于总结和改进。只有敢于尝试和改进,才能够取得更大的成功。

2. 培养责任感

责任感是一个人的品质和素养,是一个人应有的精神。有责任感的人,能够承担起自己的责任,能够为社会和国家作出相应的贡献。

首先,要树立正确的价值观。责任感是一种品质和素养,是一种正确的价值观所形成的结果。因此,我们需要树立正确的价值观,明确自己应有的责任和义务,明确自己应该为家庭、社会和国家作出的贡献。

其次,要培养良好的习惯和行为。责任感是一种行为和习惯的体现,是一种对自己和他人的尊重和关爱。因此,我们需要培养良好的习惯和行为,如遵守规章制度、积极参与社会公益活动等,从而不断提升自己的责任感。

最后,要接受挑战和承担责任。责任感需要我们敢于接受挑战,需要我们在面对各种困难和挑战时,能够勇于挺身而出,承担起自己应尽的责任和义务。

总之,培养创新精神和责任感是我们所必须具备的素质,它们是我们走向成功的重要保证。只有不断地培养和提升创新精神和责任感,才能够更好地应对未来的挑战和机遇。

（四）培养社会责任意识

社会责任意识是指个体或组织对社会责任的认识和接受程度，它是现代社会不可或缺的一部分。随着全球化的加速，企业的社会责任日益受到关注。思想政治教育可以帮助学生认识到作为国际商务从业者应该具有的社会责任意识，并在实践中不断提高自己的社会责任水平，为社会的发展作出积极贡献。在当今社会，人们的社会责任意识普遍较低，许多人只关注自身利益，缺乏对社会问题的关注和解决意识。培养社会责任意识是一个长期的过程。政府、企业、学校、媒体以及个人都有责任和义务参与其中，积极履行社会责任，推动社会责任意识的普及和增强。只有在全社会的共同努力下，才能建设一个更加和谐、稳定、繁荣的社会。

1. 加强社会责任意识的宣传教育

宣传教育是培养社会责任意识的基础。政府、学校、媒体等各方面应该充分认识到社会责任意识对于社会发展的重要性，加强对社会责任意识的宣传。政府可以制定相关政策法规，鼓励企业和个人积极履行社会责任。学校可以加强社会责任教育，培养学生的社会责任意识。媒体可以借助自身的影响力，宣传有意义的社会责任活动，引导大众关注社会问题。

2. 推广公益活动

推广公益活动是培养社会责任意识的有效途径之一。公益活动可以使人们更加关注社会问题，激发他们的社会责任感。同时，公益活动也可以让个人和组织通过实际行动来履行自己的社会责任。政府可以通过举办公益活动、设立公益基金等方式，鼓励社会各界积极参与公益事业。企业可以通过捐款、志愿者活动等方式，履行自己的社会责任。个人可以通过参与志愿者活动、捐款等方式，为社会作出自己的贡献。

3. 建立良好的社会信用体系

建立良好的社会信用体系是培养社会责任意识的重要保障。社会信用体系可以借助一系列的监管措施，促使企业和个人履行社会责任，遏制违法违规行为。同时，社会信用体系也可以帮助那些履行社会责任的企业和个人塑造良好的社会形象，鼓励更多的人积极履行社会责任。政府可以通过加强社会信用体系建设，促进社会责任的履行。

4. 加强社会责任意识的培训

相关培训也是培养社会责任意识的重要途径之一。政府、企业等可以利用各种培训机会，向社会各界传授有关社会责任的知识和技能，增强社会各界的社会责任意识和提高履行社会责任的能力。同时，也可以引入社会责任评价体系，通过对企业、个人的社会责任水平的评价，促进社会责任的履行。

三、国际商务专业课程思政顶层设计内容

在国际商务专业课程中融入思政元素，是新时代立德树人的新要求，也是为国家培养社会主义接班人的重要保证，更是国家民族复兴的重要举措。为了深入推进国际商务专业课程思政改革，需要转变人才培养的思路，由以专业知识的传授为重点转变为更加重视德育培养。国际商务专业课程思政应从以下几个方面进行建设。

（一）深度挖掘国际商务专业课程思政元素

深入推进国际商务专业课程思政建设，必须深度挖掘国际商务专业各课程所蕴藏的思政元素，找到国际商务专业课程思政建设的支撑点，在此基础上构建国际商务专业课程思政体系，充分利用课程思政教学资源，完善课程体系，通过"第二课堂"延展功能培养学生的专业素质和业务能力。国际商务专业课程思政建设要从全局出发，结合课程思政人才培养的目标，对国际商务专业课程思政建设的实施过程以及绩效评价进行统筹规划，这将会对国际商务专业课程思政产生深远的影响。具体而言，国际商务专业课程思政构建与实施可分为以下几点。

1. 国际商务专业课程教学目标融入思政元素

国际商务专业课程思政建设围绕培养目标而展开，具体而言就是为国家"培养什么样的人"，以满足我国对于国际商务人才的需求。国际商务专业人才培养目标包含专业知识、业务技能、综合素质三个层面的内容，而综合素质目标包括实现价值观的塑造，思想道德品质及职业道德素养的提高等内容。

在国际商务专业人才培养过程中，必须坚持智力教育和德育教育并重，一方面要根据行业和岗位需求，培养国际商务学生专业能力和业务技能，另一方面则需重视道德素质的培养，包括职业精神和价值取向两个方面。根据课程思政的要求，国际商务专业课程思政元素要包含在人才培养方案中，并在实施过程中贯穿始终，因此，需要用课程思政理念来修正国际商务专业人才培养方案，在培养目标中突出思政要素。为了更好地推进国际商务专业课程思政建设，首先要基于课程思政要求，调整国际商务专业人才培养目标，在其中增加课程思政教育的目标。具体而言，国际商务专业课程思政目标要求把学生培养成为深刻领悟中华民族优秀传统文化、能够熟练运用马克思主义和中国特色社会主义理论体系，还需要具备坚定正确的政治立场、强烈的爱国情怀、较高的道德素养以及严谨的职业精神，具有国际视野、战略思维以及崇高职业理想的国际商务应用型人才。

2. 国际商务专业课教育过程融入思政元素

国际商务专业课程思政的首要目标就是提高人才培养的质量，而人才培养质量的重要指标就是课程思政理念是否得以有效引入。国际商务专业课程思政教学过程中，一方面要在教学课堂和课后评价方面融入课程思政元素，另一方面更为深层次的就是让课程思政的理念根植于学生思想深处，根植于骨髓中，让课程思政理念深入影响学生的行为。因此，需要创新国际商务专业课程思政教学方法，增强学生参与国际商务活动的自信心，从而强化国际商务专业课程思政实施效果。国际商务专业课程思政在实施过程中，要坚持从以下几个方面着手对学生的培养。首先，增强学生的民族自信心。引导学生通过学习中华民族传统文化，认识到中华民族取得的历史成就，鼓励学生坚持用历史发展的眼光看待历史和现实问题，增强学生的民族自信心和国家荣誉感。其次，提升学生的职业自信。教师在国际商务专业课程思政教学过程中，需要重视学生职业精神的培养，引导学生积极学习国外先进的国际商务管理理念和职业意识，促使学生形成属于自己的职业心理，进而提升学生的职业自信，以便为将来从事国际商务活动奠定基础。最后，加大学生对专业知识学习的力度。站在国际商务专业课程思政学习的角度，学生应该重视专业知识的学习，运用国际商务专业知识解决现实存在的问题，夯实其专业基础知识能力。通过将思政元素融入国际商务专业课程思政育人体系中，重新塑造国际商务专业课程思政的价值体系。

3. 国际商务专业课程教学方法融入思政元素

伴随着国际商务专业课程教学目标和教学内容的优化调整，国际商务专业课程教学方法也会随之发生改变，对教学模式创新也提出更高的要求。国际商务专业教师要根据每门课程的特点，有针对性地选取课程思政内容，合理安排优秀传统文化、社会主义核心价值观以及职业道德等思政元素，潜移默化中将思政要素融入国际商务专业课程教学中去，制订培养方案，确定授课计划，有条不紊地推进国际商务专业课程思政建设。因此，国际商务专业教师应组建教学团队，团队成员积极主动参与教学研讨，围绕"培养什么人、怎样培养人、为谁培养人"这一核心问题，结合专业课程特征和课程思政要求，明晰国际商务专业课程思政建设思路，确定国际商务专业课程思政建设的主线，通过课堂教学和实践教学相结合的方式将专业课程与德育育人实现无缝关联，让学生在不知不觉中受到课程思政内容的影响。

由于国际商务专业课程教学方法发生改变，其教学模式也必然随之改变。国际商务专业课程教学模式改革主要是转变传统的课堂教学方式，通过引入更多的实践环节，培养出适应新时代国家需要的国际商务管理人才。因此，国际商务专业课程思政人才培养过程中，应坚持以"学生为中心"，根据课程思政要求以及学生的接受能力，确定国际商务专业课程教学模式。在国际商务专业课程课堂教学中，要向学生详细讲解知识点，告知学生知识点的重点和难点，并积极与学生互动，获取学生的反馈信息。同时，还需要在保证学生学习国际商务专业前沿知识的基础上，将思政元素引入国际商务专业课程教学中，提高学生国际商务专业课程思政效果。也就是说，需要将思政理念与专业教育深度融合，才能实现国际商务专业课程思政立德树人的教育目标。为了推进国际商务专业教学模式的优化和完善，需要从以下两个方面进行探索。一是选取经典的教学案例引入课堂教学中来，提高学生理论联系实际的能力，并提高学生解决实际国际商务问题的能力。当前课堂教学过程中普遍缺少经典教学案例支撑，导致学生的理论知识与现实实际脱节的问题，对此，通过对国际商务专业课程教学模式的创新，选择有代表性的经典案例充实到教学活动中来，引导学生感受爱国情怀、社会责任以及职业道德等思政要素。二是改变原有的单一教学模式，通过多样化的教学手段，组织学生积极参加社会实践，如参与社会调查、制定国际投资战略以及国际投融资方式等，培养学生的国际商务职业技能，并引导学生树立正确的世界观、人生观和价值观，从而最终促使国际商务专业课程思政育人目标的实现。

4. 国际商务专业课程教学考核融入思政元素

在国际商务专业课程思政建设过程中，将思想政治教育贯穿始终，在潜移默化中实现德育育人的目标，这就需要构建科学合理的评价方法，以提高课程思政效果。通过打造国际商务专业课程思政评价系统，将定性分析与定量分析融入评价过程中，同时设立激励机制，优化考评过程，以提高任课老师参与国际商务专业课程思政改革的积极性和主动性。将思政元素融入国际商务专业课程建设考评机制中，从而保证国际商务专业课程思政目标的实现。国际商务专业课程思政考评体系包括三个方面：一是国际商务专业课程思政应制定科学合理的评价标准，从制度层面，为国际商务专业课程思政建设提供指引；二是对国际商务专业课程思政课程实施主体的专业教师进行全方位综合评价，把其课程思政教学效果作为评、聘、奖的重要参考因素；三是对国际商务专业课程思政的实施对象的学生进行综合考核，将其政治素养作为评价考核学生的主要参考指标之一。

在对国际商务专业学生课程思政评价过程中，需要对学生进行综合的评价，包括态度、情感以及价值观。同时，还需要将对学生评价的结果反馈到国际商务专业课程思政教学体系中，形成各专业教学过程的群体反思，并对评价体系进行修正。利用思政因素对学生价值观形成的引领作用，帮助学生树立正确的世界观、人生观和价值观，促进国际商务专业课程思政德育育人目标的实现以及教学质量的提升，最终完善国际商务专业课程思政改革实践的内涵与外延。

（二）打造多样化的国际商务课程思政实现路径

国际商务专业课程思政主要为国家培养高层次应用型国际商务管理专门人才，使其具有较强的业务能力和职业素养，能够解决国际商务活动中存在的问题。为了提升国际商务专业学生的能力素质，尤其是实践能力，需要推动行业、企业和培养单位深入合作，建立产教融合协同育人的联盟。国际商务专业课程思政建设过程中，需要区分与其他专业课程思政的不同，也就是说必须突出国际商务专业课程思政的特色，在思维方式和价值理念方面与其他课程思政的差别。因此，需要围绕国际商务专业课程思政的德育目标，在人才培养方面重点提炼出课程思政要素，从而保证课程思政目标的实现，打造多样化的国际商务课程思政实现路径。国际商务专业课程思政实现路径包括课堂教学、实践环节以及专业学位论文写作。通过课堂教学与实践环节联动，培养学生在国际商务实务中的责任感和使命感，将所学的国际商务专业知识应用于国际商务实践，通过专业学位论文写作分析变幻莫测的国际商务活动环境，提升处理国际商务实务中突发事件的能力，将国际商务专业学生培养成优秀的国际商务人才，最终实现国际商务专业课程思政育人的目标。

首先，在国际商务专业课堂教学过程中，需要利用已有的网络资源，为其提供资源支撑。在国际商务专业相关课程的教学过程中，教师需要通过相关官方网站，了解国际商务政策信息和行业动态，选取有代表性的资料，融入国际商务专业课堂教学中来，促使国际商务专业课程与时代接轨，提高其思想性和创新性；还可以通过网络资料搜寻有代表性的案例，进行案例分析与讲解，从而扩大学生的视野，增长其见识，并在案例中学习社会主义核心价值观；除此之外，可以鼓励学生根据自己的需要，选择合适的慕课资源，然后通过网络自学，提高自身知识储备，提升学生学习的获得感和成就感。

其次，国际商务专业课程思政十分重视社会实践的重要作用，通过构建校内外实践基地，构建实践课程，帮助学生了解国际商务各行业与各企业的发展历程以及国际商务未来发展的趋势，提升学生理论联系实际的能力。国际商务专业课程思政实践环节包括专业实践、科研项目、创新创业以及学科竞赛等。国际商务专业课程思政建设单位应整合各种教学资源搭建育人平台，引导学生理论联系实际，促进课程思政教育，提升德育育人水平。在国际商务专业课程思政实践环节中，要充分利用校外行业导师的作用，将职业道德与职业精神融入学生实训环节中，培养学生爱岗敬业与诚实守信的优良品质，传承我国工匠精神。在国际商务专业课题研究中，注重培养学生刻苦钻研、百折不挠以及上下求索的精神，要把国家利益始终放在第一位，在课题研究中融入课程思政元素，实现学生价值观的塑造。在国际商务专业各类竞赛中，可以培养学生团结协作、永不言弃以及勇于探索的创新精神，为下一步提升学生业务能力和职业素养奠定基础。同时，还可以通过一些其他的途径提升学生课程思政水平，如组织学生参与社会市场调查，获取社会实践的最新资料，由此可以加深学生对于相关行业和企业发展历程、时代变迁以及社会成就的了解，将课堂所学融入实践环节中，一方面提高学生运用专业知识的能力，另一方面，更为重要的是培养学生的爱国主义精神，增强民族自信心。

最后，国际商务专业学位论文写作是国际商务专业课程思政建设的关键环节之一，也是构建国际商务专业课程思政体系的重要组成部分。在个别学校国际商务专业学生的学术不端事件屡屡发生，严重影响了学生的学术诚信。因此，在国际商务专业学生人才培养过程中，必须十分重视学生的学术品质，坚持学术诚信，将学术品格的培养和学术诚信教育作为重中之重。在这个过程中，应以国际商务专业课程思政建设为引领，着重培养学生的科学精神，严守学术诚信底线，将学术规范贯穿于整个专业论文写作的过程。

（三）推动课程大纲修订及课程思政教材建设

理念是行动的先导，只有理念是正确的，行动才有了正确的方向。拥有全新教学理念的课程思政，扭转了课程建设的方向，决定了德育育人的效果。在此背景下，国际商务专业也需要顺势而为，应势而动，不断探寻课程设计与实践环节的契合点，以扩展国际商务专业课程思政建设的新内涵。课程思政引起国际商务专业教学目标发生改变，集中体现在将课程思政目标融入其中，使得教学活动的开展有了思政理念的指引。这就要求对国际商务专业课程教学大纲进行必要的修订，从而将课程思政要素融入日常教学中来，加强并完善顶层设计架构。国际商务专业教学大纲的修订，首先应将思政理念予以明确体现，因而教学目标就包括知识技能目标和课程思政目标，实现价值引导与授业解惑相统一；其次，国际商务专业教学大纲应丰富教学内容和教学方式，实现思政理念与专业知识密切结合；最后，精心设计国际商务专业课程思政教学环节，创新教学手段与方法，通过深挖国际商务专业课程思政素材，将思政元素巧妙融入国际商务专业课程思政教学全过程。

除了修订国际商务专业课程教学大纲之外，还应重视国际商务专业配套教材编写。以课程思政为引领的教学体系建设，必须以马克思主义为指导，将习近平新时代中国特色社会主义思想贯穿于教材编写全过程；坚持百花齐放、百家争鸣，教学编写过程允许不同学术思想与观点的碰撞，注重培养学生独立思考的能力；在教材编写过程中，要明确政治立场，坚持文化自信理念，培养学生的民族自豪感，将中国立场、中国智慧、中国价值融入教学编写中；将中华民族优秀传统文化融入国际商务专业课程思政之中，并借鉴国外优秀教材。总而言之，国际商务专业课程思政教材要将更多的中国元素融入其中，真正体现服务我国经济社会发展的社会价值。而对于学生而言，国际商务专业课程思政教材将思政元素融入国际商务专业课程，依托于本土优秀传统文化，提高学生的家国情怀与国际视野。国际商务专业各类课程在课程教学过程中，必须坚持与思政课保持相同的方向，不断培养学生的思想政治觉悟，提升学生课程思政教育认识水平。目前，部分院校的本科专业已陆续出版一批国际商务专业课程思政教材，课程思政教材体系建设已初步形成规模。但是，总体而言，国际商务专业课程思政专业建设相对落后，未根据经济社会形势变化而对其内容进行调整。国际商务专业课程思政教材建设任重而道远。因此，应加快国际商务专业课程思政的教材建设，将课程思政改革中的新理念和新思路融入教材编写中，构建国际商务专业课程思政教材建设与学科建设、专业建设、课程建设协同发展机制，为国际商务专业课程思政建设提供重要支撑。

（四）提升国际商务专业教师的思政意识与能力

在教育活动中，教师处于主体地位，是教育立德树人的关键所在。在国际商务专业人才培养过程中，教师直接影响课程思政的效果。在国际商务专业课程思政建设过程中，专业课教师和论文指导教师都起着非常重要的作用。专业课教师和论文指导教师掌握学生的思想动态，可以实现专业教育与思想政治教育深度融合。教师通过言传身教、以身作则，以其高尚的人格和深厚的素养影响着学生，引导学生沿着正确的方向成长。教师通过专业知识的讲解和案例分析，把思政元素融入教学的各个环节，让学生更加积极、主动参与到课程思政中来，提升学生的辩证思维、创新思维以及历史思维能力，在潜移默化中达到课程思政育人的目的。

与此同时，国际商务专业课程思政建设过程中，注重产教融合，实现理论与实践的结合，从而形成了独特的课程思政教育模式。这就要求行业与企业全方位参与到国际商务专业人才培养中来，形成与专业课教师相辅相成的双导师培养模式。专业课教师与行业导师在课程思政育人方面有相同的目标，并且制度化地推进国际商务专业课程思政建设。专业课教师与行业导师齐心协力，全面高质量推进课程思政育人的培养目标。此外，为了更好地推进国际商务专业课程思政建设，提升课程思政育人质量，需要对国际商务专业教师进行相关思政主题的培训，使其对课程思政的内涵、原则与目标有更深入的了解，增加其课程思政专业知识储备。国际商务专业教师还要在内部通过课程思政研讨会、教学技能比赛以及示范课建设等方式，提升自身在专业课与课程思政融合、挖掘专业课思政要素以及课程思政顶层设计等方面的能力。

第二节 组织实施

一、完善国际商务课程思政组织领导体系

习近平总书记指出，党的力量来自组织，党的全面领导、党的全部工作要靠党的坚强组织体系去实现。高校党委对学校工作实行全面领导，承担管党治党、办学治校主体责任，把方向、管大局、作决策、保落实，要加强党的领导的组织体系、制度体系、工作机制，形成落实党的领导纵到底、横到边、全覆盖的工作格局。加强党对课程思政建设的全面领导，是"党领导一切"的具体体现，也是全面推进课程思政建设的首要政治原则。健全党对国际商务课程思政建设领导的组织体系，是贯彻落实好这一政治原则的必要条件。因此，不断健全党对国际商务专业课程思政全面领导的组织体系，直接关系到课程思政改革的成败，影响着国际商务专业课程思政目标的实现。

（一）健全党对国际商务课程思政全面领导的逻辑理路

健全党对课程思政全面领导的组织体系，必须包含以下两个方面的内容。一方面，必须坚持和加强党对课程思政的全面领导；另一方面，健全课程思政组织体系是实现党对课程思政全面领导的组织基础和重要任务。

1. 党对国际商务课程思政的全面领导是实现德育目标的根本保证

在高校，党委领导下的校长负责制是明确的，但把党的领导贯穿办学治校、教书育人全过程则存在较大差距，要加快推进高等学校党的组织和党的工作全覆盖，确保党的教育方针在高等院校得到贯彻。中国共产党领导是中国特色社会主义最本质的特征，同样也是中国特色社会主义制度的最大优势。必须坚持和加强党对课程思政改革的全面领导，这是实现课程思政育人目标的根本保证，更是立德树人战略实现的根本保障。

2. 健全组织体系是党对国际商务课程思政全面领导的必然要求

从广义上说，组织是指由诸多要素按照一定方式相互联系起来的系统。从狭义上说，组织是指人们为实现共同的目标，按照一定的目的、任务和形式编制起来或通过互相协作结合而成的集体或团体。其基本结构由规范、地位、角色和权威等要素构成，具有非人格化特征。组织运行是指组织实现自己目标和发挥自己功能的过程。组织的各组成部分之间通过分工协作，构建科学合理的组织架构体系。因而，组织体系本身就是将一定的组织，按照结构和功能等的关系建构成一个发挥协同效应的整体，从而更有效地实现系统任务。严密的组织体系，是马克思主义政党的优势所在、力量所在。党的中央组织、地方组织、基层组织都坚强有力、充分发挥作用，党的组织体系的优势和威力才能充分体现出来。只有党的各级组织都健全、都过硬，形成上下贯通、执行有力的严密组织体系，党的领导才能"如身使臂，如臂使指"。加强党对课程思政的全面领导，需要构建完整的课程思政组织体系，以提升行动载体和运行系统的效率。构建以高校党委—院系党组织—基层党支部—党员四位一体的党的组织体系为主体架构的课程思政组织体系，是实现加强党对课程思政全面领导的必然要求，是确保充分发挥课程思政功能的政治、思想和组织保证。

3. 党的全面领导是国际商务课程思政建设的时代要求

高校治理体系与治理能力现代化建设，是中国特色社会主义现代化建设的重要组成部分。由于高校肩负着立德树人等特殊功能与使命，关乎国家未来的人才战略，决定了高校治理在国家治理体系中的重要地位。加强党对高校的全面领导，是中国特色社会主义的必然要求和直接体现，也体现了党对高等教育的高度重视。加强党对高校课程思政的全面领导，是加强党对高校全面领导的重要任务。要实现这一重要任务，就必须切实贯彻党的方针和政策，响应国家高等教育改革和治理现代化的时代要求，以立德树人为人才培养的宗旨，全面提升高校德育育人质量。

（二）国际商务专业课程思政建设的领导体系

1. 强化党对国际商务课程思政领导的思想政治基础

加强党对国际商务课程思政的全面领导，提高思想认识是前提，加强政治建设是根本要求。高校要引导全体师生深刻领会习近平新时代中国特色社会主义思想关于"党是领导一切的""党是最高政治领导力量""把政治建设放在首位"等重要论断的科学内涵，从而正确认识党对高校国际商务课程思政全面领导的重大意义。课程思政建设肩负着立德树人的重要任务，是培养中国特色社会主义建设者和接班人的重要阵地，是意识形态工作的前沿阵地。

因此，国际商务课程思政建设必须旗帜鲜明讲政治，确保始终坚持社会主义办学方向，确保始终坚持马克思主义的指导性地位，正确处理好教书育人和政治导向的关系。国际商务课程思政教师要自觉学习、遵守党内法规制度和国家的政策文件，按照加强党的政治建设的总体要求坚定政治信仰、提高政治素养和政治能力。国际商务课程思政的立德树人应结合党对课程思政建设全面领导的政治要求和课程思政改革的时代诉求，建构国际商务专业课程思政的制度体系和实践准则。

2. 规范国际商务课程思政领导组织体系结构

科学的领导组织体系的构建，核心在组织结构。根据系统论，组织结构应该趋于扁平化，从而降低管理成本，提高资源利用效率。党委书记对课程思政工作负总责，体现党委统一领导的要求。高校国际商务课程思政教育的执行分党、政两条线垂直管理，体现党政齐抓共管。党委设一位副书记负责党口的国际商务课程思政教育工作，校长负行政口最高责任，副书记、校长都对党委负责。副校长在校长的领导下负责各自分管部门的国际商务课程思政教育工作。针对国际商务专业课程思政，教学单位党组织负责落实上级党政机关的任务，同时决策并监督本学院的国际商务课程思政教育工作，由党组织的书记负总责。分工上，学院党组织亦设一位副书记，负责辅导员对学生的国际商务课程思政教育工作，院长直接负责国际商务教师对学生的课程思政教育工作。

同时，在学校层面成立课程思政教育工作委员会。工作委员会由学校党政领导和中层正职负责人组成，形成具体工作制度，定期对课程思政教育工作的计划、进展、部署、结果等情况进行讨论和交流，沟通信息，协调部门之间的关系。为了深入总结有效方法和成功经验，使其长效化和制度化，还应将课程思政教育实践和理论研究相结合，成立学校课程思政教育工作研究会。课程思政领导组织体系结构不是固定的，而是动态的，这就要求其不能僵化，必须具备一定的适应性，根据需要及时变化和调整。

二、完善国际商务课程思政教学过程控制

科学合理的国际商务课程思政教学实施体系的建构，需包括具体明晰的课程思政定位与目标、合理准确的教学内容、灵活精巧的教学方法、正确科学的思政要素、要素融入的教学模式等。这些教学要素的设计完备、准备充分、执行得当，是国际商务课程思政有效实施的关键。

针对国际商务课程思政存在的教学规范化不强、教学资源不足且利用率不高、方式方法单一、实效性不强等问题，应贴紧学生的思想实际和国际商务从业人员职业素养要求，跟进教师对学生进行教育、管理的各环节，明晰课程思政定位与教学目标，细化课程思政元素，融入线上和线下多元化教学环节，通过改革创新教学模式，构建高质量创新型国际商务专业教学实施体系，促进课程思政与思政课程同向同行、协同生力。

（一）明晰国际商务课程思政定位与教学目标

根据国际商务课程思政教学目标与知识框架体系，将国际商务课程思政教育的基本要求和对国际商务从业人员的基本职业素质要求融合为正式的标准体系，明确国际商务课程思政在专业人才培养与价值观塑造层面的功能定位，结合具体内容与知识点，细分每一个环节、每一个课程阶段需要达成的教学目标，精心设计和提炼课程专业知识体系中蕴含的思政元素，有机融入课程教学，实现国际商务课程思政教学程序化、常态化和科学化。立足立德树人的根本目标，围绕经济社会发展现状与趋势、数字中国、国家安全、金融风险、绿色发展、开放合作等内容体系，进一步明确高校国际商务课程思政教学中爱国情怀、职业道德、公民意识、国家意识等人才培养目标。

1. 国际商务课程思政的定位

定位一：培养具有国际化视野和商业思维的高素质人才。

国际商务课程思政的核心是培养具有国际化视野和商业思维的高素质人才。这里的国际化视野指的是学生能够了解国际商务领域的最新动态和趋势，掌握国际商务的基本概念和原理，同时具备跨文化交际技巧和跨境合作能力。而商业思维则指学生要具备商业思考和商业决策能力，能够在国际商务领域中熟练运用经济学、管理学、市场学等知识，解决商务问题。

定位二：培养全球意识和国际化思维。

在国际商务课程思政中，还要培养学生的全球意识和国际化思维。全球意识是指学生具备对全球事务的认知和理解能力，能够从全球的角度审视和分析问题。而国际化思维则是指学生具备在不同文化和社会背景下进行思考和决策的能力，能够理解和尊重不同文化和价值观念，具有跨境交流和合作的能力。

定位三：培养创新精神和商业道德。

在国际商务课程思政中，还要培养学生的创新精神和商业道德。创新精神是指学生具备创新意识和创新能力，能够主动发现和解决商务问题。而商业道德则是指学生具有良好的商业道德素养，注重商业伦理，具有诚信、正义、责任等商业道德素养。

定位四：培养责任担当和社会责任意识。

在国际商务课程思政中，还要培养学生的责任担当和社会责任意识。责任担当是指学生具备承担社会责任和企业责任的意识和能力，能够为社会和企业作出贡献。而社会责任意识则是指学生具备社会责任感和公民责任感，能够积极参与社会公益事业。

2. 国际商务课程思政的教学目标

目标一：培养学生的国际商务专业能力。

国际商务专业能力包括学生掌握国际商务的基本概念和原理，了解国际商务领域的最新动态和趋势，具备跨文化交际技巧和跨境合作能力，在国际商务领域中熟练运用经济学、管理学、市场学等知识，解决商务问题。

目标二：培养学生的全球意识和国际化思维。

全球意识和国际化思维包括学生具备对全球事务的认知和理解能力，能够从全球的角度审视和分析问题，理解和尊重不同文化和价值观念，具有跨境交流和合作的能力。

目标三：培养学生的创新精神和商业道德。

创新精神和商业道德包括学生具备创新意识和创新能力，能够主动发现和解决商务问题，同时注重商业伦理，具有诚信、正义、责任等商业道德素养。

目标四：培养学生的责任担当和社会责任意识。

责任担当和社会责任意识包括学生具备承担社会责任和企业责任的意识和能力，能够为社会和企业作出贡献，同时具备社会责任感和公民责任感，能够积极参与社会公益事业。

目标五：培养学生的跨文化交际和跨境合作能力。

跨文化交际和跨境合作能力包括学生具备跨文化交际技巧，能够理解和尊重不同文化和价值观念，具有跨境交流和合作的能力，同时具备国际化思维，能够在不同文化和社会背景下进行思考和决策。

目标六：培养学生的创业精神和创新能力。

创业精神和创新能力包括学生具备创业意识和创业能力，能够主动发现商业机会并将其转化为商业价值，同时具备创新思维和创新能力，能够在商业领域中不断创新和发展。

总之，国际商务课程思政的定位和教学目标是为了培养具有国际化视野和商业思维的高素质人才，让学生具备全球意识、国际化思维、创新精神、商业道德和责任担当等方面的综合素质。这些素质不仅可以帮助学生在国际商务领域中取得成功，还可以为社会和企业作出贡献。

（二）完善国际商务课程思政教学内容与方法

国际商务课程与思政课程融合，是新时代国际商务人才培养模式的新要求。国际商务课程思政的教学目标：通过思政元素的充分挖掘，引导学生正确和全面认识各国在制度和文化上的差异，帮助学生认识国际商务领域内大量具有中国特色的"中国故事"，增强学生的道路自信、理论自信、制度自信、文化自信。课程思政要融入国际商务课程思政课堂教学建设中，落实到课程设计、大纲修订、教案编写各方面，贯穿于课堂授课、教学研讨、作业论文各环节，推进国际商务课程思政内容进培养方案、进教案课件、进考核评价。要创新课堂教学模式，激发学生学习兴趣，引导学生深入思考。

在把思政教育和其他专业课程结合时要坚持实事求是原则，确保认真做好国际商务课程思政教育。例如，在谈论文化与国际商务时，引入中华传统文化的现代意义的讨论，结合应对新冠疫情所凸显的中华文化与西方文化的差异，激发学生的文化自信，同时以更包容的态度看待国际商务活动所面临的文化差异。以"一带一路"倡议为例，分析中国政府在激励企业开展对外直接投资中发挥的作用、结果，国内经济制度对于新兴经济体投融资的影响，帮助学生独立思考"中国模式"对世界的贡献。通过分析国际营销与全球研发，介绍中国企业和中国品牌的在国际市场上的卓越表现，引导学生正确认识我国改革开放的重要成就。

在教学方法上，依托慕课、校园网络教学平台、互联网等媒体资源，通过创设问题情境、主题讨论、观点辩论、分组任务、角色扮演、直播教学、互动答疑等多元化形式与方法充分展现所设计的思政元素，促使思想政治教育入脑入心。结合高校推行的国际商务线上线下混合式教学，具体实施过程中可以从线上和线下两个方面同时进行。一是将思政元素融入线上课堂教学，线上线下混合式教学关注学生课前对课程目标、内容背景、典型案例的理解，以及课后对知识的拓展和延伸，加强线上资源的利用，将学生身边发生的热点事件、社会热点问题与课程内容结合，引导学生讨论与思考，激发学生参与的主动性与积极性。通过线上反馈与交流互动及时了解学生的思想动态与心理需求，从而有针对性地利用线上教育资源进行价值引导。二是将思想政治教育元素融入线下课堂教学中。密切结合新时代面临的新问题和新情况，关注大学生思想动向与生活实际，以学生为中心、产出为导向，深入挖掘每堂课价值选择的表达，创设学习情境与项目任务，引导学生对学习内容的思考、理解，引发情感与态度的共鸣。

同时，开发特色教学项目库并实施项目化教学。项目化教学通过学生对教学项目的自动选择、教育精神的主动内化、教学活动的主动参与以及主动探讨等实现教育教学目的。深入挖掘"课程思政"元素，充分发挥国际商务专业教学的价值引领作用。以中国商业的故事为指引，在学习实践过程中，引入宣传核心价值观的实训项目，在实现专业技术技能学习的同时，润物细无声地开展思想政治教育。同时，产出的微课作品，可用于国际商务课程思政拓展资源平台，完成课程思政资源的推广。

（三）构建师资队伍建设的长效机制

全面推进国际商务课程思政建设，教师是关键。要加强国际商务专业教师课程思政能力建设，推动广大教师进一步强化育人意识，找准育人角度，提升育人能力，确保课程思政建设落地落实。建设课程思政离不开教师的努力，而实际实施效果会受到教师思政工作能力及其自身思政意识的影响，这两方面直接决定思政课程能否与其他课程相互促进和共同发展。所以，国际商务专业要积极建设教师队伍，打造一支能够教书育人的教师团队，通过整合思想政治和专业课程的内容，促使其不断学习社会主义核心价值观，拓宽自身理论范围。当国际商务专业教师全面学习社会主义核心价值观后，可以对课程思政产生更加深刻透彻的理解，建立明确的思政目标，进而在实际专业课程教学中发现思政元素的教育功能。教师要综合分析各教学要素间的关系，注意教学环境变化，关注学生思维状况，洞察教学内容变化，在广泛听取和吸纳学生意见的基础上，不断反思和改进教学内容，切实提高其针对性、时效性和创新性。

国际商务专业教师应该积极投身于课程思政建设和德育育人的实践工作中来，再结合自身优势取长补短，协力合作，共同探索和构筑国际商务专业课程思政育人新体系。因此，国际商务专业课程思政教学实施体系的建设需要地方教育主管部门和学校党政领导的高度重视，给予一定的经费支持，并担负起引领作用。学校管理部门必须承担起组织策划、政策制定和成效考评的指导和监督作用。高校要从政策导向、资金支持以及团队组建等多方面协作，建立上下联动的长效引导机制、协同务实的合作创新机制、教改评结合的成效机制以及奖罚分明的激励制度。各级领导干部要为教师提供全面的保障服务，例如，学校可以组织各种培训活动，让国际商务专业教师在教学中建立借助思想政治课程开展教育的思想意识，提升教师自身的职业责任感。邀请专业人员和高等院校思想政治教师组建国际商务专业课程思政政治教育队伍，针对国际商务专业学生进行课程思政教育，同时逐渐吸纳各科教师加入思想政治教育队伍中，实现全面育人的效果。

（四）构建完善的教学评价体系

国际商务课程思政评价体系的设计与操作需要结合不同学校在学科专业建设层面的要求、国际商务课程特点以及教师自身教学情况，具体而言，包括对课程思政教学目标、内容、方法、考核手段进行定性或定量的评价。课程思政评价的直接对象是任课教师和授课学生，评价重点是教师组织的课程思政教学活动是否有成效，既要考查学生对国际商务课程学习的态度和参与情况，也要考查学生对社会国家发展的关注度与认同感，考查学生对思政要素的理解与接受度。一方面，在教学过程中以项目任务、课堂汇报、主题讨论、作业、问题反馈等过程性考核方式评估学生对课程思政教学的理解与认同程度，结果性考核以期末专业考试成绩变化情况、平行班学习情况的对比分析、课堂活动综合积分等评测指标为主。另一方面，学生思想观念与情感价值的评价往往不像知识点考查一样具有可操作性，除了成绩的量化考查，可以采取主观描述性反馈、深度访谈、调查问卷量化分析等手段进行评价，采取不同形式收集学生对课程思政要素、教学风格、教学方法的描述性评价与感性认知。国际商务课程思政评价与监督检查至少应有三个维度，即专业知识教学质量提升、思想观念与价值观认同、发展能力。具体可以根据实际情况设计基础性与关键性指标，如专业知识教学质量提升的测量指标，包括专业知识理解、掌握、应用程度，专业发展的情感态度，专业学习的主动性与进取性；思想观念与价值观认同的测量指标包括价值导向、思想变化、心理动态、网络安全与风险意识、科学思维、家国情怀、社会主义核心价值观认同度；发展能力测量指标包括商务思维、创业创新能力、职业素养、合作能力等。

三、完善国际商务课程思政监控体系

（一）教学质量监控与保障体系的内涵

监控体系的有效应用对于提高国际商务专业课程思政质量管理与教学水平有重要的意义，一方面，极大地提升了教学有效性，进而实现教育目标。监控体系的完善有利于提升国际商务课程思政教育教学质量，及时发现国际商务课程思政教育教学中存在的问题，并通过研究与解决存在的问题，为国际商务人才培养提供保障。另一方面，有利于提升国际商务课程思政内部管理水平，促进高校国际商务课程思政的健康稳定发展，提升国际商务课程思政内部管理工作的效率和质量。

教育质量监督与保障对于主流意识形态认同以及知识积累等方面均发挥着重要的作用。国际商务课程思政的教学质量监督与保障机制是否合理，以及教育质量监督与保障是否能够提升教学的有效性，均关系着国际商务专业课程思政建设的成败。基于国际商务课程思政的教育需要实现知识体系教育与德育教育的有效结合，在教学过程中需要融入立德树人的教育理念，培养出能够胜任岗位同时兼具高尚品德的优秀人才。教学质量的监控与评价体系的构建，能够实现全方位的德育教育和专业技能教育。

（二）教学质量监控与保障体系的构建

根据国际商务课程思政教学的特点，在构建教学质量监控与评价体系时必须坚持科学性原则。监控的环节和评价方法必须能直接反映课程思政教学本身的性质、特点，综合考虑各种因素的影响，监控环节设置要到位。在设定每项评价指标时，各评价指标的名称、概念和权重等必须经过科学的论证，使之科学合理且易于理解把握。同时，由于国际商务课程思政组织形式多样，评价环节较多，且教学效果的考核主体也不唯一，更多地偏重于主观判断，因此在评价指标的设计上要尽可能地客观反映实践教学环节的状态，以减少人为因素的影响。加之其教学内容复杂，环节较多，监控与评价体系的构建必须坚持系统性、全面性原则。对影响因素、教学过程以及教学结果要有一个全面的考核和系统的评价，不仅对学生的学习结果进行评价，而且对教师的教学过程也要进行评价，使监控与评价体系贯穿整个教学过程，从而能够实现课程思政的整体目标。国际商务课程思政监控与保障体系可从以下几方面进行构建。

1. 完善教学质量监控体系制度

国际商务专业必须建立健全教学质量监控制度，切实保障教学工作有章可循、有据可查，保证教学工作的规范化、科学化、制度化。为给教学质量的提升提供可靠的制度保证，国际商务专业教学质量监控制度必须符合时代发展需要，必须符合教育教学规律，必须与高校人才培养相匹配。教学工作科学有序才能进一步提高教学质量，而教学质量监控制度作为教学工作科学有序开展的重要前提，必须具有可操作性。在开展教学质量监控评价工作时要改变单一、片断和阶段性的质量监控方式，要从整体、全面的角度综合开展教学质量监控。这样既可以减少基层学院、教研室的压力，也能从整体上把握教学质量的真实现状和存在的问题。根据国际商务专业课程思政人才培养的要求和目标，制定符合国家和社会要求的人才培养方案监控标准、专业建设监控标准、课程建设监控标准、教师队伍建设监控标准等教学过程中质量监控的标准。

2. 构建以教学为中心的质量监控体系

教学质量是高校赖以生存的基石，提高教学质量是学校的核心工作。高校要树立教学质量是立校之本的理念，切实将教学质量监控体系的建设作为重中之重。首先，必须高度重视国际商务专业课程质量监控体系的建设工作，把质量监控工作抓好抓实，进一步更新国际商务专业教师的教学观念，进一步提高教学质量和水平，确保国际商务专业课程教学质量监控体系的形成和良好发展，确保高校立德树人目标的实现。其次，要根据学校的所处地域、行业发展、专业设置等情况，紧跟国内外国际贸易发展的动态，及时修订国际商务专业人才培养方案，校准人才培养的方向，完善专业设置，优化师资水平。明确教学在教学质量中的核心地位，让教师回归教学。在设计教学质量监控体系时，要从激发、调动教师教学积极性方面着手，减少不必要的考核指标，建立教师的激励和约束机制，让教师将精力放到教学上，放到学生身上。要加大对青年教师的培养、培训，进一步提高国际商务专业教师的教学能力和水平。要按照国际商务专业课程思政建设要求，明确专业教师的育人职责，发挥专业育人作用，实现思政课程和课程思政的有机结合。

3. 构建质量监控的多元执行体系

高校要创新管理理念，做好"放管服"改革，明确校级和学院在监控体系中的职责。校级监控部门要建设好质量监控平台，从学校定位和学科专业布局考虑，拟定规范的质量评价指标体系，发布质量监控的规章制度等。学院要承担起教学质量监控的责任，从学院发展和学科专业建设的高度开展好教学质量保障及评价，在学校规范的基础上创造性地优化监控指标并开展监控、督导、评价。在此基础上，要建立和完善国际商务专业教学质量监督队伍，建立一支专兼职结合、年龄结构合理、专业相匹配的精干的质量监督队伍，保证监控体系无死角、无漏洞。院校主动与企业合作共同参与教学管理、全面实施教学过程监控与质量评价，及时发布高等教育的前沿动态，组织国际商务专业的人才培养模式调研并形成调研报告，为校企合作办学、协同育人奠定良好的基础。

4. 改变质量监控结构与内容

根据国际商务专业实践教学活动的内容，从教学反馈、教学督导、学生反馈、听课记录、教学测评等方面建立合理的信息采集渠道，将教学活动中采集的信息与评估系统得到的评估信息进行整理，并与实践教学目标和标准进行比较。国际商务专业要在质量监控工作中积极采用大数据管理，发挥国家高等教育质量监测数据平台的信息收集、自我诊断和决策参考作用。一方面，要根据质量监控指标的各项信息做到动态采集、实时在线，通过数据的采集和汇总了解教学运行的真实状况；要根据数据平台的信息分条、纲、目，开展数据分析，要让数据"说话"，变成教学管理的信息和依据，并及时和手头的数据信息进行比对分析，从而找出教学管理中的漏洞。另一方面，质量监控信息数据要和校内其他部门的数据平台及时对接，消除部门间的行政壁垒和技术壁垒，实现数据的共享、共商，为国际商务专业课程思政开展教学管理决策提供支撑。

第三节　支持保障

一、国际商务课程思政建设的组织保障

高校教学质量需要组织体系的支撑才能得到保障。组织要有不同层次的权力与责任制度。高校的组织结构是高校组织中正式确定的、使工作任务得以分解、组合和协调的框架体系。高校作为一个复杂的组织，需要对其组织结构进行合理的设计。组织结构需要根据学校的发展战略作出调整，学校战略的变化也必然带来组织结构的更新。凡是发展得较好的高校都非常重视教学质量的提升，高校战略重点的不同也会导致高校内部组织设置的不同，组织的业务活动重心和核心职能也不相同。目前，由于受到办学资源限制或领导重视不够等因素的制约，我国大多数高校教学质量管理的组织结构并不健全，没有形成体系，很少设置独立的教学质量保障办公室对全校的教育教学质量进行管理。

健全、有效的国际商务课程思政组织保障机制需要针对整个教学活动、每个教学环节，配备相应的管理人员、活动经费，制定相应的管理措施和岗位任务，把制度的执行和监督贯穿教学全过程，国际商务专业课程思政教学组织保障机制涉及教务管理子系统、招生子系统、人事管理子系统、财务预算子系统、后勤管理子系统和就业子系统等。各个子系统承担的任务不同，但总体目标一致，它们在各负其责、各尽其责的同时，必须相互沟通、相互

协调，共同保障教学活动顺畅运转。有了健全的国际商务专业课程思政教学保障机制，教学质量保障办公室能够依据教学定位和社会需求，制定相应的预算和计划，把教学质量管理的各个阶段、各个环节组织起来，把教学任务、职责、权限具体落实到各项教学流程中，使各部门、各环节严密按照制度、计划进行有目的的活动，同时加以体制化、结构化、持续化监控，使各子系统形成一个既有分工又有合作的有机整体，保障教学系统顺畅运转。

为了实现国际商务专业课程思政教学质量保障工作科学化、系统化、规范化，不断提高人才培养质量，国际商务专业课程思政应设立完整的质量保障组织系统。该系统可包括三个层次：领导与决策机构、管理机构和工作机构。

（一）领导与决策机构

高校党委承担管党治党、办学治校主体责任，要坚持完善党委领导下的校长负责制。同时，要充分发挥院系党组织的政治核心作用，贯彻落实好上级组织的决定，把握好教学科研管理等重大事项中的政治原则、政治立场、政治方向，在干部队伍、教师队伍建设中发挥主导作用。

作为学校教学质量管理的领导与决策机构，建立以校长为教学质量第一责任人的工作责任制，在校长的直接领导下，学校的教学主管部门、教学辅助部门、各教学单位均承担教学质量保障责任。成立学校教学质量管理委员会，由校长担任主任；相关工作的分管校长担任副主任，相关职能部门、各教学单位的主要领导担任委员。教学质量管理委员会主要负责统一领导学校教学质量保障制度的制定和实施，制定有关保障和提高教学质量的重大政策和措施，监督各个工作机构执行教学质量标准，进行自我监测、分析和改进的情况。

（二）管理机构

在学校教学质量保障的组织系统中，处于中层的是质量管理办公室。作为学校教学质量保障工作的管理机构，质量管理办公室全面负责人才培养质量的监控、督导与管理工作，确保教学质量保障体系的建设和正常运行；统计、分析各职能部门和教学单位提交的有关数据、报告，并在每学年末形成教学质量保障工作的年度报告，形成由校教学质量管理委员会和分管质量管理工作校长直接领导、相关部门多方联动的长效质量管理组织机构。教学质量保障体系涉及全校各二级学院、各职能部门和全体教职员工，人人都应树立质量观念。

（三）工作机构

在学校教学质量保障的组织系统中，处于底层的是相关职能部门和各教学单位，作为学校实施教学质量保障的工作机构，包括教学主管部门、教学辅助部门和各教学单位。教务处是学校教学质量保障工作的主要执行机构；各教学单位是学校教学质量保障体系的实施主体。教学质量保障的工作机构主要负责教学过程管理和教学资源管理，对本单位执行教学质量保障的情况进行自我监测、分析和持续改进。

各二级学院、各部门明确本单位、本部门在质量保障体系中的地位与作用，运用现代化管理手段，建立教务管理系统、顶岗实习管理系统、教学仪器设备管理系统、网上评教系统，并利用 QQ 群、微信群等信息化手段，从提高教学质量、人才培养质量的要求出发，根据质量保障的要求建立本单位、本部门的质量保障体系，配套相应措施，把好各环节的质量关，把质量保证工作真正落到实处，实现学院教学管理的信息化、管理手段的现代化。

质量管理的组织从上到下形成系统，顶层有领导与决策机构，中层有专门的管理机构，底层有具体的工作机构，各层级的组织机构目标一致，分工协作，责任明确，权限清晰，运行高效，构成一个相互协作、互相关联的教学质量保障监控的组织共同体。这个组织共同体对国际商务专业教学活动的规范化管理和过程监控具有很强的强化作用。

二、完善国际商务课程思政激励机制

激励的目的在于激发人的正确行为动机，调动人的积极性和创造性，以充分发挥人的智力效应，做出最大成绩。激励机制是指通过特定的方法与管理体系，将成员对组织及工作的承诺最大化的过程，它的理论基础是管理心理学重要内容之一的激励理论。在组织系统中，激励主体系统地运用多种激励手段并使之规范化和相对固定化，其与激励客体相互作用、相互制约的结构、方式、关系及演变规律的总和被称为激励机制。为构建和完善课程思政的激励机制，切实提高国际商务专业任课教师开展课程思政教学改革的主动性与能动性，激励机制应坚持以正面激励为主、激励与约束相结合的原则，努力做到奖惩得当、赏罚分明。在建立激励机制时，国际商务课程思政应注重以下几点。

（一）完善相关政策规章制度

激励机制创新是实施研究性教学的必要条件，校级部门应出台文件，落实每个部门的权责，确保课程思政教学的实施；应加强对课程思政教学的监督，包括教学资源、经费的投入与使用，并为参与课程思政教学的师生提供保障性政策，如教师工作量计算、教学成果奖申报、学生学分获取等。院级部门负责政策的具体实施，并及时反馈实施情况及师生建议，进而不断完善相关政策。可从政策导向、制度规范、体制创新等层面完善。一是政策导向层面，高校办学方向上要坚持教书与育人、智育与德育、科研与教学并重的策略，通过专题培训加强政策引导，改变以往重教书轻育人的习惯，不再以学生分数、升学以及教师职称与学历为激励指标，而是需要将课程思政的内容融入其中，转变传统教学理念；二是制度规范层面，需要进一步完善课程思政教师工作量化制度、课程思政优秀团队与典型案例评选制度、课程思政示范课程建设制度、教学与科研成果奖励平衡制度以及课程思政负面清单等约束机制，让教师在课下可以积极主动地与学生进行沟通，帮助学生解决自己遇到的实际问题，将课程思政的内容融入各个环节中；三是体制创新层面，将政策制度具体化、细节化，推动相关制度规范运行、具体落实。在构建激励与规范约束机制的同时，需要将及时纠错机制、教育反馈机制、育人协作机制等优势发挥出来，构建具体化的体制运行模式，为国际商务专业课程思政激励机制的构建提供内在与外在的联系。在具体实施中，高校首先应建立以教学为中心的制度环境，完善让教师在教学中投入更多精力的激励机制。

（二）创新奖惩机制

国际商务专业教师开展课程思政建设需要投入更多的精力，挖掘思政元素融入课程教学，创新教学方法等，这些都使得教师付出更多成本。从成本补偿的角度来看，一定量的物质补偿是合理的。但单纯的内在激励或单纯的外在激励都不可取，二者应为相辅相成的关系，缺一不可。为了改变过去教学管理中对教学工作只重量的统计、不重质的评价的做法，在严格执行教学常规的基础上，变管理为引导；增加教师的教学自主权，树立教师的质量意识，激发教师的教学热情和创造能力，鼓励教师把更多的时间和精力投入教学中，真正确立教学工作的中心地位，从根本上确保本科教学质量稳步提升。为此，高校还应出台教学资助和奖励相关办法。首先，将奖励资助与质量监控相结合。在奖励资助的规则上，要改变过去教学评比中只关注结果，相对忽略过程，教学评奖与教学过程质量监控脱节的做法，尤其是重点资助或奖励的项目，必须实行全程监控。其次，全面资助与重点奖励相结合。奖励和资助的目的是调动全体教师投入教学的积极性，因此，可以采用先资助后奖励的办法。资助项目强调全员参与，教师或单位自主申报，一般不设名额限制，只要达到规定的要求，就提供资助。在全员资助的基础上，学校将对在提高教学质量中做出突出成绩的教师和教学管理人员给予重点奖励。再次，严格常规与强调自主相结合。严格遵守教学质量标准、相关支持性文件和程序性文件是教学和管理的基本要求，也是保证教学质量的前提条件，因此这是学校教学工作和教学管理工作的常规。凡教学或管理不符合常规要求的单位或个人，一律没有资格申报重点资助和奖励项目。最后，实施过程必须考虑运作的成本和工作量，充分利用教学信息系统和教学督导系统，全程监控一般委托教学视导人员进行。

三、拓宽国际商务课程思政资源支持的途径

教学资源是指在学校教育中，围绕教学活动的开展，为实现教学目标、优化教学活动、提升教学品质而参与其中，且能被优化的所有教学要素的总

和，例如教育者与学习者、教学资料、教学设备、教学环境等。任何活动的开展离不开资源的支持，教学资源是支撑教学活动的基本要素和必要条件。高校的教学体现为教师整合和挖掘各种教学资源，也体现在各类教学资源的协同运行和优势互补上。然而，即使当前信息技术的进步为教学提供了大量的、丰富的教学资源，在现实的课堂教学中，教学资源的开发和利用仍显不足，例如物质教学资源的闲置、教学资源效能未充分发挥、教师对文本资源的开发不足等。究其原因，既与对教学资源的认识不清、管理不善有关，也与教师本身的教学资源能力不足有关。教学资源在高校教学系统的整体架构下，各个要素发挥作用和价值，形成教学合力，才能实现教学目标，优化教学过程。

（一）改变传统教学观念，树立教学资源开发和管理的意识

互联网时代知识的传播途径多元化，学生可以通过多种渠道获得知识，教师不再是知识的代言人。因此，教师课堂讲授不再是唯一的知识来源，教材也不是唯一的教学文本，国际商务专业教师角色由讲授者转向组织者、引导者、合作者，他们不是主导学生完成教学目的，而是为学生提供资源，及在学生的推理过程中进行提问和启发，对学生的认知作出经常性的反馈，鼓励学生对信息进行独立评价，帮助学生在问题讨论中协调、整合基本知识与实际技能。教学从以教为中心转向以学为中心，从"授之以鱼"转向"授之以渔""授之以欲"，教师更多的关注点放在激发兴趣、传授方法、培养能力和塑造品质上。国际商务专业课程思政教学中的文本、人本、情境、师生关系、教学方法、教学组织形式等是一个庞大的资源系统，有着无限的开发潜力和资源属性，教师应对教学资源进行适当开发和运用，加深对教学资源的内涵理解，将参与教学活动的各种要素视为可以不断开发和运用的资源系统，使教学资源的开发理念深入教师和管理者中间，提高他们的教学资源开发能力和教学资源管理意识。不仅将自己作为教学资源，而且关注到课堂教学的方方面面。围绕教学要求挖掘、利用、整合各类教学资源是通往卓越教学的有效途径。

（二）发掘跨学科教学资源，建立教学资源管理体系

课堂学习只是学习的一部分，大量的学习发生在课堂之外，学生通过自主学习、案例参与、项目研究、实习实践、团队合作，甚至是社会调研使自己习得知识、培养能力、提升素养。开发丰富多样的国际商务专业跨学科课程资源，跨学科交叉课程，不局限于本专业的教学班级，将不同专业的学生聚集在一起，课程的内容基于现实中的真实问题，来自不同学科的教师组建跨学科教师团队，不同专业的学生以修读课程的方式参与项目研究，关注社会需求，关注人类发展，聚焦政府、企业、社区的具体问题，组织开展创新研究和实践。同时，鼓励学生组建学术社团，进行项目化的研究和学习，学业评价实行标准与非标准考核相结合、灵活考查与基础考核相结合、个人与团队成绩相结合、动态与静态考核相结合，促使学生由被动学习转向自发学习，评价的内容从注重死记硬背转向注重独立思考能力。

同时，实验室、工程中心、科研实验平台等是高校具有独特优势的教学资源，在传统的教学资源管理模式中，这些教学资源都有严格而固定的管理机构，仅在一定范围内流动与共享，不能跨院系实现真正意义上的开放交流与共享互动。由于没有形成完整的教学资源管理体系，这些教学资源在使用过程中产生的数据各自分散，不利于及时了解师生使用教学资源的情况，以及对教学资源的更新与反馈，影响了资源的合理优化配置。国际商务专业课程思政应挖掘各类社会实践活动、社会事务中蕴藏的思想政治教育因素，发挥全要素育人的合力作用。遵循社会环境变化趋势与大学生主体意识增强的发展特征，强化隐性思想政治教育，通过多元的平台与载体建设，使国际商务专业课程既发挥显性的智育作用，又潜移默化地发挥思政隐性教育作用。如以高校开展的"互联网＋"大学生双创大赛、"挑战杯"大学生创业大赛以及各类学科专业技能比赛等活动为载体，在实践活动中深化对课程显性知识的认知，厚植行业自信心与民族自豪感，实现自我价值与社会价值相统一。

（三）构建智慧学习环境，建立教学资源支持与运行体系

高校的学习场所主要是教室，教学设备单一。传统的教室以教为中心，

学生在课堂上被动听讲，教学气氛往往沉闷乏味。这种保守封闭的教学环境，限制了学生的小组互动讨论，师生之间无法实施有效沟通，缺少现场情境感受，不利于批判性思维和国际视野培养。理想的教学环境是互动式的，更有利于激发思考，便于师生沟通，培养批判性思维。数字化时代推动了高等教育教学与信息技术的深度融合，优质教育资源共享与应用是当代教育发展的主旋律。国际商务专业课程思政教学支持服务体系除了要集合校内的人力、物力、财力等资源，保障各方面对教学活动的充分支持，还要汇聚一切以促进高等教育质量提升为己任的管理者、研究者、实践者共谋发展、共享智慧，借助在线开放课程联盟平台、网络教学服务平台、民间教育协会组织等，加强院校间、校企间、教师间的交流与合作，共享教学改革成果和科研研究成果，拓展高校教学时空，提升大学教学效能。

例如，当前已有高校开始探索建立智慧教室，能够实现智能化、云计算，教师在课堂上能够快速获取网上和校内实验室的资源，师生可以通过移动端互动，学生可以直接将互动的内容进行投屏、比较，使教师在课堂上了解评测学生的掌握程度，学生知道自己的目标达成度。这样的教室还具有多样性，可以满足不同类型的教学需要，提升学生的综合素质。例如，灵活多变的研讨室、网络互动教室、多屏研讨教室、远程互动教室、手机互动教室、多视窗互动教室，等等。通过数字化教学资源共建共享机制的研究，可以实现教育资源的合理化组织、优质资源选拔、标准化建设和规范化管理；避免数字资源在重复开发的过程中所造成的人力、物力、财力的浪费，提高教育优质资源的有效整合和广泛应用，促进课程与教学改革，提升教育的整体质量和综合实力。

同时，随着科学技术的不断发展，高校的服务管理工作也不断深入发展，能够充分利用先进的信息技术手段加强管理服务，将信息技术手段融入国际商务专业课程思政教学资源建设中，例如，建立行政管理组织、建立教学资源支持与运行体系。还包括一站式的学生服务中心，例如，高校中关于设备借用、户籍查询、国家奖学金、报销理赔、咨询等事务是学生在学习和生活中经常会遇到的问题，与每个学生息息相关，一站式的学生服务中心就是以服务为导向、以大数据为基础的组织结构，从学生的需求出发，整合资源，高度集成涉及学生日常业务办理的不同业务部门。通过这些方式建立长效的教学资源支持，能够始终形成对学生的正面影响，对学生自我管理意识、沟通能力等方面的提高也将有很好的帮助。

（四）加强师资队伍建设，定期组织培训

教师的信息获取能力、资源整合能力、教学工具运用能力、教学设计能力、数据分析能力等都将直接影响未来的教育教学。因此，国际商务课程思政最终要想聚焦于高校育人的价值根本，确保课程思政顶层设计与目标任务的落地实施，必须发挥教师的主体作用，切实提升广大教师队伍对课程思政教学体系建设的意识与能力。一是国际商务专业任课教师应进一步强化育人意识，加强课程团队建设，发挥国际商务专业教研室、教研组等基层团队的教学组织作用，形成国际商务课程思政教学改革团队，建设课程思政建设共享交流的平台，完善课程思政集体教研制度，通过教学团队集体备课、说课、听课等多种形式强化思想意识，提升思政育人能力；二是建立健全优质课程思政资源的共享机制，充分利用慕课平台、高校网络教学资源等，促进优质课程思政资源的共享共用，共融互通，通过开展示范培训、教学观摩会、在岗培训、专题培训、思政教学竞赛等活动，进一步提升教师将课程思政元素有效融入专业教学的能力。

同时，要组织国际商务专业教师参加课程思政的专题培训。培训不仅要增强教师对课程思政的认知、认同和开展这项工作的自觉性、主动性，还要帮助教师克服可能面临的各种困难；不仅要倡导和引导教师立德树人，培养德才兼备的人才，还要使其知晓如何才能坚守底线，确保在教学中不对学生产生负面影响。在培训内容方面，要根据不同学科特点、不同年龄和接受能力的教师制订有针对性的培训计划，根据本校信息化建设的不断推进和信息技术的发展及时更新培训内容。宜多采用小规模、常态化的工作坊式培训，给予老师充分的研讨和现场操作时间，真正让老师内化于心、外化于行。结合学科特色定期举行教学观摩，以案例展示的方式给予教师更加直观的认识。通过培训、教学观摩、评价等环节提高教师日常教学的能力。

（五）完善教学管理支持，提供政策保障

围绕教学活动为教师和学生提供各种服务是高校教学支持服务部门的重要工作，但深入开展研究也是教学支持服务不可缺少的一项重要职能。因为国际商务专业课程思政教师的教育理念更新、教学方法改革、教学模式创新、教育技术应用、专业发展规划等需要专业的教学研究人员追踪世界前沿理论和实践研究的最新成果，经过整理与借鉴，形成契合校内教师本人、学校发展、人才培养等多方面需求的可行性方案，为教师教学提供全方位服务。例如，在一门课程中，根据知识点的要求不同可能会需要教师综合运用讲授法、研讨法、任务驱动法等多种教学方法，目前一门课固定在某个教室上课的排课方式就无法满足多种教学方式的需求，因此在教学管理上需要进行改革，允许教师根据课堂教学活动的不同预约具有不同布局方式、不同软硬件设施的教室上课。专业化的教学支持服务队伍不仅体现在岗位职责的专门化，还要保证人员素质的专业化。唯有这样，才能及时把握高等教育发展动向，适时了解广大教师教学诉求，准确凝练教学改革成果，推动教师教学和学术发展。

在政策保障方面，由于国际商务专业课程思政教学活动从时间和空间上都较之前有了较大的延伸，教师备课、制作课件、线上答疑互动等课下工作量都有了很大的增加，教学管理部门一方面可以出台助教相关政策，给任课教师配备若干助教，协助教师进行课程资源的制作与推送、答疑、主观性作业的批改、学生学习情况的汇总等工作，以减轻教师的工作负担；另一方面，改变以往通过课程学分认定教师工作量的方法，充分利用大数据对教师线上线下的教学工作量和质量进行全面量化考核。另外，还需要制定激励措施，督促教师去了解更科学的教学理念、更新的教学方法。

第四节 示范引领

一、专家学者示范引领

（一）对课程思政基础性问题进行研究

实现由思政课程向课程思政转变，是立德树人的根本要求和现实任务。不同学者从不同的角度对课程思政建设的必要性进行了相关论述。高德毅和宗爱东（2017）认为提升高校思想政治教育实效性，必须充分发挥课堂育人主渠道作用，按照"办好中国特色社会主义大学，要坚持立德树人，把培育和践行社会主义核心价值观融入教书育人全过程"的根本要求，将学科资源、学术资源转化为育人资源，实现知识传授和价值引领有机统一，推动思政课程向课程思政的立体化育人转型。卢佳等（2018）以长春理工大学课程思政实践为例，指出大学要培养德才兼备的人才，应该有效利用课堂，充分发挥"第一课堂"与"第二课堂"的协同作用。台红蕊（2019）认为在构建高校思想政治工作大格局的进程中，开启"破墙"试点，探索在知识传授过程中实现价值观的引领，将思政工作深刻融入教育教学全过程和各环节，可以实现从思政课程向课程思政的创造性转化。

对于课程思政的内涵，学者们给出了自己的解释。这些解释虽没有统一的界定，但也有相同点，那就是从体系建构、过程融入的角度来定义课程思政的内涵。杨雪琴（2019）在深刻把握高校课程思政改革的内涵、背景和理念，深入摸清高职院校课程思政改革的现实校情、教情和学情基础之上，为切实促进高职课程思政顺利推行，提出了对策建议。而邱伟光（2018）则认为课程思政的实施，要以马克思主义教育思想为指导，把知识传授、能力培养与价值引领有机结合起来，坚持育人导向，回归课程之本，注重价值引领，体现育人功能。对课程思政内涵的研究除了体现在对其概念的界定上，还有学者对思政课程向课程思政转变的价值内涵进行了专门研究。董勇（2018）认为从思政课程到课程思政，是对思想政治教育创新逻辑的回归，是因势而新的思政教育理念升华，是因事而化的思政内涵转型，是因时而进的思政体系重构。

高校要开展课程思政建设的前提或基础就是要首先明确课程思政建设的原则、任务和标准。邱伟光（2018）就从课程思政目标实现层面，提出课程思政教学要回归育人本原。课程思政的建设除了要有建设指向和实施要求外，怎样对建设效果进行科学评估，从而更好地改进建设工作也是非常重要的一环。因此，也有学者尝试构建一个通用的、科学的建设标准体系。赵鸣歧（2018）认为课程思政作为新时代高校思想政治教育教学改革深化与创新的产物，其核心要义是强调专业类课程通过深入挖掘学科中蕴含的思想政治教育资源，充分发挥专业课程的育人功能和专业课教师的育人职责，从而促进全员育人、全课程育人、全方位育人的"大思政"教育格局的形成。

高校要实现从思政课程向课程思政转变，就需要各类课程与思政要素深度融合，处理好课程思政建设中所涉及的各种关系。当前学术界关于课程思政的研究主要围绕以下两个方面：一是侧重于论述如何正确把握课程思政与思政课程之间的关系。例如，邱仁富（2018）认为课程思政唯有与思政课程保持"同向"，才能为"同行"创造条件，最终实现结伴同行，形成协同效应。二是在具体推进落实课程思政建设的过程中，处理好在课程思政建设中所涉及的各种关系。例如，贺武华等（2018）认为若要更好地实现高校立德树人的根本任务，课程思政教育就需要处理好显性教育和隐性教育、教学方法和教学内容、价值理性和工具理性的关系；靳诺（2019）则认为思政课要处理好教学与科研、学科建设与思政课程、思政课程与思政工作、顶层设计与基层探索的关系。

（二）课程思政的实现路径与创新模式研究

1.课程思政教学方法的研究

各类课程与思政要素深度融合，已成为高校课程思政改革的普遍共识，但对于如何提高课程思政教学效果存在着不同意见，为此作出了不同的探索性尝试。综合目前课程思政改革，比较典型的教学方法有"问题链"教学法、"比较式"案例教学法、专题教学法、互动式教学法等。胡维新等（2018）用"问题链"教学法从专业课程的教学过程中提出主题问题，引出思想政治教学内容，转化为思想政治教学专题，创新高校思想政治教育教学方法。吴万宗和潘瑞姣（2018）提出引入"比较式"的案例分析方法进课堂，旨在通过丰富的案例材料逐步引导学生熟练掌握相关知识，同时弥补单一案例分析在引导学生思考角度单一的问题，启发学生辩证地看待问题。此外，黄薇（2019）以公益广告课程为例，在微观层面运用专题教学法、讨论教学法、项目教学法等方法来推动课程思政的建设。朱飞（2019）也提出将思想政治教育元素基因式融入专业课程教学中，实现立体化渗透、浸润式演绎，需要进行系统设计，优化教学方法，在教学评价上要从人才培养规格和人的全面发展来衡量课程思政的效果。

2. 信息技术与课程思政的关系研究

随着信息技术的快速发展，课堂的讲授方式也随之发生改变，课程形式更加多种多样，集中体现在智能化水平的提高。因此，在此背景下，众多学者对信息技术与课程思政的关系进行了深入研究。目前，将信息技术融入课程思政的主要形式包括微课、教学课件、VR技术、慕课以及录课等。信息技术与课程思政深度融合，体现在信息技术应用于课程思政建设的全过程当中，具体包括信息技术课程思政应用的可行性分析、利用信息技术搜集整理课程思政建设的素材、利用信息技术进行课程思政课堂教学评价分析等。刘淑慧（2017）认为实现互联网与课程教学深度融合，可以使课程的"思政"作用更加明显。苗玲玉和鲍凤雨（2019）梳理了使用移动设备作为一种教学手段走进高职院校课堂教学普遍存在的问题，从标准设定、课程育人、数据分析、多元监控、第三方评价、信息反馈、动态改进等多角度，阐述对基于移动设备的课程管理和对"学生满意课堂"的教学评比。从最新的研究来看，李羽佳（2020）阐述了在高校网络思想政治教育平台建设必要性的基础上，通过调研上海市课程思政教学改革过程中网络思想政治教育平台建设情况，梳理平台建设面临的主要困境，从思想、理论、制度、资源、技术五个要素入手，就如何优化课程思政教学改革和学生成长成才需要的网络思想政治教育平台提出实施路径。

3. 课程思政协同育人模式研究

国内学者一方面研究了课程思政课堂教学方法和手段，另一方面也研究了课程思政的协同育人模式。杨和文与陈袁碧莹（2018）认为课程思政是推进当前思想政治建设的新模式与新格局，是全员育人、全过程育人、全方位育人思想重点推进的部分，并从理工科院校的视角推进课程思政建设。创新育人模式和协同机制需要顶层设计和微观把握，因此学校和专业各层面都要有相应的课程思政建设模式与配套机制。对于专业课的课堂模式，邵运文（2019）以投资学专业课程为例，基于高校课程思政改革，从实际教学的微观角度出发，探讨了线上课程思政教学的教学设计与教学效果。对于专业课的课外模式，陈宁华等（2018）在新时代高等教育发展的大背景下，基于地学野外教学实践，结合思想政治教育核心和内在机理分析，探讨地学野外实践类课程思政的育人模式，提出了五类课程思政育人模式。此外，包姝妹和刘建伟（2018）、周亦文（2018）、周利方和沈全（2021）等都对课程思政协同育人机制、运行机制作了深入研究，并得出结论建议。

（三）课程思政改革中存在的问题及改进路径

1. 课程思政改革中存在的问题

课程思政改革虽然开展的时间并不长，但也出现了很多问题，从而引发了大家对解决问题的思考。部分学者将课程思政改革存在的问题归咎于部分教师对思政育人的认识不足、专业课程思政元素挖掘不足，以及有些课程思政改革缺乏科学合理的考评机制等。总而言之，课程思政存在的问题集中体现为课程思政改革缺乏实效性。通过引入课程思政教学评价，可以反馈课程思政教学效果，发现课程思政改革中存在的问题，及时进行修正，从而切实提高课程思政建设的可行性和实效性。高燕（2017）表示，课程思政离开了马克思主义理论的指导就是"无源之水"，缺少了中国特色的哲学社会科学体系就是"无本之木"，忽视了课程的顶层设计和整体规划就无法从根本上解决专业课程与思政课程如何同向同行的问题。因此，需要对课程思政存在的问题进行深入研究，并在此基础上探寻突破路径。

如何发挥教师职能已成为课程思政改革成败的关键。当前，高校已通过访学等方式对课程思政教师进行了重点培养，在此基础上，也对课程思政教师的专业素养和业务能力提出了更高的要求。刘清生（2018）认为高校教师要从强化课程思政协同育人的理念、增强课程思政内容融合的能力、创新课程思政方式方法的能力、提升课程思政教师自身素养等方面提升课程思政能力。此外，成桂英（2018）认为需要完善课程思政的体制机制，激发教师的思政意识，提升教师的思政素养和思政能力。成桂英和王继平（2019）更是认为教师课程思政绩效考核是大力推动以课程思政为目标的课堂教学改革、发挥专业课教师课程育人主体作用的有力抓手，是课程思政教学管理和改革的"牛鼻子"。

在课程思政改革过程中，需要对专业课程与思政要素进行深度融合，因而各专业课程就成为课程思政改革成功与否的关键因子。同时，考虑到课程思政改革的复杂性，需要有针对性地设计专业课程内容，以便与思政内容相融合，所以专业课程也是课程改革最难解决的部分。王涵（2017）以公共危机管理专业课程改革为例，提出应遵循教育规律，设置教学和育德双重教育目标，充分挖掘专业课程思政内涵。陆道坤（2018）分析了课程思政的设计问题、专业课教师思想政治素养和思想政治教育能力问题、专业课程思政的评价问题、专业课程思政与思想政治理论课程的关系问题。

2. 课程思政理念的改进路径

推进课程思政改革需要先进的理念引领和路径优化。陈道武（2017）提出思政课程转向课程思政，就是从原先单课程育人转向全课程育人，从之前的专人育人转向全员育人，从传统的特定时空育人转向全时空育人。这种高校思想政治教育创新模式，体现了高校全课程、全员、全时空的育人理念，是实现全程育人、全方位育人的有效途径。而陈磊等（2020）通过深入剖析课程思政的价值意义，系统梳理课程思政建设中的现实困境，提出课程思政的体系化设计、教学方法的改革、教学评价的创新三方面的方法与举措，推动课程思政实践进一步深化。

部分学者根据课程思政改革现状与存在的问题，提出了课程思政改革路径优化策略。王峰（2018）站在课程思政视角下，对高职院校思想政治理论课优化建设进行具体的策略研究。对课程思政改革的反思和改进是当下学术领域探讨的热点话题之一。刘克华和范妮妮（2023）、贾则琴和运迪（2022）以及陆道坤（2022）等学者纷纷就课程思政推进过程中存在的若干问题进行深入研究，并积极探索课程思政的实践路径。另外，还有一些学者认为需要系统优化课程思政改革路径。沙军（2018）立足新时代背景，提出课程思政"2.0 版本"，并认为应从边界扩展、内涵深化、全面协同化与系统化构建四个方向上寻求新的突破。胡洪彬（2022）从另一个角度提醒我们，要确保课程思政教学质量评价体系实现规范运作和科学展开，高校应高度重视协同机制、嵌入机制、指标管理机制、信息机制和理念机制的建构，推动课程思政教学质量评价形成多元介入模式、全面关照模式、动态完善模式、透明运作模式和价值引领模式，以期通过科学评价为推动课程思政教学质量提升保驾护航。此外，还有部分学者围绕如何更好地推进我国课程思政建设展开讨论。钟发霞（2019）认为高职思政课应更多地采用讨论式教学法一类的以教师为主导、以学生为主体的教学方式，以提高学生在思政课学习中的获得感，并激发他们主动学习、探索新知，建构自己的知识体系。陈诚（2019）借鉴国外成功经验，结合高职外语教学，构建 IDEAL 课程思政模式，以期帮助高职外语教师提高育德意识、育德能力，取得外语专业课程的育德实效。同时，部分学者敏锐地意识到要从价值取向上对课程思政的实施作必要的区分，切忌"一窝蜂"和"一刀切"。王海威和王伯承（2021）就指出，并不是所有的课程都适用于做课程思政，譬如一些基础理论课并不适合过度引申和延展，也即开展课程思政，需要结合具体专业的认知特点，而不作抽象的玄思。

（四）国际商务专业课程思政研究

近年来，对于课程思政研究的文献呈现快速增加的趋势，且对学科课程思政的研究更加细化，涉及的学科领域包括医学、理学、外语、艺术等，但是学科综合课程思政的研究较少。以国际商务课程思政改革为例，邓丽娜和亓朋（2022）从专业层面探讨研究生课程思政体系构建的实现路径。通过培养目标的修订，厘清专业内课程之间的思政逻辑，从课程思政实施主体（双导师）及实施形式（产教融合）、评价体系等方面保障课程思政改革效果。徐磊和李亚楠（2021）基于三年多的同向同行实践经验，认为国际商务课程思政建设的基础是搭建好本专业思政建设三级目标体系，即专业思政总目标、课程思政分目标和单元思政子目标之间要一以贯之且相互支撑。黎泳（2022）

则基于"一带一路"背景，从教学内容和特点出发，挖掘出了国际商务谈判课程思政的建设思路，提炼出了教学内容与思政元素的融合点与融合方式，同时针对课程思政建设存在的问题，提出了打造思政教学团队、丰富思政教学内容、完善思政反馈和考核机制等措施，以实现"三全育人、立德树人"的目标。

综上所述，学者们对课程思政进行了多维度、跨学科的分析研究，也取得了丰硕的成果，但总体而言，课程思政的研究不管从理论层面还是在实践层面，都处于初始阶段，后续还有很大的研究空间。伴随着课程思政理念深入人心，学者们对于课程思政的研究方向也发生改变，越来越注重实践层面的研究。因此，未来课程思政的研究过程将以问题为导向，突出实效性，集中解决课程思政的难点和痛点问题。这就需要调动课程思政建设过程中各种资源的积极性和能动性，包括提高课程思政教师使命认知、教学管理以及实践环节紧密协作，才能提升课程思政的理论研究高度和实践环节的有效性。

二、优秀国际商务教师示范引领

（一）上海财经大学商学院丁浩员教授课程团队

上海财经大学商学院世界经济与国际贸易系丁浩员教授领衔的"国际商务"，作为上海高校市级重点课程，积极落实关于课程思政建设相关工作精神和要求，推进课程思政建设力度，提升专业师生对课程思政理念的理解和认可程度。通过深度挖掘该课程内容及教学方式中蕴含的思政教育资源，促使"国际商务"课程与思政课程同向同行，将价值塑造、知识传授与能力培养融为一体，全面落实立德树人的教学根本任务。"国际商务"课程旨在为学生系统、清晰、全面地讲解国际商务基本理论及相关的知识、技能和观念，用国际商务理论分析现实国际商务环境，培养学生剖析问题、利用数据进行基本量化分析的能力，培养思辨思维。为此，丁浩员教授课程团队积极开展课程思政建设，挖掘课程思政元素。在教学目标中引入思政元素，在教学内容上融入思政资源，在教学方法上突出思政特色，在考核方式上增加思政素材，更好地发挥课程思政的"全过程、全方位育人"的教育功能。

在教学目标方面，丁浩员教授课程团队基于以学生为中心的理念进行课程教学，实现"知识、思维、能力"三位一体的教学目标，培养学生树立正确的世界观、人生观和价值观。在教学内容方面，构建了"广度为基础，深度为进阶"的教学内容体系，形成基础知识和运用讨论两大模块，划分经济全球化、国际贸易等七大内容主题，增加案例、短片、文献、量化分析方法讲解等辅助课程，激发学生的学习兴趣，培养学生的经济学逻辑思维。在教学方法方面，构建"线上＋线下"融合互动的翻转式教学设计，注重采用研讨性、辩论性教学，培养学生辩证、系统、创新的思维方式，在理论思辨、观点辨析的过程中深化思想政治教育内涵的发掘与融合，形成育人特色。在考核方式方面，注重过程性评价与结果性评价相结合，充分利用线上测试实施"过程化考核"以及线下总结性评价方式，在交流问答、小组作业展示过程中增加我国当下的热点事件、经济政策等思政素材，潜移默化地影响学生思想价值观念的建立，将思想价值引领贯穿整个课程教育。

同时，丁浩员教授课程团队集结了海内外教学水平较高、极具创新能力的师资队伍，通过邀请国内外领域知名学者、企业家共同设计和讲解课程，实现名师同堂，多维思政。例如，邀请荷兰乌特勒支大学的 Kees Koedijk 教授讲解全球资本市场；邀请联合国贸易与发展会议高级官员梁国勇博士讲解国际投资与中美贸易关系的相关前沿知识；邀请弘翌投资董事长高凌云先生分析其公司跨国收购实例，实现国际商务理论、企业实践与宏观政府政策相结合；邀请上海外国语大学国际商务项目中心主任谢雯璟老师参与"全球资本市场"部分授课。同时，及时吸收国际商务最新研究成果，注重课程内容的实务性、时代性、前沿性、实战性，综合阐述金融市场和国际金融问题正反两方面的理论和观点，使不同学者与多元观点相互碰撞，引导学生分析国内外发展趋势，培养学生独立思考的能力。

"国际商务"课程注重理论与实践相结合，在课程实施中落实立德树人，渗透课程思政，注重学生经世济民、诚信服务、德法兼修等职业素养和创新思维、应用能力的培养。为提高学生国际交流和商务实践能力，除了引入国内外最新的学术理论和研究成果以及国内外经济发展过程中的重大事件和前沿论题外，该课程的另一大特点和优势是，将量化分析方法与国际商务理论相结合，通过运用现实数据（如世界银行 WDI 指数等）及前沿文献帮助学生更直观地理解，并学会利用这些技术和方法进行实证分析，引导学生将数据与实践相结合。丁浩员教授领衔的"国际商务"课程团队采用线上线下相混合的教学策略，很好地推动了理论与实践的结合。其中，线上课堂包括通过智慧树等公共平台进行视频学习、完成作业、参与论坛讨论等。线下课堂为连续的研讨实践和研究训练，包括课堂参与、小组项目设计、小组对抗、案例展示、课程论文、见面课复习回顾以及参加各种学术会议研讨等。

（二）上海财经大学商学院邓建鹏老师

2020 年 5 月，教育部颁布了《高等学校课程思政建设指导纲要》，为课程思政的开展明确了路线图。上海财经大学商学院世界经济与国际贸易系邓建鹏老师认真学习贯彻落实《高等学校课程思政建设指导纲要》精神，积极利用"课堂教学"这一"主渠道"，将课程思政融入"国际商务"课堂教学建设全过程，将价值塑造、知识传授、能力培养融为一体，寓价值观引导于知识传授和能力培养之中，帮助学生塑造正确的世界观、人生观和价值观。在进行"国际商务"课程设计时，邓老师立意高远，根据"国际商务"课程特色，以全球视野从国际、国内两个大局中，挖掘有利于培养和训练学生科学思维方法和思维能力的内容进行教学。例如，在课堂上讨论与国际贸易有关的摩擦事件，并利用国际贸易和投资数据分析贸易摩擦带来的影响，从而教会学生用正确的立场、观点、方法认识并分析问题，让学生更深刻地认识国家之间贸易的复杂性，树立学习报国的远大志向，增强民族自信心和社会责任感。

同时，邓老师还结合习近平新时代中国特色社会主义的伟大实践，挖掘、选取改革开放后国家经济繁荣发展、上海"五个中心"建设等内容作为教学辅助资料，分析阐释蕴含其中的理论逻辑、历史逻辑和实践逻辑，鼓励学生从全球视野、中国实践的全局思考问题，提高学生的专业素养和社会责任感，激发学生爱党、爱国、爱社会主义的深厚情怀，增强课堂的育人效果。在教学过程中，邓老师通过提问讨论、案例教学、分组探究等多种方法，将思政元素融入教学、融入课堂，让思政教育达到润物无声的效果。例如，采用启发式提问的方法。通过提问讨论的方式，让学生对"国际商务"这门课有一个概览式的认识，理解这门课主要以企业的角度来研究国际商务。而在学生回答提问的过程中，邓老师积极引导学生从中国立场、中国国情和维护国家利益的角度出发，进行思考和研究，在一次次的课堂教学和讨论中不断潜移默化地影响学生，培养学生的民族精神和责任担当。再如，采用案例教学的方式。以第一章导论为例，邓老师让学生在 Blackboard 系统上，收听广播节目，理解各国监管制度和文化的不同，带给企业在国际商务中的机遇和挑战，从而让学生明白企业的经营要有人类命运共同体的观念，让学生理解企业的社会责任，学习优秀企业家的精神品质，实现思政元素的内涵融入。

在国际商务领域，存在着大量实际案例和资料，邓老师通过对资料的分析、讲解，不仅让学生更深刻地理解国际经济贸易的主要理论和现实应用、进一步掌握分析国际经济贸易的量化工具，而且从课堂出发延伸到学生个人发展，使教学过程中既有高度，也有深度和温度。例如在讲述"企业管理和企业生产效率"一章时，邓老师告诉学生：企业管理的基本原则也可以运用到我们自身的时间和目标管理上，企业提高管理水平的过程中遇到的障碍对我们自身也很有启示。这种"接地气"的方式，让课堂知识更贴近现实、更贴近学生，塑造出"有温度""有思考张力""有亲和力"的课堂氛围，从而增进了师生情感，让课程思政教学过程更加流畅，发挥了更佳的育人效果。邓老师在教学中不断探索，总结出一套实现"课程思政"的方法论，即四个结合：讲授与渗透相结合、理论与实践相结合、历史与现实相结合、学术知识与思政元素相结合。通过这样的教学方式，邓老师让课堂更有内涵、更有营养、更易消化，很好地发挥出了课堂教学这一"主渠道"在思政教育方面的重要作用。

参 考 文 献

[1] 习近平.习近平谈治国理政（第一卷）[M].北京：外文出版社，2014.

[2] 习近平.习近平谈治国理政（第二卷）[M].北京：外文出版社，2017.

[3] 习近平.习近平谈治国理政（第三卷）[M].北京：外文出版社，2020.

[4] 习近平.习近平谈治国理政（第四卷）[M].北京：外文出版社，2022.

[5] 高德胜，张耀灿.整体性视角下思想政治教育构成要件研究[J].马克思主义与现实，2020（2）：181-186.

[6] 焦连志.构建与思想政治教育"同向同行"的高校育人课程体系的必要性[J].昌吉学院学报，2017（6）：1-5.

[7] 高德毅，宗爱东.从思政课程到课程思政：从战略高度构建高校思想政治教育课程体系[J].中国高等教育，2017（1）：43-46.

[8] 石书臣.正确把握"课程思政"与思政课程的关系[J].思想理论教育，2018（11）：57-61.

[9] 张营营."课程思政"实施效果评价：基于高校体育课教学的调研[J].当代体育科技，2019（13）：182-183.

[10] 金浏河，高哲.对"课程思政"的几点思辨[J].现代职业教育，2017（18）：60.

[11] 王学俭，石岩.新时代课程思政的内涵、特点、难点及应对策略[J].新疆师范大学学报（哲学社会科学版），2020，41（2）：50-58.

[12] 余江涛，王文起，徐晏清.专业教师实践"课程思政"的逻辑及其要领：以理工科课程为例[J].学校党建与思想教育，2018（1）：64-66.

[13] 刘玉秋.课程思政背景下思政课程内涵式建设路径探析[J].华北理工大学

学报（社会科学版），2023，23（1）：74-78.

[14] 崔三常.高校课程思政建设的"思政"内涵和实现路径 [J].教书育人（高教论坛），2021（27）：68-73.

[15] 郎佳红，王兵，程木田，等.专业课程思政内涵及思政育人的特点分析 [J].教育观察，2020，9（33）：57-60.

[16] 赵红军，朱玉茹，徐畅.课程思政建设价值内涵与实施路径 [J].中国冶金教育，2022，5：97-101.

[17] 段云华.高等学校"课程思政"内涵辨析 [J].湖北经济学院学报（人文社会科学版），2022，19（8）：139-141.

[18] 董必荣.论课程思政的本质与内涵 [J].财会通讯，2022（12）：21-26.

[19] 商应美，秦莹，田紫玥.课程思政建设的发展脉络与内涵本质研究 [J].现代教育科学，2022（3）：99-104，116.

[20] 胡华忠."课程思政"的价值意蕴、理念内涵和实现路径 [J].中国高等教育，2022（6）：10-12.

[21] 张正光."思政课程"与"课程思政"同向同行的逻辑理路 [J].思想政治课研究，2018（4）：16-19，5.

[22] 郑佳然.新时代高校"课程思政"与"思政课程"同向同行探析 [J].思想教育研究，2019（3）：94-97.

[23] 石书臣.正确把握"课程思政"与思政课程的关系 [J].思想理论教育，2018（11）：57-61.

[24] 刘艳，栾云镐.大思政课背景下高校课程思政与思政课程协同育人机制探讨 [J].湖北理工学院学报（人文社会科学版），2023，40（1）：52-57.

[25] 张尚字.课程思政和思政课程有机结合：讲思政道理的三维证成 [J].河南师范大学学报（哲学社会科学版），2022，49（6）：124-130.

[26] 屈卓."思政课程"与"课程思政"协同育人路径研究 [J].金融理论与教学，2022（6）：91-93.

[27] 杜佳乐，刘保庆.课程思政与思政课程协同育人的辩证关系、生成逻辑和实践理路 [J].西部素质教育，2022，8（24）：30-33.

[28] 马水仙，夏沙.课程思政与思政课程的协同育人前提及途径研究 [J].湖北

开放职业学院学报，2022，35（23）：76-78.

[29] 江颉，罗显克.新时代高校"课程思政"建设的路径探究[J].中国职业技术教育，2018（32）：84-87.

[30] 石岩，王学俭.新时代课程思政建设的核心问题及实现路径[J].教学与研究，2021（9）：91-99.

[31] 徐国光，史军，李积珍，等.课程思政下高校育人工作融入专业课路径研究[J].福建茶叶，2019，41（9）：129-130.

[32] 李国娟.社会主义核心价值观引领大学生思想政治教育的路径探析[J].兰州教育学院学报，2017，33（6）：80-81，104.

[33] 王娟，杨英歌，于秋菊，等.高职院校课程思政建设的内涵及路径研究[J].工业技术与职业教育，2022，20（6）：54-57.

[34] 刘志学.课程思政的内涵、价值与实现路径[J].牡丹江师范学院学报（社会科学版），2022（5）：88-90.

[35] 孙艳.课程思政何以支撑立德树人：内涵、功能与路径[J].重庆开放大学学报，2022，34（5）：17-23.

[36] 赵磊，贾冰.高校课程思政建设的理性内涵与实施路径研究[J].吉林省教育学院学报，2021，37（12）：59-62.

[37] 祁占勇，于茜兰.高等学校课程思政的演化逻辑与生成路径[J].扬州大学学报（高教研究版），2022，26（5）：1-10.

[38] 汤春琳，何乐.新时代大学生职业生涯教育课程思政建设路径探析[J].江西理工大学学报，2022，43（4）：69-72.

[39] 刘华东，刘海浪，林大川，等.高校混合式教学课程思政实现路径[J].大学教育，2022（8）：45-47，58.

[40] 查贵勇.国际商务管理课程开展课程思政教育的思考和实践[J].对外经贸，2020（9）：122-124.

[41] 耿刘利，王琦，陈若旸.高校财务管理专业课程思政教学改革的思考[J].西南石油大学学报（社会科学版），2019，21（2）：65-71.

[42] 胡苗忠.基于"一个引领、一条主线、三个平台"的课程思政框架体系研究与实践：以浙江农业商贸职业学院高职会计专业为例[J].商业会计，

2018（14）：127-129.

[43] 匡江红，张云，顾莹 . 理工类专业课程开展课程思政教育的探索与实践 [J]. 管理观察，2018（1）：119-122.

[44] 张佳佳 . "课程思政"视角下职业大学公共英语教学中的思政教育研究与探索 [J]. 海外英语，2022（24）：141-143.

[45] 江怡，王航赞 . 哲学专业课程如何满足课程思政的要求：以"哲学概论"课程教学为例 [J]. 中国大学教学，2022（12）：41-48.

[46] 王坚，陈艳 . 产出导向法与大学英语课程思政教学改革研究：挖掘具有活性的思政点 [J]. 教育教学论坛，2022（49）：136-139.

[47] 姚伟杰 . 我国高校日语课程思政建设的思考与探索：评《课程思政探索与实践》[J]. 中国高校科技，2022（11）：110.

[48] 魏雨，张景迅，于沛，等 . 基于线上线下混合式一流课程建设的课程思政教学设计与探索：以化学反应工程课程为例 [J]. 高教学刊，2022，8（32）：18-21.

[49] 肖依永，杨军，周晟瀚，等 . 基于数学模型开展工科课程思政教学：工科专业课程思政教学途径探索 [J]. 高教学刊，2022，8（31）：173-176.

[50] 宋河有 . 课程思政导向下旅游类专业理论课的思政元素挖掘 [J]. 内蒙古财经大学学报，2022，20（5）：83-86.

[51] 彭珊 . 课程思政与专业课程的融合：以金融企业会计课程为例 [J]. 中国管理信息化，2022，25（18）：239-241.

[52] 柳廷俊，刘国城，刘锦 . 思政课程与课程思政融合发展的现代审思与应然之策：以"会计学"课程为例 [J]. 财会通讯，2022（24）：34-37，94.

[53] 王学俭 . 现代思想政治教育前沿问题研究 [M]. 北京：人民出版社，2008.

[54] 高远，李明建 . 论专业课教师与思想政治教育工作者的协同育人 [J]. 江苏高教，2016（3）：135-137.

[55] 马克思，恩格斯 . 马克思恩格斯文集（第一卷）[M]. 北京：人民出版社，2009.

[56] 杨金铎 . 中国高等院校"课程思政"建设研究 [D]. 长春：吉林大学，2021.

[57] 胡术恒.论课程思政中知识传授与价值引领的融合：基于罗素教育目的观的分析 [J]. 思想政治教育研究，2020，36（2）：117-122.

[58] 马克思，恩格斯.马克思恩格斯全集（第四十卷)[M]. 北京：人民出版社，1982.

[59] 马克思，恩格斯.马克思恩格斯选集（第四卷）[M]. 北京：人民出版社，2012.

[60] 亓凤香.中华优秀传统文化融入思政课教学研究 [M]. 长春：吉林大学出版社，2020.

[61] 傅君英.新时代大学生理想信念教育研究 [M]. 西安：西安电子科技大学出版社，2019.

[62] 陈宝生.在新时代全国高等学校本科教育工作会议上的讲话 [J]. 中国高等教育，2018（Z3）：4-10.

[63] 郑敬斌，李鑫.科学构建课程思政教学体系谫论 [J]. 思想理论教育，2020（7）：65-69.

[64] 肖川.蔡元培教育思想的现代诠释 [J]. 教育发展研究，2000（12）：53-55.

[65] 杨俊.正确理解改革开放前后两个历史时期的内在联系 [J]. 党的文献，2019（6）：48-54.

[66] 侯选明.新时代马克思主义中国化的情感建构[J].甘肃社会科学,2018(3)：57-63.

[67] 张亭.职业理想教育融入高中思想政治课途径研究 [D]. 贵阳：贵州师范大学，2020.

[68] 娄淑华，马超.新时代课程思政建设的焦点目标、难点问题与着力方向 [J].新疆师范大学学报（哲学社会科学版），2021，42（5）：96-104.

[69] 张益，罗艺.大中小学德育一体化探析 [M]. 上海：上海书店出版社，2016.

[70] 张铭凯.论课程知识的价值维度及其道德价值逻辑 [J]. 西北师大学报（社会科学版），2018，55（3）：106-112.

[71] 闫旭蕾.道德与教育关系新探 [J]. 教育理论与实践，2016，36（34）：44-48.

[72] 叶飞霞. 大学生思想政治教育方式方法创新的四维视角 [J]. 福建农林大学学报（哲学社会科学版），2011，14（1）：73-77.

[73] 吴琼. 创新主流意识形态传播的话语表达方式 [J]. 红旗文稿，2017（10）：22-24.

[74] 蔡毅强. 从教师期望到师生和谐共振：论高校师生心理契约的达成 [J]. 福建农林大学学报（哲学社会科学版），2011.14（1）：83-86.

[75] 孙有中. 课程思政视角下的高校外语教材设计 [J]. 外语电化教学，2020(6)：46-51.

[76] 靳玉乐. 课程论 [M]. 北京：人民教育出版社，2015.

[77] 张宏，李黎. 专业课教师"课程思政"教学能力的培养 [J]. 浙江工业大学学报（社会科学版），2020（2）：222-226.

[78] 陈春莲. 杜威道德教育思想研究 [M]. 北京：中国社会出版社，2017.

[79] 李黎，孙洋洋. "课程思政"实施效果的初步检验 [J]. 绍兴文理学院学报（教育版），2019（1）：16-20.

[80] 孙士聪. 春风化雨 铸魂育人：首都师范大学课程思政教学研究论文集 [M]. 北京：首都师范大学出版社，2021.

[81] 卢佳，王文晶，常忠信. 探析地方理工科高校"课程思政"必要性及践行之路：以长春理工大学为例 [J]. 吉林广播电视大学学报，2018（12）：100-101.

[82] 台红蕊. 初探新时代"课程思政"改革的必然性及其成效 [J]. 科教文汇（上旬刊），2019（1）：41-42.

[83] 杨雪琴. 对高职院校"课程思政"改革路径的若干思考 [J]. 学校党建与思想教育，2019（2）：41-43.

[84] 邱伟光. 论课程思政的内在规定与实施重点 [J]. 思想理论教育，2018（8）：62-65.

[85] 董勇. 论从思政课程到课程思政的价值内涵 [J]. 思想政治教育研究，2018，34（5）：90-92.

[86] 赵鸣歧. 高校专业类课程推进"课程思政"建设的基本原则、任务与标准 [J]. 思想政治课研究，2018（5）：86-90.

[87] 邱仁富."课程思政"与"思政课程"同向同行的理论阐释 [J].思想教育研究,2018(4):109-113.

[88] 贺武华,张云霞,杨小芳."课程思政"育人方式转变应处理好三对关系 [J].杭州电子科技大学学报(社会科学版),2018,14(6):60-64.

[89] 靳诺.新时代思想政治理论课改革创新的着力点 [J].思想理论教育导刊,2019(5):15-17.

[90] 胡维新,田芳,鲁红权.以"问题链教学法"创新高校课程思政教学方法 [J].课程教育研究,2018(52):44,46.

[91] 吴万宗,潘瑞姣."比较式"案例教学方法在课程思政建设中的应用:以《宏观经济学》课程为例 [J].创新创业理论研究与实践,2018,1(16):15-16.

[92] 黄薇.基于"课程思政"教育模式的广告学专业课教学改革研究:以公益广告课程为例 [J].传媒,2019(9):83-86.

[93] 朱飞.高校课程思政的价值澄明与进路选择 [J].思想理论教育,2019(8):67-72.

[94] 刘淑慧."互联网+课程思政"模式建构的理论研究 [J].中国高等教育,2017(Z3):15-17.

[95] 苗玲玉,鲍风雨.课堂教学评价:运用移动设备实现课程思政的院校案例 [J].中国职业技术教育,2019(5):36-40.

[96] 李羽佳."课程思政"网络教育平台建设的实践探索 [J].学校党建与思想教育,2020(12):47-49.

[97] 杨和文,陈袁碧莹.基于"三全育人"的理工类高校"课程思政"工作模式研究 [J].上海电力学院学报,2018.34(S1):55-57.

[98] 邵运文.网络教学模式下的专业课课程思政教学实践:以投资学专业课程为例 [J].高教学刊,2019(25):79-82,85.

[99] 陈宁华,鲍雨欣,程晓敢,等.新时代地学野外实践课程思政育人模式思考 [J].中国地质教育,2018,27(4):28-31.

[100] 包姝妹,刘建伟.高校"思政课程"与"课程思政"教育机制改革实证调查分析:以新时代中国特色社会主义思想为指导 [J].智库时代,2018

（41）：165-166.

[101] 周亦文.课程思政理念下高职院校各类课程协同育人机制研究 [J].卫生职业教育，2018.36（22）：15-17.

[102] 周利方，沈全."课程思政"理念融入专业实践教学研究 [J].教育教学论坛，2021（19）：177-180.

[103] 邓丽娜，元朋.国际商务硕士专业学位课程思政体系构建的实现路径 [J].对外经贸，2022（4）：113-118.

[104] 徐磊，李亚楠.课程思政与思政课程的同向同行：基于国际商务专业思政改革实践 [J].教育观察，2021，10（47）：73-75.

[105] 黎泳.基于"一带一路"背景的国际商务专业课程思政教学改革研究：以国际商务谈判为例 [J].对外经贸，2022（6）：99-102.

[106] 高燕.课程思政建设的关键问题与解决路径 [J].中国高等教育，2017（Z3）：11-14.

[107] 刘清生.新时代高校教师"课程思政"能力的理性审视 [J].江苏高教，2018（12）：91-93.

[108] 成桂英.推动"课程思政"教学改革的三个着力点 [J].思想理论教育导刊，2018（9）：67-70.

[109] 成桂英，王继平.教师"课程思政"绩效考核的原则和关注点 [J].思想理论教育，2019（1）：79-83.

[110] 王涵.高校专业课程思政教学改革与反思 [J].管理观察，2017（30）：138-140，143.

[111] 陆道坤.课程思政推行中若干核心问题及解决思路：基于专业课程思政的探讨 [J].思想理论教育，2018（3）：64-69.

[112] 陈道武.课程思政：高校全程全方位育人的有效途径 [J].齐齐哈尔大学学报（哲学社会科学版），2017（12）：164-166.

[113] 陈磊，沈扬，黄波.课程思政建设的价值方向、现实困境及其实践超越 [J].学校党建与思想教育，2020（14）：51-53.

[114] 王峰.课程思政视角下的思想政治理论课优化策略 [J].文化创新比较研究，2018，2（30）：129-130.

[115] 刘克华，范妮妮 ."课程思政"的多重涵义及其价值：一个类型学分析 [J]. 山西警察学院学报，2023，31（2）：86-95.

[116] 贾则琴，运迪 .高校工科课程思政建设的困境、经验及优化路径：基于 同济大学土木工程学院的调研分析 [J]. 教育与教学研究，2022，36（8）： 24-35.

[117] 陆道坤 .新时代课程思政的研究进展、难点焦点及未来走向 [J]. 新疆师 范大学学报（哲学社会科学版），2022，43（3）：43-58.

[118] 沙军 ."课程思政"的版本升级与系统化思考 [J].毛泽东邓小平理论研究， 2018（10）：81-85，108.

[119] 胡洪彬 .迈向课程思政教学评价的体系架构与机制 [J]. 中国大学教学， 2022（4）：66-74.

[120] 钟发霞 .引导与建构：讨论式教学法及其在高职思政课中的运用 [J]. 教 师，2019（29）：63-64.

[121] 陈诚 .国际德育研究对高职外语专业"课程思政"的启示 [J]. 江西科技 师范大学学报，2019（1）：123-128，59.

[122] 王海威，王伯承 .论高校课程思政的核心要义与实践路径 [J]. 学校党建 与思想教育，2018（14）：32-34.

[123] 唐沛 .产出导向法指导下的课程思政教学设计：以国际商务经营英语实 践为例 [J]. 现代商贸工业，2022，43（23）：234-235.

[124] 陈入画，彭静雅，齐伟伟 .基于 OBE 理念的《国际商务》课程思政教 学设计 [J]. 才智，2022（33）：27-30.

[125] 刘小梅 .基于 BOPPPS 教学模式下"课程思政"建设的实践与反思：以 国际商务礼仪课程为例 [J]. 佳木斯职业学院学报，2022，38（10）：130- 133.

[126] 黎泳 .基于"一带一路"背景的国际商务专业课程思政教学改革研究： 以国际商务谈判为例 [J]. 对外经贸，2022（6）：99-102.

[127] 薛端利，魏晨峻 .国际商务专业课程思政研究 [J]. 吉林教育，2022（11）： 29-32.

[128] 侯丹 ."三全育人"背景下国际商务专业课程思政路径探讨 [J].对外经贸，

2022（3）：106-110.

[129] 廖万红.国际商务专业课程思政教学实践探索 [J].西部素质教育，2022，8（3）：20-22.

[130] 程达军，丁红朝，彭朝林.国别视角下国际商务类课程实施课程思政的路径探索 [J].对外经贸，2021（2）：128-131.

[131] 包冰.数字经济背景下基于新商科理念的国际商务专业课程建设研究 [J].才智，2020（26）：109-110.

[132] 张涵.《国际商务》"课程思政"建设探究 [J].营销界，2020（31）：78-79.

[133] 景瑞琴，雷平.国际商务环境分析课程融入思政元素的探索 [J].对外经贸，2020（2）：147-149.

[134] 朱宏涛，吴世玲，钱入深，等.课程思政教学体系建构逻辑与实施路径研究：基于省级课程思政示范课"财务管理"的实践 [J].职业技术，2023，22（9）：102-108.

[135] 赵婷."大思政课"背景下从思政课程到课程思政创新路径探析 [J].北京联合大学学报，2023，37（4）：32-36.

[136] 李春仁.高校教师党支部推动课程思政建设的实践与思考：以信阳职业技术学院基础医学部党支部推动课程思政建设实践为例 [J].濮阳职业技术学院学报，2023，36（4）：55-57.

[137] 唐艳蓉.高校思政课程思政教育标准化创新研究 [J].中国标准化，2023（14）：181-183.

[138] 徐平.课程思政视角下的高校日语教学策略研究：评《外语专业课程思政案例汇编》[J].中国油脂，2023，48（7）：164-165.

[139] 董宪姝，马晓敏，樊玉萍，等.课程思政背景下工科混合式课程教学创新实践：以矿物加工管理课程为例 [J].高教学刊，2023，9（20）：44-48，52.

[140] 高雅萍.讲好中国故事 践行思政教育：以研究生 GNSS 类课程思政建设为例 [J].高教学刊，2023，9（20）：12-15.

[141] 巩雪.大学英语翻译课程思政教学现状及思政元素需求调查研究 [J].湖

北开放职业学院学报，2023，36（13）：110-112.

[142] 刘倩．思政课教师在课程思政建设中的角色定位 [J]. 现代职业教育，2023（20）：133-136.

[143] 孙冀萍．"课程思政"引领职业素养教育的机遇、逻辑与行动：以《审计学》课程思政建设为例 [J]. 商业会计，2023（13）：115-118.

[144] 韩璐，孙直祥．课程思政引领的高职土建类课程课堂教学改革路径研究：以《土木工程材料与检测》课程为例 [J]. 陕西教育（高教版），2023（7）：88-91.

[145] 焦艳．思政课教师助推课程思政建设的实践进路研究 [J]. 现代商贸工业，2023，44（16）：244-246.

[146] 杜伟伟．建筑专业课程思政教育模式优化的探索与实践：评《土建类专业课程思政建设优秀案例》[J]. 建筑结构，2023，53（13）：176.

[147] 李金萍．高校课程思政与思政课程协同研究 [J]. 甘肃教育，2023（13）：15-19.

[148] 王磐．课程思政背景下高职院校专业课程诊断与改进的探索与实践：以国际贸易理论与实务课程为例 [J]. 对外经贸，2023（6）：155-160.

[149] 张涛，万艳玲．新时代医学院校思政课程与课程思政有机融合的思考 [J]. 黑龙江教育（理论与实践），2023（7）：50-53.

[150] 李洁梅．国际商务谈判课程思政的探索 [J]. 高教论坛，2023（6）：26-29.

[151] 李显显．国际商务谈判（双语）课程思政建设的设计与实践研究 [J]. 对外经贸，2023（4）：85-88.

[152] 赵立斌，张梦雪，肖瑶．新文科下高质量推进经贸类研究生课程思政建设研究：以国际商务课程为例 [J]. 对外经贸，2023（3）：154-157.

[153] 刘静，贾欣．大学生创业基础课程思政建设研究：以安徽国际商务职业学院为例 [J]. 成都中医药大学学报（教育科学版），2023，25（1）：120-124.

[154] 吕红．应用型本科高校国际商务专业课程思政建设实施路径分析：以南阳理工学院国际商务专业为例 [J]. 大学，2023（6）：88-91.

[155] 刘洁，潘月杰．基于系统思维的课程思政建设有效路径探究：以北京联合大学国际商务专业"战略管理"课程为例 [J].黑龙江教育（理论与实践），2023（1）：24-26.